おとな旅プレミアム
PREMIUM

金沢・能登
白川郷

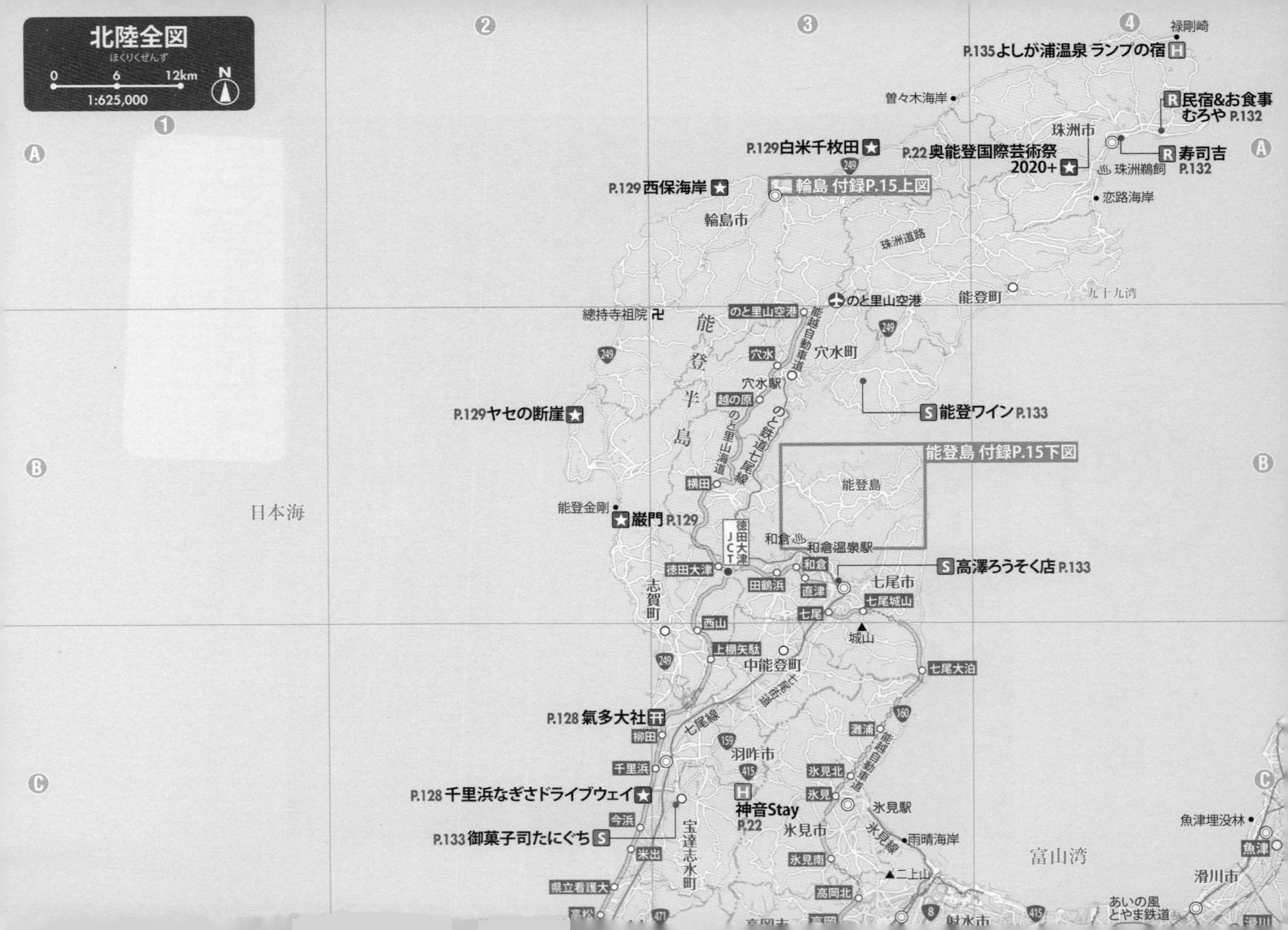

北陸全図
ほくりくぜんず
0
6
12km
1:625,000
N
P.135よしが浦温泉 ランプの宿
禄剛崎
曽々木海岸
民宿&お食事 むろや P.132
珠洲市
寿司吉 P.132
P.22 奥能登国際芸術祭 2020+
珠洲鵜飼
恋路海岸
P.129白米千枚田
P.129 西保海岸
輪島 付録P.15上図
輪島市
珠洲道路
のと里山空港
能登町
九十九湾
總持寺祖院
能越自動車道
穴水町
穴水
穴水駅
越の原
能登半島
のと里山海道
のと鉄道七尾線
P.129ヤセの断崖
能登ワイン P.133
能登島 付録P.15下図
能登島
横田
能登金剛
巌門 P.129
日本海
徳田大津JCT
和倉
和倉温泉駅
徳田大津
田鶴浜
直津
高澤ろうそく店 P.133
七尾市
七尾城山
七尾
城山
志賀町
西山
上棚矢駄
中能登町
七尾街道
七尾大泊
P.128 氣多大社
七尾線
柳田
羽咋市
灘浦
千里浜
氷見北
P.128 千里浜なぎさドライブウェイ
神音Stay P.22
氷見
氷見駅
氷見線
今浜
宝達志水町
氷見市
雨晴海岸
P.133 御菓子司たにぐち
米出
氷見南
富山湾
魚津埋没林
魚津
滑川市
二上山
県立看護大
高岡北
高松
あいの風とやま鉄道
射水市

P.108 醤油処 直江屋源兵衛
P.27 兼六園
金沢中心部 付録P.2-3
第7ギョーザの店 P.96
加賀繍 IMAI P.113
辻家庭園 P.61
金沢うら田 P.106
相倉合掌造り集落 P.154
菅沼合掌造り集落 P.154
五箇山 P.154
片山津温泉 付録P.17上図
粟津温泉 付録P.17下図
那谷寺 P.142
山代温泉 付録P.16上図
山中温泉 付録P.16下図
東尋坊 P.145
東尋坊 P.144
白川郷 P.149
白川郷合掌集落
大本山 永平寺 P.146
富山県
石川県
岐阜県
福井県
富山市
高岡市
小矢部市
砺波市
南砺市
金沢市
野々市市
白山市
能美市
小松市
加賀市
あわら市
坂井市
福井市
勝山市
大野市
鯖江市
越前町
郡上市
高山市
飛騨市
下呂市
白川村
内灘町
津幡町
舟橋村
上市町
立山町
川北町
永平寺町
富山駅
金沢駅
福井駅
小松空港
福井空港
富山きときと空港
北陸自動車道
北陸新幹線
東海北陸自動車道
中部縦貫自動車道
小矢部砺波JCT
福井北JCT
白山
笈ヶ岳
大日ヶ岳
荒島岳
位山
白山白川郷ホワイトロード
白山一里野
噴泉塔群
天生峠
手取湖
御母衣湖
九頭竜峡
安国寺
千光寺
阿多由太神社
水無神社
飛騨の里
鈴蘭高原
ひるがの高原S
湯涌
芦原
片山津
粟津
山代
山中

あなただけの
プレミアムな
おとな旅へ！
ようこそ！

SHOPPING

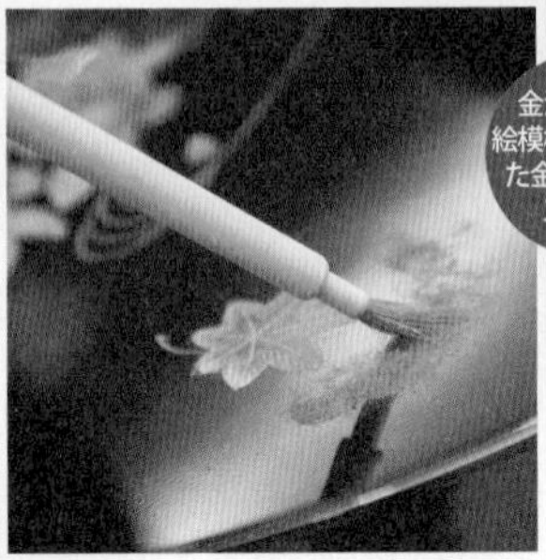

金沢漆器に絵模様が描かれた金沢の伝統工芸品

加賀蒔絵 ➡P.116

KANAZAWA

金沢への旅

きららかな新旧文化の迷路 美意識にからめとられる旅

加賀百万石の城下町を構成した要素は街のそこここに散在する。兼六園、武家屋敷、寺町、茶屋街…庶民の近江市場も発祥は元禄。過去の遺物に見えるところもあれば、ときに時代を継いで息吹く界隈もある。様変わりしていても、奥の奥には伝統の継承があって、街の懐の深さには油断がならない。金沢の真骨頂だ。工芸や芸能や食の文化に通底する特有の美意識は、繁華街の香林坊や片町の風にも香り、金沢21世紀美術館が堂々と継承する。

MAP

付録 街歩き地図

金沢・能登
白川郷

おとな旅プレミアム
PREMIUM

A
B
C
1
2
3
4
金沢駅・近江町市場
香林坊・兼六園 P.8-9
片町・にし茶屋街 P.10-11
P.124 ホテルマイステイズ プレミア金沢
P.124 金沢 彩の庭ホテル
R&B金沢駅 西口
東金沢駅
新高岡駅
七ツ屋駅
北陸新幹線
北陸鉄道浅野川線
北鉄金沢駅
金沢駅
広岡西
広岡
二口町
長田町
のと共栄
長田町小
中橋
広岡口
元菊町
マルエー
六枚
白銀
リファーレ
西門口前
堀川町
本願寺 金沢別院
武蔵
金沢エムザ
近江町市場 P.54
ローソン
S 松風園茶舗 P.108
三社
昭和大通り
大豆田橋
大和町広場
金沢市民芸術村
IRいしかわ鉄道
長土塀
長土塀西
大野庄用水
長町中
鞍月用水
南町
中央市民体育館
元車
富本町
高岡中
本江町
西金沢駅
御影町
御影大橋
御影大橋南
中村町
中村町小
中村神社
中村神社前
P.47 武家屋敷跡 野村家
長町西
中央通り
香林坊東急スクエア
長町
香林坊
百万石通り
P.32/P.70 金沢城公園
大和
金沢市役所
金沢21世紀美術館 P.76
歌劇座
県立図
金沢中署
増泉
増泉1東
増泉1
アピタ
西インター大通り
犀川大橋
マックスバリュー
ファミリーマート
P.62 町屋空間 凛凛
野町広小路
竪町
P.110 九谷光仙窯
妙立寺(忍者寺) P.63
寺町通り
室生犀星文学碑
犀川
泉本町
金沢中央高
野町駅
寺町5
北陸鉄道石川線
西泉駅
南大通り
P.23 自遊花人 水引ミュージアム
寺町3
金沢高前
泉1
浅野町
京町
浅野本町
中島大橋

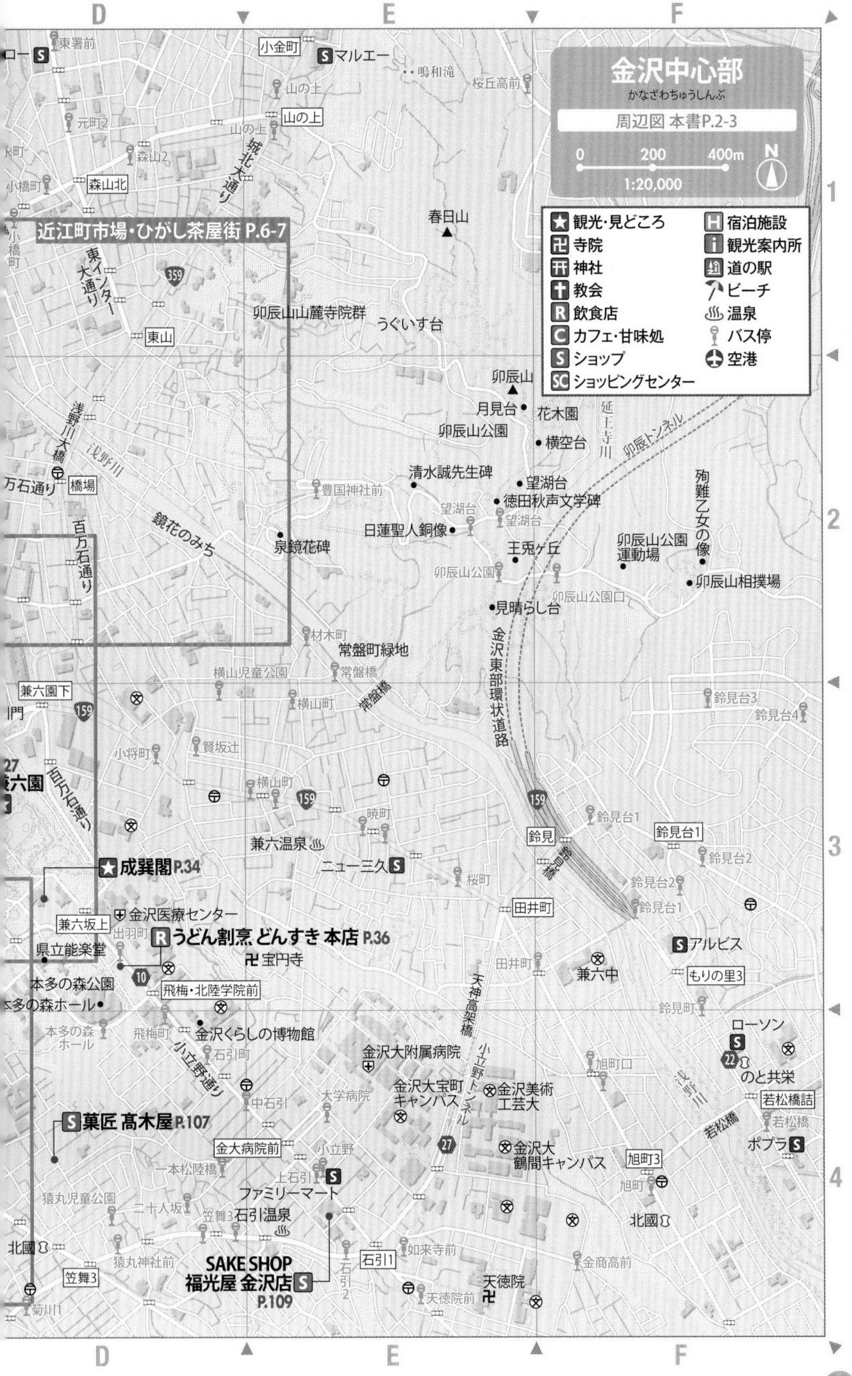
金沢中心部
かなざわちゅうしんぶ
周辺図 本書P.2-3
0 200 400m
1:20,000
N
観光・見どころ
寺院
神社
教会
飲食店
カフェ・甘味処
ショップ
ショッピングセンター
宿泊施設
観光案内所
道の駅
ビーチ
温泉
バス停
空港
近江町市場・ひがし茶屋街 P.6-7
成巽閣 P.34
うどん割烹 どんすき 本店 P.36
菓匠 髙木屋 P.107
SAKE SHOP 福光屋 金沢店 P.109
東署前
小金町
マルエー
鳴和滝
桜丘高前
山の上
元町2
森山2
森山北
小橋町
城北大通り
春日山
東インター大通り
卯辰山山麓寺院群
うぐいす台
東山
卯辰山
月見台
花木園
卯辰山公園
横空台
延王寺川
卯辰トンネル
浅野川大橋
浅野川
清水誠先生碑
豊国神社前
望湖台
徳田秋声文学碑
殉難乙女の像
百万石通り
橋場
鏡花のみち
日蓮聖人銅像
泉鏡花碑
王兎ヶ丘
卯辰山公園運動場
卯辰山相撲場
卯辰山公園口
見晴らし台
材木町
常盤町緑地
金沢東部環状道路
横山児童公園
常盤橋
兼六園下
横山町
鈴見台3
鈴見台4
小将町
賢坂辻
兼六園
暁町
鈴見台1
鈴見
鈴見台2
兼六温泉
ニュー三久
桜町
田井町
金沢医療センター
兼六坂上
出羽町
宝円寺
県立能楽堂
アルビス
兼六中
もりの里3
本多の森公園
飛梅・北陸学院前
本多の森ホール
鈴見町
飛梅町
金沢くらしの博物館
天神高架橋
ローソン
石引町
小立野通り
金沢大附属病院
小立野トンネル
旭町口
中石引
大学病院
金沢大宝町キャンパス
金沢美術工芸大
のと共栄
若松橋詰
若松橋
ポプラ
金大病院前
小立野
金沢大鶴間キャンパス
旭町3
一本松陸橋
上石引
ファミリーマート
旭町
猿丸児童公園
二十人坂
笠舞3
石引温泉
北國
如来寺前
金商高前
猿丸神社前
笠舞3
石引1
石引2
天徳院
天徳院前
菊川1
D
E
F
1
2
3
4

A
B
C
1
2
3
4
東金沢駅
新高岡駅
七ツ屋駅
堀川町
駅西広場
広岡
金沢駅 P.12上図
IRいしかわ鉄道
北陸新幹線
北陸鉄道浅野川線
金沢フォーラス
セントラル
北鉄金沢駅
堀川町
金沢駅
もてなしドーム
駅前東
P.157 金沢百番街
まめだ大通り
P.109
杉原酒店
広岡中
駅前中央
平岡野神社
金沢駅西通り
石川県立音楽堂
ライブ1
まちのり事務局
広岡口
広岡口
広岡東
真乗寺
鹿島屋旅館
別院
中橋
ヴィサージュ
ポルテ金沢アートホール
日吉町
本町2
リファーレ
放生寺
北陸本線
ファミリーマート
本町
中橋
昭和大通り
中橋高架下
Rサイド
ルートイン金沢駅前
願慶寺
東横イン金沢駅東口
六枚町
中橋
光善寺
専光寺
六枚
六枚町
芳斉町
白銀
北國
ローソン
六枚町
金沢シティ
ゲストハウスPongyi
広済寺
福念寺
北陸労金
西金沢駅
中央小芳斎分校
玉川町通り商店街
玉川町
六枚町
鶴来信金
高巌禅寺
セブンイレブン
正福寺
真福寺
中央局前
鞍月用水
金沢中央局
光徳寺
三社
三社
玉川町
玉川図書館
三社
芳斉1
P.8-9
こども図書館
近世史料館
旧金沢煙草
大野庄用水
女性センター

金沢駅・近江町市場
かなざわえき・おうみちょういちば
周辺図 P.2-3
0 50 100m
1:6,500
N
D
E
F
1
2
3
4
中島大橋
中島大橋
浅野川
東大通り
北國
此花町
安江八幡宮
金沢水天宮
マイステイズ
金沢キャッスル
報恩寺
本願寺金沢別院
乗善寺
上宮寺
光教寺
照円寺
明成小
別院通り
別院通り
別院通商店街
P.118
S 岩本清商店
松立寺
瓢箪町
安江町北
明成小前
東別院
表参道口
瓢箪町
瓢箪町消防前
彦三町
金澤表参道
みやび・る金沢
真宗大谷派
金沢別院
西門口前
西門口前
仁隋寺
発心寺
西福寺
彦三町中
彦三
彦三町2
彦三町1
南門通り
西の宮通り
東別院
S 目細八郎兵衛商店 P.119
目細通り
むさし西
S collabon P.121
彦三
P.6-7
H シティイン小林
武蔵ケ辻・近江町市場
金沢信金
武蔵ケ辻・近江町市場
ANAホリデイ・イン金沢スカイ
スタジオ通り
セブン
イレブン
袋町
近江町市場
武蔵ケ辻
S Du Bon Temps P.100
SC かなざわはこまち
袋町
武蔵
S 中六商店 P.108
S 中島めんや P.118
favori
越山甘清堂 本店
P.120
CRAFT A
金沢エムザ
近江町
157
159
町民文化館
博労町
SC 近江町いちば館
近江町市場
P.54
武蔵南
鮮魚通り
P.115
金箔工芸 田じま
武蔵ケ辻・近江町市場
ローソン
町民文化館
尾張町
老舗交流館
百万石通り
老舗交流館
S 近江町旬彩 P.59
下堤町
鍋木商舗 武蔵店
P.23
近江町市場 P.12下図
金沢中央信組
H パシフィック金沢
十間町
武蔵ケ辻・近江町市場
リソルトリニティ
金沢
アルトラビル
H 料亭旅館
浅田屋
H すみよしや旅館 P.123
松ヶ枝緑地
三井住友
博労町南
S artra
P.121
R 近江町 井ノ弥 P.56
大手町
上堤町
NTT大手町ビル

近江町市場・ひがし茶屋街
おうみちょういちば・ひがしちゃやがい
周辺図 P.2-3
0 50 100m
1:6,500
N
A
B
C
1
2
3
4
P.4-5
P.8-9
明成小
彦三大橋詰
彦三大橋
小橋
P.106 あめの俵屋 本店
P.118
S 岩本清商店
松立寺
瓢箪町
明成小前
彦三町
小橋
瓢箪町
瓢箪町消防前
P.107 加賀麩司 宮田
彦三北
P.89 宮田・鈴庵
金澤表参道
真宗大谷派
金沢別院
彦三町中
彦三
西門口前
東別院
南門通り
西の宮通り
彦三町2
彦三町1
彦三町1
目細通り
S 目細八郎兵衛商店 P.119
むさし西
17
彦三
S collabon P.121
P.52 御料理 貴
武蔵ヶ辻・近江町市場
武蔵ヶ辻・近江町市場
金沢信金
武蔵ヶ辻・近江町市場
S Du Bon Temps P.100
彦三緑地
彦三緑地
P.107
S 越山甘清堂 本店
セブンイレブン S
袋町
S 中六商店 P.108
藩士の家野坂邸
袋町
スタジオ通り
ANAホリデイ・イン金沢スカイ
SC かなざわ はこまち
P.113
加賀友禅 袋もんや 木倉や
武蔵
favori S
近江町
159
近江町いちば館
金沢エムザ SC
P.120 CRAFT A S
武蔵南
★近江町市場 P.54
博労町
町民文化館
尾張町
百万石通り
町民文化館
尾張町 老舗交流館
老舗交流館
武蔵ヶ辻・近江町市場
S ローソン
鮮魚通り
S 近江町旬彩 P.59
尾張町
金箔工芸 田じま S
P.115
下堤町
近江町市場 P.12下図
金沢中央信組
パシフィック金沢
中安旅館
十間町
H すみよしや旅館 P.123
旅館やまむ
武蔵ヶ辻・近江町市場
アルトラビル
料亭旅館 浅田屋
リソルトリニティ金沢
三井住友
S artra P.121
信金中
博労町南
大手町
R 近江町 井ノ弥 P.56
NTT大手町ビル
上堤町
NHK前
セブンイレブン S
百万石通り
NHK 金沢
大手門前
尾崎神社
旧高峰家
KKR金沢
金沢 兼六荘
黒門口
大手堀
お堀通り
総合健康 急病診療
南町・尾山神社
三井住友信託
藤右衛門丸広場
大手堀
S ファミリーマート
甚右衛門坂口 (管理用口)
大手堀
あおぞら
大手門口
R トラットリア・タマヤ P.94
みずほ
大谷廟所
大谷納骨堂
お堀通り
南町
お宮広場
★金沢城公園
P.32/P.70
金沢白鳥路 山
北陸
R 大友楼 P.86
新丸広場
白鳥路
お堀通り
南町・尾山神社
商工会議所
157

D
E
F
1
2
3
4
馬場児童公園
西方寺
東インター大通り
森山1
蓮覚寺
妙円寺
全性寺
浄行寺
常福寺
妙国寺
勝隆寺
城北大通り
妙応寺
長久寺
妙正寺
本光寺
東山3北
森山1
359
卯辰山山麓寺院群
誓願寺
東山3
東山2
玄門寺
永久寺
東山
来教寺
馬場小
東山
金沢
永明寺
P.106 中田屋 東山本店 S
蓮昌寺
金沢市立安江金箔工芸館
中の橋
ひがし茶屋街
菅原神社
宇多須神社
圓長寺
浅野川大橋交番前
P.38 ひがし茶屋街
志摩 P.39/P.73
懐華楼 P.39
橋場町
ひがし茶屋休憩館
浅野川大橋
山乃尾 H
P.122
暗がり坂
あかり坂
橋場町
浅野川大橋
宝泉寺
東山蓮如上人銅像
秋聲のみち
ひがし茶屋街 P.13下図
橋場
浅野川
観音院
主計町・尾張町 P.13上図
浅野川稲荷神社
梅ノ橋
徳田秋聲記念館 P.84
橋場町
S Cazahana
P.121
梅ノ橋
滝の白糸碑
R 金城楼 P.87
鏡花のみち
R 松魚亭 P.90
159
大樋美術館
天神橋
橋場町
善福寺
並木町
並木町のマツ並木
泉鏡花碑
川岸公園
天神橋
武家屋敷
寺島蔵人邸
P.51
S 森八 本店 P.105
大手町東
百万石通り
R 幸兵衛寿司 P.92
天神橋
下土橋
味噌蔵町
白鳥路
大手町
金沢地方検察庁
兼六元町
源太郎川
味噌蔵町

香林坊・兼六園
こうりんぼう・けんろくえん
周辺図 P.2-3
0 50 100m
N
1:6,500
A
B
C
1
2
3
4
P.4-5
玉川図書館
玉川公園
公園前
南町・尾山神社
三井住友信託
あおぞら
ファミリーマート
みずほ
南町
トラット
タマヤ
北陸
南町・尾山神社
大友楼
商工会
長町中
長町中
四ツ屋橋
金沢ニューグランドアネックス
大野橋
金沢中央観光案内所
P.118
加賀てまり 毬屋
P.49
香舗伽羅
市文化ホール
P.98 甘味処 金花糖
金沢ニューグランド
尾山神社
P.35/P.71
P.66 ひらみぱん
尾山神社前
神門
聖霊病院・聖堂
中日ビル
P.49
atelier & gallery creava
金沢市足軽資料館
P.48
P.120
くらふと&ぎゃらりぃ OKURA
百万石通り
金谷神社
大野庄用水
鞍月用水
聖霊総合病院
ローソン
富山第一
赤羽ホール
尾山
仙石通
合同庁舎
P.102 CAFE DUMBO
長町四の橋
北國新聞会館
北國
金沢信金本店
P.47 旧加賀藩士 高田家跡
P.47
武家屋敷跡野村家
右衛門橋
香林坊2
仙石通り
広坂合同庁舎
P.100
香林坊
P.48
長町武家屋敷休憩館
長町三の橋
ル・ポン・ド・ショコラ・サンニコラ
東横イン
香林坊ラモーダ P.64
山田家
茶菓工房たろう 鬼川店 P.107
トラスティ香林坊
P.105
和菓子村上 本店
九谷焼 鏑木商舗 P.111
武家屋敷跡
長町二の橋
香林坊1
三菱UFJ
FUMUROYA CAFE
香林坊大和店
長町西
P.89 味処 高崎
香林坊
大和
金沢わらじ屋 本店
P.49
日本銀行
香林坊仙石通り
日銀前
長町一の橋
P.124
いしかわ記念
長町緑地
tawara
P.95
金沢東急ホテル
香林坊アトリオ
P.64
P.48 金沢市老舗記念館
老舗記念館
香林坊 P.14上図
いりたや
前田土佐守家資料館
P.48
金沢市香林坊
香林坊東急スクエア
御荷川橋
香林坊
香林坊
辰巳
浄誓寺
長町
P.97 グリルオーツカ
香林
P.69 ゲデレー 木倉町
一楽
南大通り
P.88
割烹 一十百
P.102 UCCカフェプラザ ピノ
片町・タテマチ
プレーゴ P.64
片町 P.14下図
金沢市役
新橋
中央通り
片町中央通り
片町1
きくのや旅館
犀川
P.64
片町きらら
トークタテマチ
片町
片町中央通り
テミス
片町
村田屋旅館
CoCoTTo KANAZAWA
片町2
竪町商店街
あかねや橋
アパ
片町
金沢市役所第二本

D
E
F
1
2
3
4
P.6-7
P.10-11
セブンイレブン
NHK金沢放送会館
P.105 森八 本店
武家屋敷
P.51 寺島蔵人邸
大手門前
KKR金沢
総合健康センター
急病診療所
尾崎神社
旧高峰家
黒門口
大手堀
兼六荘
お堀通り
大手町東
百万石通り
藤右衛門丸広場
甚右衛門坂口
(管理用口)
大手堀
P.92
幸兵衛寿司
味噌蔵町
大手門口
検察庁前
白鳥路
大手町
金沢白鳥路 山楽
金沢地方検察庁
兼六元町
お宮広場
新丸広場
お堀通り(白鳥路)
味噌蔵町
管理事務所
湿生園
四阿
旧第六旅団
司令部跡
金沢城公園
P.32/P.70
三の丸北園地
菱櫓
河北門
二の丸広場
五十間長屋
三の丸広場
入口休憩所
兼六園下
兼六園下
兼六大通り
二の丸案内所
橋爪門続櫓
橋爪橋
石川門
兼六園下・金沢城
石川門口
紺屋坂
玉泉院丸庭園
玉泉庵
兼六園下・金沢城
極楽橋
橋爪門
石川橋
百間堀園地
石川県観光物産館
P.104
戌亥櫓跡
鶴の丸広場
三十間長屋
鶴の丸休憩館
P.33
兼六園観光案内所
鶴丸倉庫
玉泉院丸口
桂坂口
桂坂
兼六坂
丑寅櫓跡
P.36 かなざわ玉泉邸
本丸園地
吉崎東山
桜ヶ岡口
P.36 金澤さくら亭
加賀友禅会館
P.35
お堀通り(百間堀)
丸の内
いもり堀園地
噴水
お堀通り(いもり堀)
徽軫灯籠
眺望台
辰巳櫓跡
蓮池門口
三芳庵 P.31
いもり堀
唐崎松
夕顔亭
霞ヶ池
P.37
SELECT SHOP GIO
雁行橋
蓮池門通り
鯉喉櫓台
栄螺山
内橋亭 P.31
石川県政記念 しいのき迎賓館
P.35
瓢池
上坂口
兼六坂
長谷坂
兼六園 P.27
P.31
広坂・21世紀美術館・市役所
真弓坂口
時雨亭
兼六園菊桜
広坂2
広坂北
百万石通り
根上松
真弓坂
広坂・21世紀美術館
広坂
いしかわ生活工芸ミュージアム
(石川県伝統産業工芸館)
花見橋
今井金箔広坂店
広坂・21世紀美術館
梅林
P.72/P.82
山崎山
金沢能楽美術館 P.83
石浦神社
随身坂
随身坂口
金沢・クラフト広坂 P.119
成巽閣
P.34
管理事務所分室
小立野口
金沢21世紀美術館
P.76
商工中金
市役所・柿木畠
県立美術館
兼六坂上
百寿荘
広坂・21世紀美術館
金澤神社
金城霊澤
百万石通り
P.82
石川県立美術館
カフェレストラン Fusion21 P.80
県立美術館・成巽閣
ミュージアムショップ1・2 P.81
出羽町
本多通り
LE MUSÉE DE H KANAZAWA P.100
本多の森公園

片町・にし茶屋街
かたまち・にしちゃやがい
周辺図 P.2-3
0 50 100m
1:6,500
N
A
B
C
1
2
3
4
片町 P.14下図
P.64 プレー
片町1
南大通り
P.64
片町きらら SC
片町中央通り
片町2
アパ H
村田 H
片町
河原町
片町・犀川大橋北
大工町
犀川大橋北詰
犀川大橋
犀川大橋南詰
白菊町緑地
白菊町
P.84 室生犀星記念館
瑞泉寺
泉用水
西インター大通り
神明宮
大蓮寺
野町広小路
KUPPI C
P.102
白菊町
にし茶屋街
野町西
にし茶屋菓寮 味和以 C
P.62
妙慶寺
野町広小路
P.107
甘納豆かわむら S
成学寺
芭蕉旬碑
P.61
金沢市西茶屋資料館
西料亭組合
広小路
手造り中谷とうふ S
P.62
蛤坂
広小路
野町1
ローソン
泉用水
広小路
南大通り
願念寺
P.63
妙立寺
(忍者寺)
因徳寺
45
つば甚 P.86
犀川
野町2
極楽寺
広小路
157
浄安寺
寺町5西
穂濤 P.87
のと共栄信金
アパ H
松月寺の大桜
寺町通り
諏訪神社
落雁 諸江屋 本店
P.105
金剛寺
松月寺
香林寺
伏見寺
妙典寺
野町3
国泰寺
六斗の広見
寺町5
高岸
北陸
野町
龍雲寺
泉が丘通り
大円寺
長久
寺町鐘声園
光専寺
泉野菅原神社
興徳寺
寺町5
法光寺
野町4
寺町5
玉龍寺
立像寺
立正寺
月照寺
妙

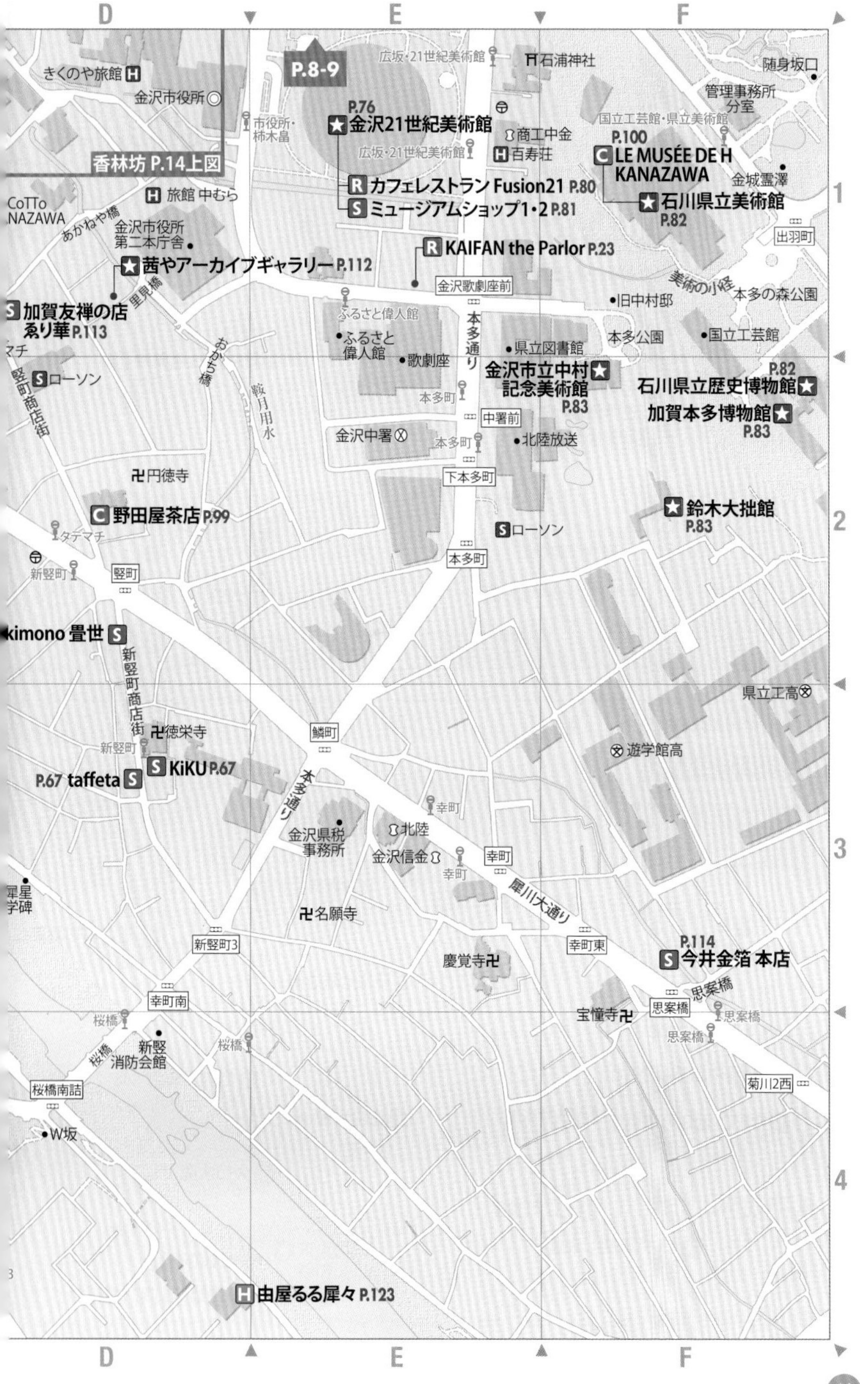

P.8-9
広坂・21世紀美術館
石浦神社
随身坂口
きくのや旅館
金沢市役所
管理事務所分室
P.76
金沢21世紀美術館
国立工芸館・県立美術館
市役所・柿木畠
商工中金
百寿荘
広坂・21世紀美術館
P.100
LE MUSÉE DE H KANAZAWA
香林坊 P.14上図
金城霊澤
カフェレストラン Fusion21 P.80
石川県立美術館 P.82
旅館 中むら
ミュージアムショップ1・2 P.81
CoTTo NAZAWA
あかねや橋
出羽町
金沢市役所第二本庁舎
KAIFAN the Parlor P.23
茜やアーカイブギャラリー P.112
美術の小径
本多の森公園
金沢歌劇座前
里見橋
加賀友禅の店 ゑり華 P.113
旧中村邸
ふるさと偉人館
本多通り
本多公園
国立工芸館
ふるさと偉人館
県立図書館
おかち橋
P.82
歌劇座
金沢市立中村記念美術館 P.83
石川県立歴史博物館
ローソン
竪町商店街
鞍月用水
本多町
中署前
加賀本多博物館 P.83
金沢中署
本多町
北陸放送
下本多町
円徳寺
鈴木大拙館 P.83
野田屋茶店 P.99
ローソン
タテマチ
本多町
新竪町
竪町
kimono 畳世
新竪町商店街
県立工高
鱗町
徳栄寺
遊学館高
新竪町
KiKU P.67
P.67 taffeta
本多通り
幸町
北陸
金沢県税事務所
金沢信金
幸町
幸町
尾川大通り
名願寺
幸町東
P.114
今井金箔 本店
新竪町3
慶覚寺
思案橋
幸町南
思案橋
思案橋
宝憧寺
桜橋
新竪消防会館
桜橋
桜橋
思案橋
桜橋南詰
菊川2西
W坂
由屋るる犀々 P.123

A B C

1

2

金沢駅
かなざわえき
周辺図 P.4-5
0 50m
1:4,000
N
ヴィアイン金沢
廻る富山湾 すし玉 金沢駅店 P.93
金沢百番街 あんと西 P.157
駅西口
金沢駅
AB金沢
金沢百番街 あんと P.157
金澤 北珍 肴の匠 P.109
創作漆器わこう P.116
柴舟小出 P.106
アパ
北陸新幹線
金沢 SC フォーラス
北陸鉄道浅野川線
北鉄金沢駅
駅東口
もてなしドーム
金沢駅前交番
石川県立音楽堂
ANAクラウンプラザ金沢
JRいしかわ鉄道
昭和大通り
駅前南
北陸
日航金沢
ドーミーイン金沢
ダイワロイネット金沢
金沢セントラル本館
ホテル金沢
堀川町
東大通り
エコノ金沢駅前
駅前東
加賀料理 大名茶家 P.88
駅前中央
金沢駅東
ガーデン金沢
13
料理旅館 金沢茶屋
ひので屋
ライブ1
真乗寺
まちのり事務局

3

4

近江町市場
おうみちょういちば
周辺図 P.4-5/P.6-7
0 20m
1:1,500
N
武蔵
むさし口
武蔵ヶ辻・近江町市場
159
近江町
市姫神社口
いきいき亭 近江町店 P.57
青果通り
北形青果 P.55
P.59 豆乳専門店 二六
157
近江町いちば館
P.93 廻る近江町市場寿し 本店
近江町こだわり玉子 だし巻き屋 P.58
青果通り口
下近江町通り
P.55 世界の食品 ダイヤモンドLII
P.58 近江町コロッケ
新通り
中通り
世界の食品ダイヤモンド
上通り
エムザ口
中島めんや P.118
岩内蒲鉾店 P.58
むすび 近江町市場店 P.58
杉本水産 P.59
島田水産 P.55
鮮魚通り
大口水産 P.55
近江町市場 こてつ P.56
P.57 近江町食堂
かいてん寿し大倉 P.93
上近江町通り
酒の大沢 P.109
P.57 じもの亭
P.55 舟楽 近江町本店
十間町口
パーキング口

A B C

D E F

主計町・尾張町
かずえまち・おわりちょう
周辺図 P.6-7
0 40m N
1:3,000
ひがし茶屋街
中の橋
P.52
ビストロ金沢とどろき亭 R
主計町緑水苑
鏡花のみち
浅野川
浅野川大橋
交番前
1
火の見櫓
木津屋旅館 H
P.53 土家 C
橋場町
主計町料亭組合
恵寿金沢病院
まゆ月 C
P.53 くらがり坂
浅野川大橋
P.123
暗がり坂
H 町屋金沢 菊乃や
下図
源法院
橋場町
久保市乙剣宮
あかり坂
P.51
かなざわカタニ S
浅野川大橋
P.109
S 佃の佃煮 本店
S 上林金沢茶舗
P.108
S 泉鏡花記念館
P.84
S 越山甘清堂 本店
P.107
尾張町
北國
2
P.51
金沢蓄音器館
橋場
泉鏡花記念館
北陸
P.84 金沢文芸館
159

ひがし茶屋街
ひがしちゃやがい
周辺図 P.6-7
0 40m N
1:3,000
S 髙木糀商店 P.108
C 大正浪漫喫茶
金魚庵 P.102
宇多須
神社
3
P.41 東山ロベールデュマ R
P.43
C 森八 ひがし三番丁店
P.44 かなざわ 美かざりあさの S
S 箔座 ひかり蔵
P.115
菅原神社
ひがし
茶屋街
359
S 蛍 HOTARU P.43
東料亭組合
お茶屋文化館
R 東山みずほ P.40
P.44 浅の川 吉久
円長寺
P.117 アンティーク山屋 S
S 喜八工房 金沢東山店
P.117
P.42 甘味カフェ 茶ゆ C
P.39/P.73 志摩
広見
P.41 レストラン自由軒 R
P.44 玉匣 S
上図
ひがし茶屋休憩館
P.115
箔一 東山店 S
P.39 懐華樓
R 照葉 P.101
P.41 金澤寿し R
S 今日香 P.45
H
経田屋
米穀店
C 茶房 素心 P.42
山乃尾
P.122
秋聲のみち
P.92 鮨 みつ川 R
東山河岸
緑地
4
P.45 くるみや S
S 久連波 P.45
R 寿司 一船 P.40
P.101 茶房&Bar ゴーシュ R
S 東山あいおい P.111
民宿 銀松 H
浅野川

D E F

香林坊
こうりんぼう
周辺図 P.8-9/P.10-11
0 40m N
1:3,000
A
B
C
1
2
SC香林坊アトリオ P.64
香林坊東急スクエア
香林坊
金沢市香林坊
百万石通り
辰巳用水
R P.96ターバンカレー 金沢本店
S P.37生活雑貨 LINE
S P.37 NOW
市役所前
S P.116 能作
C 甘味処 漆の実 P.99
R 茶房 扉せい P.68
S 九谷焼 諸江屋 P.111
金沢カトリック教会
南大通り
片町・タテマチ
SC プレーゴ P.64
片町1
H きくのや旅館
H クラウンヒルズ金沢
金沢市役所
セブンイレブン
SC 片町きらら P.64
R エスト高橋 P.68
トークタテマチ
R いたる 本店 P.91
金沢教会
R 広坂ハイボール P.68
片町
竪町商店街
C 水引夜灯りカフェ P.22
H OMO5 金沢片町 by 星野リゾート P.22/P.119
テミス
下図
C P.98 つぼみ

片町ツアー
R 割烹 たけし P.91
片町中央通り
R P.69 マクリハニッシュ
SC P.64 プレーゴ
片町1
中央通り
S セブンイレブン
トークタテマチ
SC 片町きらら P.64
R エスト高橋 P.68
南大通り
テミス
S ローソン
R P.91 川端鮮魚店
上図
H エコノ金沢アスパー
片町2
H アパヴィラ 金沢片町
H エコノ金沢片町
S ファミリーマート
H アパ
H 村田屋旅館
金沢信金
R P.89 季節料理と和み酒 十二の月
R 赤玉 本店 P.97
片町
S セブンイレブン
R P.69 BAR SPOON
犀川
R ラ・ネネグース P.95
S ローソン
片町・犀川大橋北
河原町
R P.96 8番らーめん 犀川大橋店
金劇パシオン
S 石田漆器店 P.117
H スマイル金沢
犀川大橋北詰
雨宝院（室生犀星展示室）
徳龍寺
犀川大橋
犀川大橋南詰
片町
かたまち
周辺図 P.8-9／P.10
0 50m N
1:4,000
3
4
A
B
C

D E F

輪島
わじま
周辺図 本書P.2-3
0 200m
1:20,000
N
輪島港
輪島温泉八汐
奥津比咩神社
永福寺
鳳来山公園
饅頭処つかもと P.131
輪島海房やまぐち P.131
輪島朝市 P.130
KALPA P.131
柚餅子総本家中浦屋 わいち本店 P.131
輪島マリンタウン
輪島キリコ会館 P.129
輪島工房長屋 P.131
足湯 湯楽里 P.131
輪島寿司処 伸福 P.132
塩安漆器工房 蒔庵aian P.133
住吉神社西
住吉神社
浄明寺
いろは橋
白藤酒造店
朝市通り
鳳至上町通り
河原田川
大町朝市口
わいち懐隈
工房長屋
重蔵神社
観音町南
観音町北
塚田橋詰
能登輪島温泉
ホテル高州園
塚田橋
塚田
小石浜
稲舟
白米千枚田
日本海
鳳至小
新橋旅館
民宿 新雪
輪島漆器会館
新橋
稲荷町
中央通りまんなか商店街
河井中央
馬場町・郵便局前
弥生町
塚田川
輪島塗会館
輪島市
鳳至川
馬場崎通り
一本松公園
河井小
市役所
輪島高前
輪島市役所
輪島高
青葉ケ丘団地
道の駅輪島ふらっと訪夢
輪島駅前
のと里山空港IC

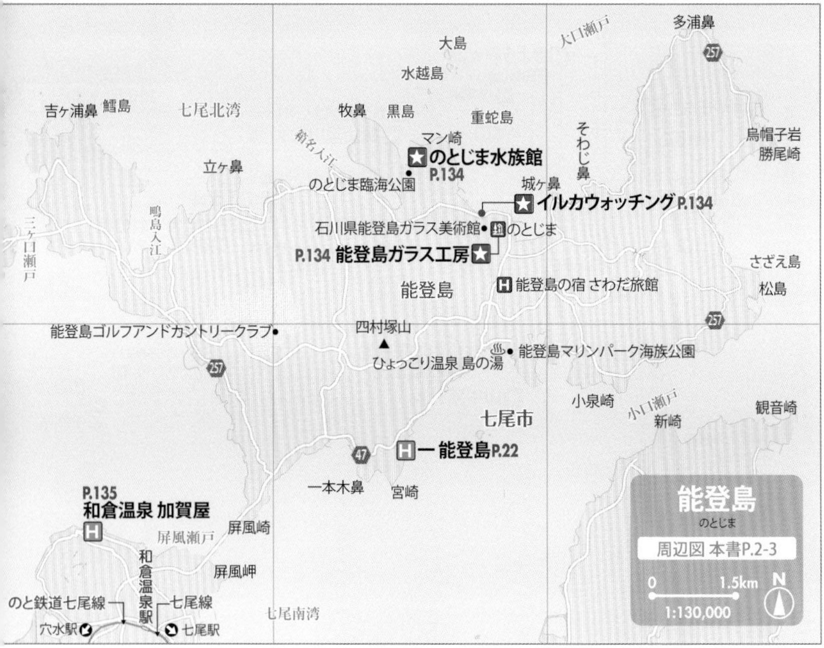

能登島
のとじま
周辺図 本書P.2-3
0 1.5km
1:130,000
N
多浦鼻
大口瀬戸
大島
水越島
吉ケ浦鼻
鰐島
七尾北湾
牧鼻
黒島
重蛇島
マン崎
のとじま水族館 P.134
のとじま臨海公園
そわじ鼻
城ケ鼻
イルカウォッチング P.134
烏帽子岩
勝尾崎
立ケ鼻
鳴島入江
三ケ口瀬戸
石川県能登島ガラス美術館
のとじま
P.134 能登島ガラス工房
能登島
能登島の宿 さわだ旅館
さざえ島
松島
能登島ゴルフアンドカントリークラブ
四村塚山
ひょっこり温泉 島の湯
能登島マリンパーク海族公園
小泉崎
小口瀬戸
新崎
観音崎
七尾市
一 能登島 P.22
一本木鼻
宮崎
P.135 和倉温泉 加賀屋
屏風瀬戸
屏風崎
屏風岬
和倉温泉駅
のと鉄道七尾線
七尾線
穴水駅
七尾駅
七尾南湾

D E F

A B C

1 2

山代温泉
やましろおんせん
周辺図 本書P.3
0 200m
1:16,000
粟津温泉
山代住宅
九谷焼窯跡展示館
森の栖
あらや滔々庵 P.139
源泉・足湯 P.138
山代温泉総湯 P.138
真菰ヶ池
春日神社
瑠璃光
ゆのくに天祥
雄山閣
光楽寺
萬松閣
山代温泉東口
市の瀬神社前
市之瀬神社
山代東口
山代温泉東口
P.139
葉渡莉
べにや無何有
山王閣
万松園
山下家
服部神社
アイウエオの小径 P.138
山代温泉
P.138 九谷焼体験ギャラリーCoCo
はづちを楽堂
薬王院温泉寺
P.138
魯山人寓居跡いろは草庵
たちばな四季亭
加賀温泉駅
Aコープ
市之瀬用水
加茂道
幸町
幸町
専光寺
文化会館前
北部2
北部2
島屋
界 加賀 P.139
文化会館前
P.138 山代温泉古総湯
山代中橋
山代温泉西口
桔梗丘
文化会館
山代小
山代温泉南口
多々見
加賀の宿 宝生亭
別所口
山代
加賀市
山代小前
山代小前
白山菖蒲亭
山中温泉
水田丸黒瀬線
常盤
富士屋
大聖寺駅

3 4

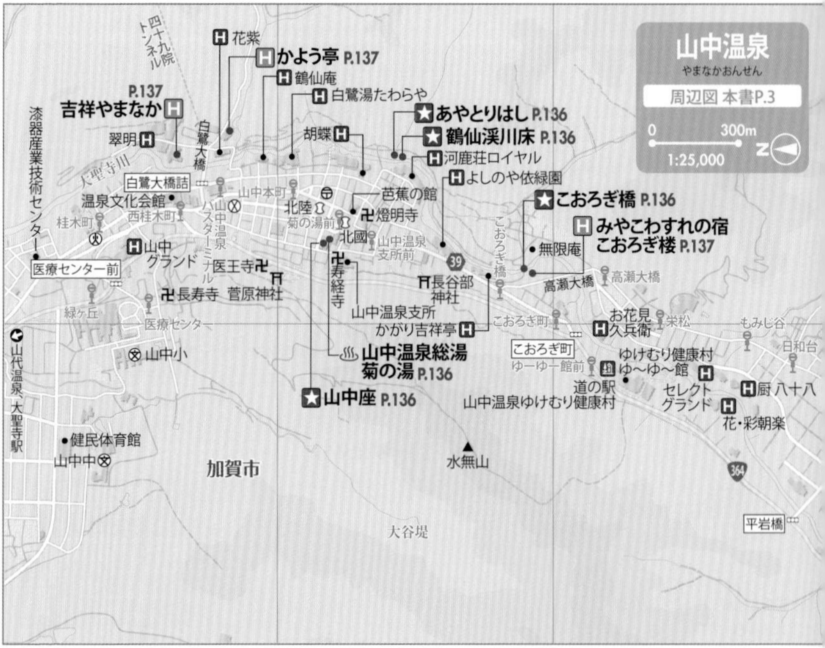

山中温泉
やまなかおんせん
周辺図 本書P.3
0 300m
1:25,000
四十九院トンネル
花紫
かよう亭 P.137
鶴仙庵
白鷺湯たわらや
P.137
吉祥やまなか
あやとりはし P.136
鶴仙渓川床 P.136
漆器産業技術センター
翠明
白鷺大橋
胡蝶
河鹿荘ロイヤル
大聖寺川
白鷺大橋詰
よしのや依緑園
山中本町
芭蕉の館
こおろぎ橋 P.136
温泉文化会館
北陸
燈明寺
桂木町
西桂木町
山中温泉バスターミナル
菊の湯前
みやこわすれの宿 こおろぎ楼 P.137
北國
山中温泉支所前
山中グランド
こおろぎ橋
無限庵
医療センター前
医王寺
寿経寺
長谷部神社
高瀬大橋
高瀬大橋
長寿寺
菅原神社
緑ケ丘
山中温泉支所
お花見
久兵衛
栄松
もみじ谷
医療センター
かがり吉祥亭
こおろぎ町
日和台
山代温泉・大聖寺駅
山中小
こおろぎ町
山中温泉総湯 菊の湯 P.136
ゆーゆー館前
ゆけむり健康村 ゆ〜ゆ〜館
道の駅 山中温泉ゆけむり健康村
セレクトグランド
厨 八十八
山中座 P.136
花・彩朝楽
健民体育館
山中中
加賀市
水無山
大谷堤
平岩橋

A B C

片山津温泉
かたやまづおんせん
周辺図 本書P.3
0 300m N
1:22,000
片山津IC
新堀川
源平橋詰
源平橋
石川病院
首洗池
湖北小
湖北小前
加賀市
ホテル アローレ P.141
柴山神社
新保矢田野線
柴山町
翠湖
柴山温泉
加賀広域農道
源平町
片山津浄化センター
雪の科学館前
中谷宇吉郎雪の科学館
潮津北
柴山潟
潮津西
潮津
佳水郷
矢田屋松濤園
季がさね P.141
潮津神社
片山津西口
柴山潟周遊船乗り場
潮津
北陸古賀乃井
うきうき弁天 P.140
南陽園
NEW MARUYA
湖畔の宿 森本 P.141
片山津5区
かのや光楽苑
NEW MARUYA別館
片山津温泉総湯
あいあい広場前
加賀片山津温泉 総湯 P.140
まちカフェ
P.140 芸妓検番 花館
北國
片山津温泉
P.140
大江戸温泉物語 ながやま
ビストロ ラ・ヴィーヴ P.140
愛染寺
成善寺
加賀観光
片山津温泉南
片山津温泉口
加賀温泉駅

粟津温泉
あわづおんせん
周辺図 本書P.3
0 200m N
1:18,000
粟津駅
八幡神社
戸津
粟津温泉北
八幡神社
喜多八
おびし荘
高塚粟津線
粟津温泉中
誓願寺
かたやま緑華苑
粟津温泉北口
P.142 粟津温泉総湯
法師 P.143
本広寺
大岩不動尊
P.143
あわづグランド別館
旅亭懐石 のとや
八坂神社
粟津温泉南
粟津温泉
白山神社
あわづグランド
大王寺
粟津川
辻のや花乃庄
湯の上
おっしょべ公園 P.143
小松山中線
八幡神社
小松市
上荒屋
ゆのくにの森
加賀伝統工芸村 ゆのくにの森 P.142
山代温泉、那谷寺
馬場
住吉神社

金沢中心部バス路線図

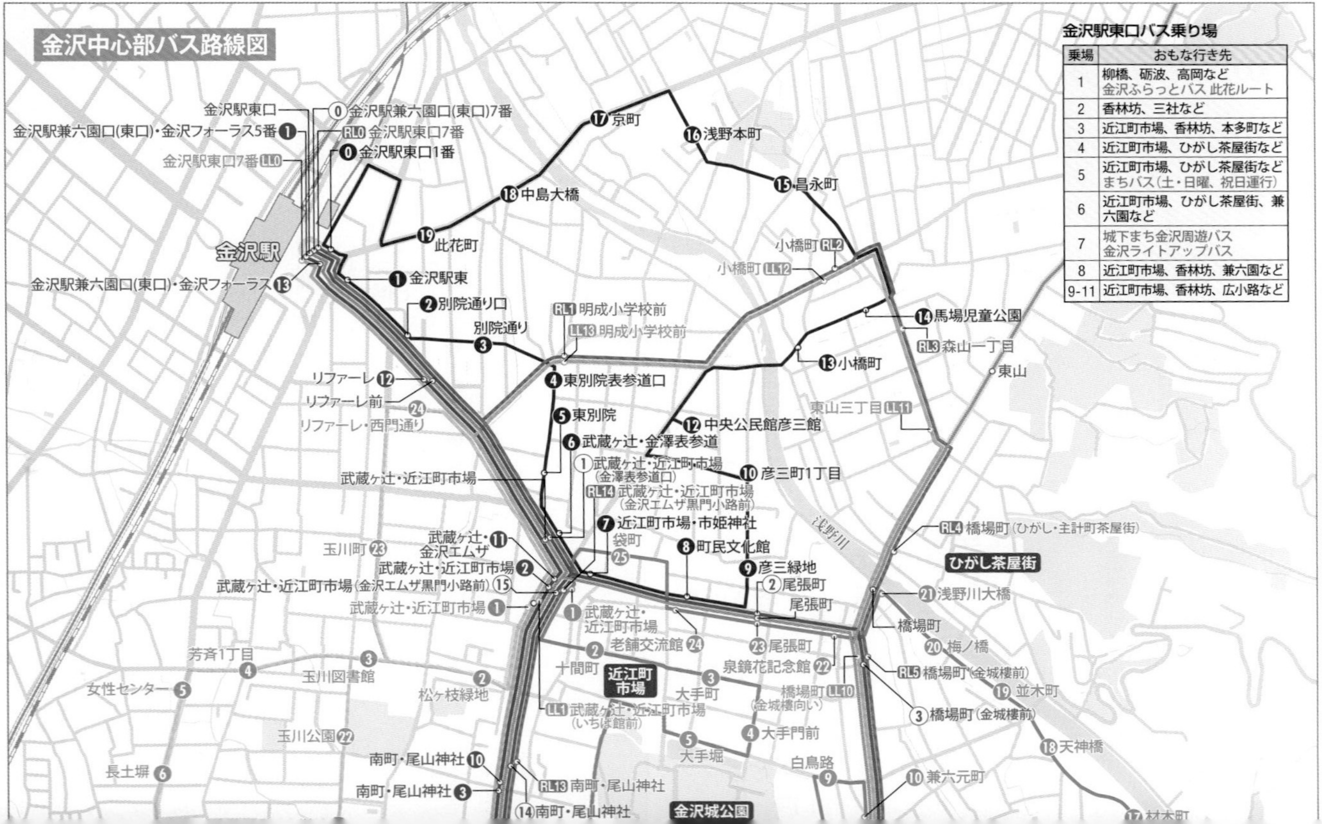

金沢駅東口バス乗り場

乗場	おもな行き先
1	柳橋、砺波、高岡など 金沢ふらっとバス 此花ルート
2	香林坊、三社など
3	近江町市場、香林坊、本多町など
4	近江町市場、ひがし茶屋街など
5	近江町市場、ひがし茶屋街など まちバス(土・日曜、祝日運行)
6	近江町市場、ひがし茶屋街、兼六園など
7	城下まち金沢周遊バス 金沢ライトアップバス
8	近江町市場、香林坊、兼六園など
9-11	近江町市場、香林坊、広小路など

長町
武家屋敷跡
金沢
21世紀
美術館
兼六園
にし茶屋街
妙立寺
(忍者寺)
香林坊大和・アトリオ 4
香林坊東急スクエア・日銀前 9
香林坊
香林坊 1
片町・タテマチ 5
片町中央通り 17
片町・犀川大橋北 16
片町(パシオン前) LL4
片町
野町広小路 15
にし茶屋街 14
広小路 LL5
(寺町寺院群・にし茶屋街)
広小路
RL10 広小路(大桜前)
広小路(大桜前) 11
桜橋 LL6
桜橋 RL9
6 桜橋
10 桜橋
7 上川除
菊川町公民館 8
9 川上広見
10 犀川大通り
11 猿丸児童公園
12 二十人坂
一本松陸橋 13
上石引 17
小立野下馬 16
14 石引広見
15 大学病院
18 中石引
19 飛梅町
20 本多の森ホール
21 国立工芸館・県立美術館
7 県立美術館・成巽閣
LL8 広坂・21世紀美術館(石浦神社向い)
RL7 広坂・21世紀美術館(石浦神社前)
8 広坂・21世紀美術館(石浦神社前)
22 21世紀美術館
本多町・歌劇座・鈴木大拙館 7
LL7 本多町(金沢歌劇座前)
RL8 本多町(北陸放送前)
9 本多町
新竪町 5
タテマチ 4
6 タテマチ広場
大工町 3
12 片町(片町きらら前)
2 片町
ふるさと偉人館
23
金沢21世紀美術館・兼六園(真弓坂口) 8
市役所・柿木畠 24
市役所・21世紀美術館 8
RL11 片町(片町きらら前)
広坂・21世紀美術館(しいのき迎賓館前) 6
7 香林坊・仙石通り
RL12 香林坊(日銀前)
13 香林坊(日銀前)
LL3 香林坊(アトリオ前)
兼六園下・金沢城 LL9(白鳥路前)
5 丸の内(金沢城玉泉院丸庭園そば)
RL6 兼六園下・金沢城(石川門向い)
小将町 12
13 賢坂辻
児童公園
長町武家屋敷跡 19
老舗記念館 18
9 御影大橋南
10 中村町小学校
千日町 12
11 中村神社
白菊町 13
富本町 8
犀川
RL0 城下まち金沢周遊バス(右回りルート)210円
LL0 城下まち金沢周遊バス(左回りルート)210円
※左回りルートは2024年1月現在、運休中
金沢ライトアップバス 300円
※毎週土曜、特別運行日の19:00~21:45(金沢駅発着)
※2024年1月現在、運休中
金沢ふらっとバス(菊川ルート)100円
金沢ふらっとバス(此花ルート)100円
金沢ふらっとバス(材木ルート)100円
金沢ふらっとバス(長町ルート)100円
まちバス※土・日曜、祝日のみ 100円
北鉄路線バス200円~
(2024年1月現在)

とりはずして使える

MAP

付録 街歩き地図

金沢・能登
白川郷

おとな旅プレミアム
PREMIUM

TAC出版
TAC PUBLISHING G

切り取り線

美しく洗練された古都金沢。
奥ゆかしい江戸風情に浸る

成巽閣庭園。五葉松を中心に、深山渓谷を彷彿させる造り

SIGHTSEEING

高欄の茶屋建築が連なる、ひがし茶屋街の風情ある通り

ひがし茶屋街 ➡P.38

加賀百万石の歴史を今に残す風雅な光景

往時の面影が色濃く残る長町武家屋敷跡

CULTURE

現代アートと気軽にふれあうことができる公立美術館

金沢21世紀美術館 ➡P.76

毎年4月上旬、金沢城公園を桜が染める

SIGHTSEEING

雪化粧をまとった兼六園。四季折々に景色が楽しめる

兼六園 ➡P.27

四季ごとに旅情を誘う
豊かな自然に身を委ねて

豊かな自然と伝統文化が残り、北陸随一の渓谷美で有名な山中温泉

GOURMET

獲れたての魚介が味わえる、北陸名物の海鮮丼

海鮮料理 ➡P.90

SIGHTSEEING

合掌造り集落で、世界的にも有名な世界遺産白川郷

白川郷 ➡P.148

日本海に面し、何層にも小さな田が重なる、白米千枚田の絶景

おとな旅プレミアム PREMIUM

金沢・能登 白川郷

CONTENTS

美と出会う

食べる

付録地図

買う

泊まる

能登・加賀温泉郷

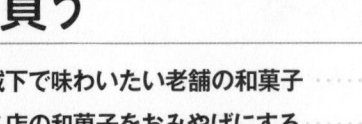

本書のご利用にあたって

● 本書中のデータは、金沢(P12～124)および東尋坊・永平寺・白川郷・五箇山(P144～154)については2023年11月～2024年1月現在のもの、また能登・加賀温泉郷(P125～143)については2023年11～12月現在(令和6年能登半島地震以前)のものです。料金、営業時間、休業日、メニューや商品の内容などが、諸事情により変更される場合がありますので、事前にご確認ください。

● 本書に紹介したショップ、レストランなどとの個人的なトラブルに関しましては、当社では一切の責任を負いかねますので、あらかじめご了承ください。

● 営業時間、開館時間は実際に利用できる時間を示しています。ラストオーダー(LO)や最終入館の時間が決められている場合は別途表示してあります。

● 営業時間等、変更する場合がありますので、ご利用の際は公式HPなどで事前にご確認ください。

● 休業日に関しては、基本的に定休日のみを記載しており、特に記載のない場合でも年末年始、ゴールデンウィーク、夏季、旧盆、保安点検日などに休業することがあります。

● 料金は消費税込みの料金を示していますが、変更する場合がありますのでご注意ください。また、入館料などについて特記のない場合は大人料金を示しています。

● レストランの予算は利用の際の目安の料金としてご利用ください。Bが朝食、Lがランチ、Dがディナーを示しています。

● 宿泊料金に関しては、「1泊2食付」「1泊朝食付」「素泊まり」は特記のない場合1室2名で宿泊したときの1名分の料金です。曜日や季節によって異なることがありますので、ご注意ください。

● 交通表記における所要時間、最寄り駅からの所要時間は目安としてご利用ください。

● 駐車場は当該施設の専用駐車場の有無を表示しています。

● 掲載写真は取材時のもので、料理、商品などのなかにはすでに取り扱っていない場合があります。

● 予約については「要予約」(必ず予約が必要)、「望ましい」(予約をしたほうがよい)、「可」(予約ができる)、「不可」(予約ができない)と表記していますが、曜日や時間帯によって異なる場合がありますので直接ご確認ください。

● 掲載している資料および史料は、許可なく複製することを禁じます。

■ データの見方

- ☎ 電話番号
- 所 所在地
- 開 開館／開園／開門時間
- 営 営業時間
- 休 定休日
- 料 料金
- 交 アクセス
- P 駐車場
- 室 宿泊施設の客室数
- in チェックインの時間
- out チェックアウトの時間

■ 地図のマーク

- ★ 観光・見どころ
- 卍 寺院
- 开 神社
- ✝ 教会
- R 飲食店
- C カフェ・甘味処
- S ショップ
- SC ショッピングセンター
- H 宿泊施設
- i 観光案内所
- 道の駅
- ビーチ
- ♨ 温泉
- バス停
- 空港

旅のきほん 1

エリアと観光のポイント
金沢はこんなところです

**まずは行ってみたいエリアを決めて、
心に残る、自分だけの街歩きへ出かけよう!**

金沢の食文化を支える大きな市場
近江町市場周辺 ➡P.54
おうみちょういちば

新鮮な魚介や加賀野菜など北陸のおいしいものが集結。飲食店のほか、食べ歩きグルメが楽しめるお店も充実。

⇧お店の人が調理法や保存法なども教えてくれる

観光のポイント 海鮮丼や寿司など鮮度抜群の北陸の海の幸を味わう

江戸時代の雰囲気が漂う街を散策
長町武家屋敷跡 ➡P.46
ながまちぶけやしきあと

藩政時代に中級武士が暮らしていた街。石畳の路地に沿う土塀や長屋門など当時の面影が随所に見られる。

⇧土塀に挟まれた細い小道が入り組んでいる

観光のポイント 海外からも注目を浴びる武家屋敷跡野村家で、武家文化を知る

ショップや飲食店が集まる金沢の中心
香林坊・片町・竪町 ➡P.64
こうりんぼう・かたまち・たてまち

北陸一の繁華街がこのエリア。話題のグルメのお店やおしゃれな雑貨店が充実。裏通りには金沢の夜を満喫できる居酒屋やバーなどが軒を連ねる。

⇧片町周辺にはナイトスポットがひしめいている

観光のポイント 昼間はカフェやショップ巡り、夜はこだわりのバーでゆっくり過ごす

悠久の美を伝える壮麗な大名庭園
兼六園周辺周辺 ➡P.26
けんろくえん

金沢では外せない定番スポット。加賀藩の歴代藩主によって造られた庭園は、多彩な景観で訪れる者を魅了する。周辺にも加賀藩にまつわるスポットが点在。

⇧四季折々の美しい風景が満喫できる兼六園

観光のポイント 六勝を探しながら園内を散策。徒歩圏の金沢21世紀美術館にも足を運ぶ

⇧商業施設が点在する香林坊

↑金沢駅東口近くに観光案内所があるので、観光に出かける前に利用したい

↑金沢の主要な観光地へ向かうバスやタクシーの多くは金沢駅東口から出発する

↑情緒あふれるひがし茶屋街

→金沢の伝統工芸「加賀八幡起上り人形」

華やかな茶屋文化の世界へ誘う

ひがし茶屋街
ひがしちゃやがい

➡P.38

金沢を代表する観光エリア。和の風情があふれる花街で、お茶屋体験ができる。夜には三味線の音色が聞こえることも。

↑国指定重要文化財の志摩。往時の姿が今に残る

観光のポイント 格式高いお茶屋や町家を生かした食事処やショップに入ってみる

古き良き金沢の文化をたどる街歩き

主計町・尾張町
かずえまち・おわりちょう

➡P.50

浅野川河畔にある主計町茶屋街では、風情ある路地裏巡りが楽しい。尾張町はかつて商人の町として栄えた。

↑明かりが灯ると幻想的

観光のポイント 往時の姿で残る歴史的な建築物を生かしたスポットを巡ってみよう

歴史ある寺院と静かな茶屋街を巡る

寺町・にし茶屋街
てらまち・にしちゃやがい

➡P.60

寺町は妙立寺(忍者寺)など由緒あるお寺が集まる。にし茶屋街の通りはお店が少なく、こぢんまりとしている。

↑閑静なにし茶屋街

観光のポイント 趣のあるにし茶屋街を散策し、忍者寺の巧みな仕掛けを体験する

旅のきほん 2

市内移動はバスが主役
金沢市内を移動する

観光スポットがぎゅっと詰まった金沢市内は
歩いてまわることもできるが、バスやタクシーで効率よく!

↑足回りの良いレンタサイクルはスマホのアプリで利用!

金沢市内の観光スポットはコンパクトにまとまっているため、移動は徒歩とバスが基本だが、天気の良い日には、レンタサイクルで地元気分を味わいながら気軽に巡ることもできる。金沢を熟知した乗務員によるガイドが楽しい観光タクシーの利用も。

タクシー

観光は地元に詳しいプロにおまかせ

乗務員が案内してくれる観光タクシー。金沢駅からは1000円台で各スポットに行ける。

問い合わせ先

石川近鉄タクシー	☎0570-08-3265
石川交通	☎076-231-4131
大和タクシー	☎076-266-5166
びゅうハイヤー金沢	☎076-249-0257
冨士タクシー	☎076-237-1020

レンタサイクルまちのり

軽装に着替えて、軽快に!

バスの乗り換えや渋滞のストレスがなく、主要観光ポイントを1日でまわれる。市内に70カ所以上のサイクルポートまたは、まちのり事務局で貸し出し、返却が可能。

☎076-255-1747(まちのり事務局) 利用時間 貸し出し・返却は24時間可能。まちのり事務局9:00〜18:00 料金 1日パス1650円(会員登録した場合、最初の30分165円、以降30分ごとに110円加算のプランあり)

レンタカー

自由自在に名所を巡る

事前に予約しておくのが確実。鉄道や飛行機とセットのお得なレンタカー切符も便利。

問い合わせ先

駅レンタカー西日本 金沢駅営業所	☎076-265-6639
オリックスレンタカー 金沢駅東口店	☎076-221-0543
スカイレンタカー 金沢駅前店	☎076-255-1489
トヨタレンタリース石川 金沢駅東口店	☎076-223-0100
日産レンタカー 金沢駅前店	☎076-232-4123
ニッポンレンタカー 金沢駅西口営業所	☎076-263-0919

路線バス・観光バス・周遊バス

バス路線図は付録P.18参照

目的に合わせたバスを選んでみよう

金沢市内は路線バス、周遊バス、観光バスなど、さまざまな種類のバスが走る。主要名所へはバスと徒歩が便利。

A 城下まち金沢周遊バス

金沢市内を周回する周遊バスは金沢駅東口から出発。1日で主要名所をまわれる。

☎076-237-5115(北陸鉄道テレホンサービスセンター) 運行時間 8:35〜18:05 料金 1回乗車210円 便数 約15分ごと

B 金沢ライトアップバス

金沢駅東口から市内の主なライトアップスポットを巡る。土曜と特別運行日のみ運行。

☎076-237-5115(北陸鉄道テレホンサービスセンター) 運行時間 土曜19:00〜21:45(特別運行日あり) 料金 1回乗車300円、専用フリー乗車券500円 便数 15分ごと
※2024年1月現在、運休中

C 北陸鉄道路線バス

金沢市内全域をほぼカバーし、便数も多い。中心部は210円、それ以外は距離に応じた料金。

☎076-237-5115(北陸鉄道テレホンサービスセンター) 運行時間 便により異なる 料金 1回乗車210円〜 便数 便により異なる

D まちバス

金沢駅兼六園口(東口)〜近江町市場〜香林坊〜金沢21世紀美術館・兼六園を周遊する。

☎076-224-8112(金沢商業活性化センター) 運行時間 土・日曜、祝日の9:40〜20:00 料金 1回乗車100円 便数 20〜30分ごと

金沢市内1日フリー乗車券

指定エリア内の北陸鉄道路線バス・西日本JRバスと、城下まち金沢周遊バス、金沢ふらっとバスが利用できる便利な乗車券。

料金 800円 販売場所 北鉄グループ案内所(金沢駅東口バスターミナル)など

かなざわめぐり半日コース

毎日運行し、金沢の主要観光スポットをまわる。バスガイドが市内名所や歴史を説明してくれる。

☎076-234-0123(北鉄バス予約センター) 運行時間 8:40〜、13:40〜(水曜運休) 所要時間 4時間 料金 2600円〜
※2024年1月現在、運休中

金沢ふらっとバス

低料金で全4ルートを走る市民向けのコミュニティバス。金沢駅を経由するのは此花ルートのみ。

☎076-220-2038(金沢市交通政策課) 運行時間 8:30頃〜18:00頃 料金 1回乗車100円 便数 20分ごと

※運休や変更の場合があるため、運行状況は公式サイトで最新情報をご確認ください

金沢駅
北鉄金沢駅
金沢駅東口
北陸鉄道浅野川線
IRいしかわ鉄道
北陸新幹線
金沢駅～ひがし茶屋街
徒歩●約25分
自転車●約12分
バス（Ⓐ）●約10分
バス（ⒷⒸ）●約7分
※バスⒶは右回りルート
※バスⒸの主な系統番号は11、12など
土・日曜、祝日運行のまちバス
別院通り口
西門口前
近江町市場～ひがし茶屋街
徒歩●約13分
自転車●約6分
バス（ⒷⒸ）●約3分
※バスⒸの主な系統番号は11、12、80など
金沢駅～近江町市場
徒歩●約13分
自転車●約6分
バス（ⒶⒷⒸⒹ）●約3～5分
※バスⒸは大半の系統番号が利用できる
武蔵ヶ辻・近江町市場
武蔵
博労町
尾張町
橋場
橋場町
ひがし茶屋街
近江町市場
兼六園～ひがし茶屋街
徒歩●約15分
自転車●約6分
バス（Ⓒ）●約3分
※バスⒸの主な系統番号は11、12、83など
近江町市場～香林坊
徒歩●約11分
自転車●約6分
バス（ⒸⒹ）●約4分
※バスⒸの主な系統番号は18、32、41など
金沢城公園
兼六園下
兼六園下・金沢城
尾山
合同庁舎前
香林坊
兼六園
金沢駅～にし茶屋街
徒歩●約40分
自転車●約20分
バス（Ⓒ）●約15分
※バスⒸの主な系統番号は20、30、41などで、近江町市場、香林坊を経由
広坂2
広坂
片町
香林坊～にし茶屋街
徒歩●約13分
自転車●約6分
バス（Ⓒ）●約5分
※バスⒸの主な系統番号は32、41、53など
香林坊～兼六園
徒歩●約15分
自転車●約6分
バス（ⒸⒹ）●約5～10分
※バスⒸの主な系統番号は10、50、92～96など
北鉄路線バス
にし茶屋街
野町広小路
広小路

旅のきほん 3

季節に合わせて、見る、食べる、体験する

金沢トラベルカレンダー

金沢の旅を彩る祭りやイベントスケジュール、旬のグルメ、季節ごとの楽しみをチェックしたら、もれなく旅の計画に盛り込みたい。

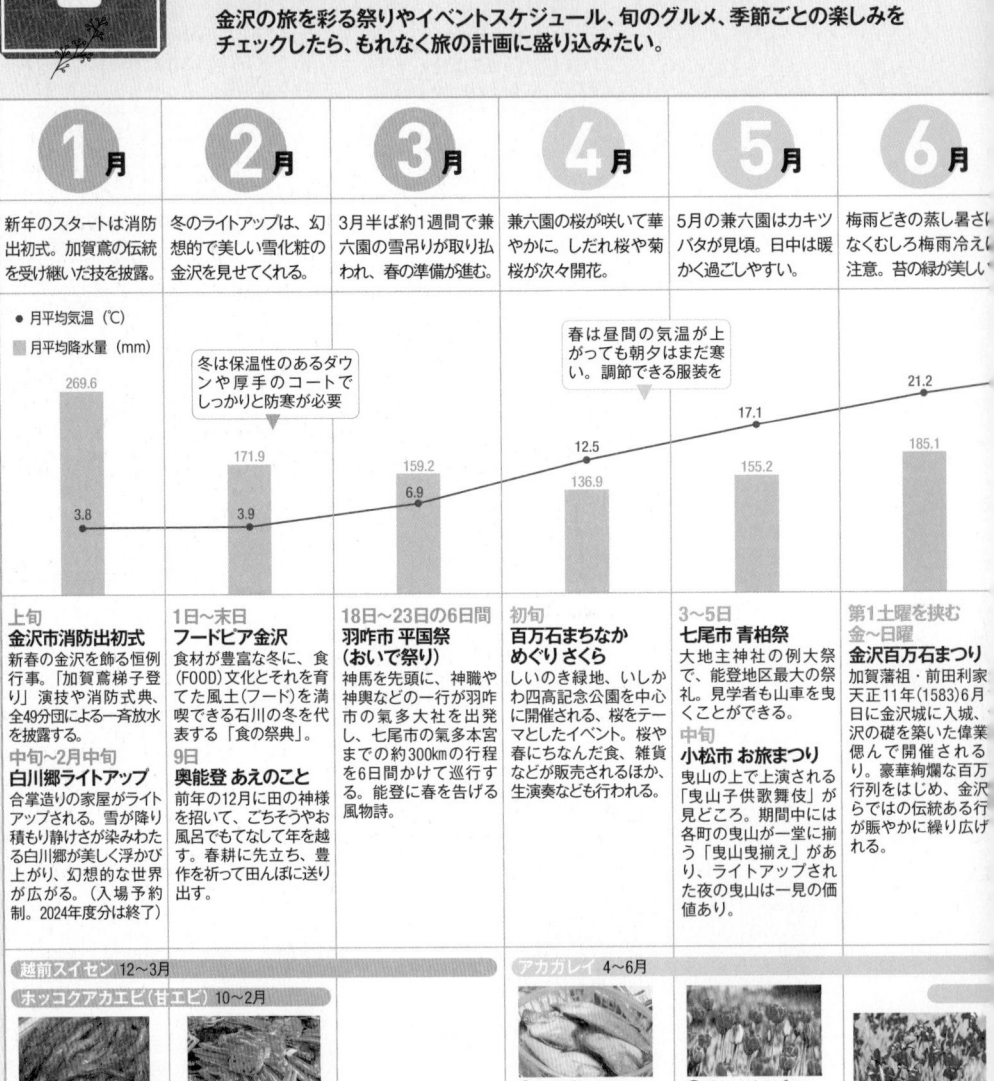

1月	2月	3月	4月	5月	6月
新年のスタートは消防出初式。加賀鳶の伝統を受け継いだ技を披露。	冬のライトアップは、幻想的で美しい雪化粧の金沢を見せてくれる。	3月半ば約1週間で兼六園の雪吊りが取り払われ、春の準備が進む。	兼六園の桜が咲いて華やかに。しだれ桜や菊桜が次々開花。	5月の兼六園はカキツバタが見頃。日中は暖かく過ごしやすい。	梅雨どきの蒸し暑さ なくむしろ梅雨冷え 注意。苔の緑が美しい

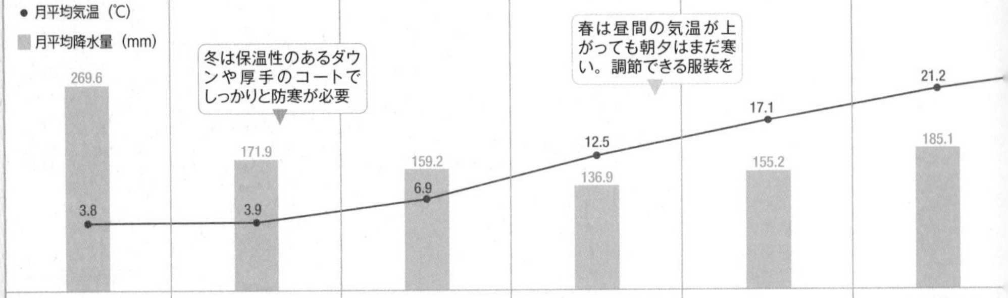

1月

上旬
金沢市消防出初式
新春の金沢を飾る恒例行事。「加賀鳶梯子登り」演技や消防式典、全49分団による一斉放水を披露する。

中旬～2月中旬
白川郷ライトアップ
合掌造りの家屋がライトアップされる。雪が降り積もり静けさが染みわたる白川郷が美しく浮かび上がり、幻想的な世界が広がる。（入場予約制。2024年度分は終了）

2月

1日～末日
フードピア金沢
食材が豊富な冬に、食（FOOD）文化とそれを育てた風土（フード）を満喫できる石川の冬を代表する「食の祭典」。

9日
奥能登 あえのこと
前年の12月に田の神様を招いて、ごちそうやお風呂でもてなして年を越す。春耕に先立ち、豊作を祈って田んぼに送り出す。

3月

18日～23日の6日間
羽咋市 平国祭（おいで祭り）
神馬を先頭に、神職や神輿などの一行が羽咋市の氣多大社を出発し、七尾市の氣多本宮までの約300kmの行程を6日間かけて巡行する。能登に春を告げる風物詩。

4月

初旬
百万石まちなかめぐり さくら
しいのき緑地、いしかわ四高記念公園を中心に開催される、桜をテーマとしたイベント。桜や春にちなんだ食、雑貨などが販売されるほか、生演奏なども行われる。

5月

3～5日
七尾市 青柏祭
大地主神社の例大祭で、能登地区最大の祭礼。見学者も山車を曳くことができる。

中旬
小松市 お旅まつり
曳山の上で上演される「曳山子供歌舞伎」が見どころ。期間中には各町の曳山が一堂に揃う「曳山曳揃え」があり、ライトアップされた夜の曳山は一見の価値あり。

6月

第1土曜を挟む金～日曜
金沢百万石まつり
加賀藩祖・前田利家 天正11年（1583）6月 日に金沢城に入城、 沢の礎を築いた偉業 偲んで開催される り。豪華絢爛な百万 行列をはじめ、金沢 らではの伝統ある行 が賑やかに繰り広げ れる。

越前スイセン 12～3月

ホッコクアカエビ（甘エビ） 10～2月

↑ホッコクアカエビ

↑加能ガニ

加能ガニ（ズワイガニ） 11月6日～3月20日

加賀れんこん 8月下旬～5月中旬

アカガレイ 4～6月

↑アカガレイ

↑チューリップ

チューリップ 4～5月

桜 4月

カキツバタ 5～6月

↑カキツバタ

金沢市消防出初式

金沢百万石まつり

キリコ

香林坊ツリーファンタジー

7月

キリコ祭り、花火大会、納涼床など、夏ならではのイベント花盛り。

8月

雪国とはいえ夏は暑い。納涼イベント、涼を呼ぶ食を楽しみたい。

9月

街の随所にストリートステージが設置され、金沢の街はジャズ一色。

10月

おしゃれメッセなどで伝統工芸の世界にふれ、創作意欲を刺激する。

11月

秋のライトアップが始まり紅葉が見頃。兼六園では雪吊りの準備。

12月

北陸の海の幸がおいしくなる季節。冬のグルメを満喫したい。

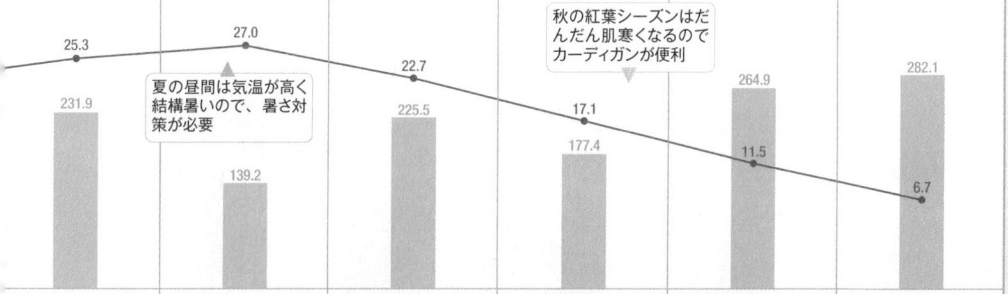

7月

下旬
北國花火 金沢大会
大豆田本町の犀川緑地周辺で、1000連発の「おとこ川市民花火」など1万2000発の花火が夜空を彩る。

最終土曜
能登島 向田の火祭り
日本三大火祭りのひとつ。大松明の周りを「キリコ」（切子燈籠）がまわり、手松明が投げ入れられた大松明は巨大な火柱になる。

8月

上旬
金沢ゆめ街道
YOSAKOIソーラン踊り、太鼓、ストリートダンスなど多彩なパフォーマンスが見られる。

下旬
輪島市 輪島大祭
輪島市にある4つの神社、奥津比咩神社・重蔵神社・住吉神社・輪島前神社それぞれの夏祭り。「キリコ」も登場し、壮大な御神燈の風景が見られる。

9月

中旬
金沢ジャズストリート
国内外で活躍するアーティストや学生、社会人バンドが集まり、金沢のまちなかでエネルギッシュなジャズの演奏を繰り広げる。

25～26日
五箇山（上梨）こきりこ祭り
筑子（こきりこ）とは田楽に起源を持つ民謡。ささらを「シャ」と鳴らしながら優雅でキレのある踊りが披露される。

10月

中旬
近江町市場 大行燈まつり
生本マグロ解体ショーや超大安売りなど、金沢の台所・近江町市場で、さまざまなイベントが開催される。

14～19日
白川郷 どぶろく祭
獅子舞・雅楽人を従えた神輿行列が練り歩いたあと、神社の酒蔵で独特の製法で醸造されたどぶろくが参詣者に振る舞われる。

11月

11～2月中旬
香林坊地区 ツリーファンタジー
香林坊交差点から武蔵町方面の歩道に植えられたケヤキ36本が11万個の電球で飾られ、通り全体がイルミネーションに包まれる。

11～2月
雪吊り
樹木を雪害から守るために、支柱を立て縄で枝を吊る。兼六園で見られる雪吊りの風景は金沢の冬の風物詩。

12月

5日
奥能登 あえのこと
奥能登の農家で行われるもので、田の神様を自宅に招いて収穫に感謝する農耕儀礼。奥座敷に種もみの俵を置いて神座を設ける。

金時草 7～11月

打木赤皮甘栗かぼちゃ 6月中旬～8月

越前スイセン 12～3月

打木赤皮甘栗かぼちゃ

加賀れんこん

金時草

五郎島金時

越前スイセン

五郎島金時 9～11月上旬

加能ガニ（ズワイガニ） 11月6日～3月20日

ホッコクアカエビ（甘エビ） 10～2月

加賀れんこん 8月下旬～5月中旬

※日程は変動することがありますので、事前にHPなどでご確認ください。

プレミアム滞在 モデルプラン

金沢
おとなの2泊3日

加賀藩にゆかりのある名所を訪れ、古き良き文化と情緒を満喫する。半径2㎞に主な見どころがつまった街をそぞろ歩きで楽しみ、華やかな歴史と共に育まれた伝統工芸の美を堪能しよう。

⇧水面に映る空の青と木々の緑が美しい兼六園の霞ヶ池

1日目

風情ある加賀百万石の城下町を愉しむ

歴史的な建築物や時代を感じる街並みが残る長町や兼六園周辺へ。

武家文化の面影が残る 長町界隈 を散策

武家屋敷跡野村家
ぶけやしきあとのむらけ

➡P.47

野村家は加賀藩で重職を歴任し、1000坪以上の屋敷を構えていた名家。屋敷は海外からの評価も高く、資料館や庭園も見学できる。

屋敷の立ち並ぶ小径は情緒たっぷり

9:10 金沢駅

約15～18分
金沢駅東口からバスで10分、香林坊バス停下車。長町武家屋敷跡まで徒歩5～8分

9:30 武家屋敷跡野村家

約12分
武家屋敷跡野村家から香林坊バス停まで徒歩7分。香林坊からバスで武蔵ヶ辻・近江町市場バス停まで4分。武蔵ヶ辻・近江町市場停から徒歩1分

11:00 近江町市場

約10分
近江町市場から徒歩10分

13:00 金沢城公園

約3分
金沢城公園(石川門)から兼六園(桂坂口)まで徒歩3分

14:30 兼六園

旬の魚や郷土料理の治部煮が味わえる金澤さくら亭の「金澤御膳」

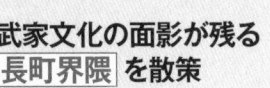

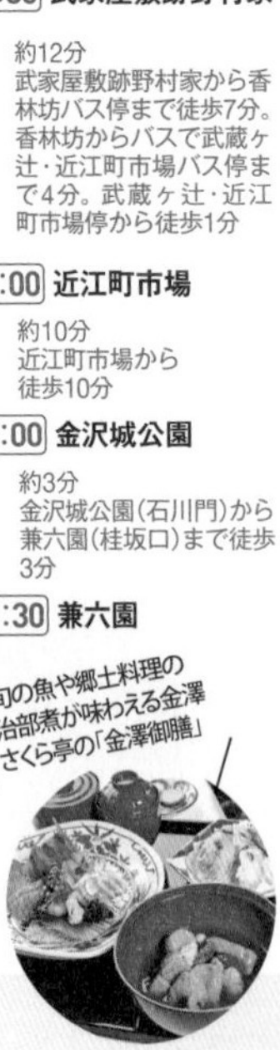

金沢市民の台所 近江町市場 でランチ

海鮮以外に加賀野菜なども並ぶ

近江町市場 ➡P.54
おうみちょういちば

美食の街・金沢を支える新鮮食材の宝庫でランチやショッピングを楽しむ。たくさん購入したら宅配便の利用もおすすめだ。

プランニングのアドバイス

長町には藩政時代の武家文化にふれられる施設が点在。ボランティアガイド「まいどさん」に案内してもらえば、より深く学べる。兼六園周辺には、成巽閣(➡P.34)などの歴史的な建造物や、伝統工芸を紹介する施設が集まる。また金沢21世紀美術館(➡P.76)をはじめ美術館・博物館も多いので、兼六園と併せて訪れるのもおすすめ。

加賀百万石の栄華に思いを馳せる 金沢城跡 へ

金沢城公園 ➡P.32
かなざわじょうこうえん

加賀百万石の時代の面影にふれることができる。建物や石垣、庭園など見どころがいっぱい。

長屋と芝生のコントラストが新鮮

加賀13代藩主・前田斉泰が建てた成巽閣

加賀藩の歴史が詰まった 兼六園 を歩く

兼六園 ➡P.27
けんろくえん

前田家が約180年もの年月をかけて造り上げた金沢を代表する名園。細部まで趣向を凝らしたさまざまな景観を楽しみたい。

園内にあるお茶屋にも立ち寄りたい

2日目

華やかなお茶屋文化を受け継ぐ花街へ

和菓子作りを体験、茶屋建築を見学して、町家カフェに立ち寄る。

9:40 金沢駅

約12分
金沢駅東口からバスで10分、兼六園下・金沢城バス停下車、徒歩1～2分

10:00 石川県観光物産館

約16～20分
兼六園下・金沢城バス停から武蔵ヶ辻・近江町市場バス停まで10分。
乗り換えて5分、橋場町バス停下車、徒歩1～4分

14:00 主計町茶屋街

徒歩約5分
主計町茶屋街とひがし茶屋街は徒歩圏内

16:00 ひがし茶屋街

ひがし茶屋街にある、照葉は隠れ家のようなバー

石川県観光物産館 で人気の和菓子作りを体験

石川県観光物産館
いしかわけんかんこうぶっさんかん

➡P.104

有名店の職人さんが指導してくれる人気の和菓子作り体験。かわいくておいしい手作り和菓子をお持ち帰り。

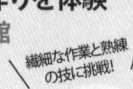

繊細な作業と熟練の技に挑戦!

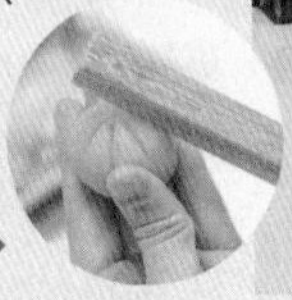

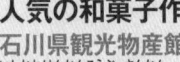

趣深い 茶屋街 でゆるやかな時間

主計町茶屋街
かずえまちちゃやがい

➡P.50

歴史的な建造物が多く残る街並みを散策。足をのばして、尾張町や橋場町にある文化スポットに行くのもおすすめ。

お茶屋の雰囲気そのままのカフェ

和の情緒薫る 町家 を訪れ、格式高いお茶屋文化に親しむ

ひがし茶屋街
ひがしちゃやがい

➡P.38

お茶屋文化が息づく風情ある街並みをのんびり散策。茶屋建築を生かしたお店にも立ち寄りたい。散策のクライマックスは照明が灯り始める夕暮れどき。

志摩
しま

➡P.39

江戸時代に建てられた茶屋造りの建物。室内を公開しており、お茶屋文化がじっくり見学できる。

プランニングのアドバイス

和菓子作り体験は時間に余裕をもって出かけよう。主計町茶屋街とひがし茶屋街のエリア間は徒歩で移動できる距離なので、行ってみたいお店やスポットを中心にプランを立てるとよい。

3日目

伝統とモダンを堪能する心地よい一日

伝統工芸にふれたあとは、日本を代表する現代アートの世界に浸る。

9:40 金沢駅

約20分
金沢駅東口からバスで16分、思案橋バス停下車、徒歩3分

10:00 今井金箔 本店

約10～15分
思案橋バス停から香林坊バス停まで約7分。香林坊バス停下車、徒歩3～8分

13:00 香林坊・片町・竪町

徒歩約5～10分
百万石通りを歩いて5～10分ほど

職人技が光る貴重な工芸品の宝庫

16:00 金沢21世紀美術館

伝統工芸体験 で 金沢箔の魅力にふれる

今井金箔 本店
いまいきんぱくほんてん

➡P.114

約1時間の箔貼り体験に参加。1万分の1㎜という薄さを実感しつつ、好みのアクセサリーを作ろう。

好みの図案で自分だけの金箔作り

香林坊・片町・竪町 で 工芸品ショッピングを楽しむ

九谷焼 諸江屋
くたにやきもろえや

➡P.111

伝統文様やモダンなデザインまで、創意工夫に満ちた九谷焼が並ぶ。食器や装飾品と幅広い。

能作
のさく

➡P.116

加賀蒔絵、輪島塗、山中漆器など洗練された美しい漆器。優美で華麗な世界が広がる。

金沢・クラフト広坂
かなざわ・クラフトひろさか

➡P.119

金沢で息づく希少な伝統工芸品が集まる。匠の技がこめられた品々は見るだけでも楽しい。

プランニングのアドバイス

今井金箔には路線バスで向かうので、事前に乗る路線を確認しておくかタクシーを利用しよう。香林坊、片町、竪町はショッピングエリア。たっぷり時間をとって、さまざまなお店を巡ろう。

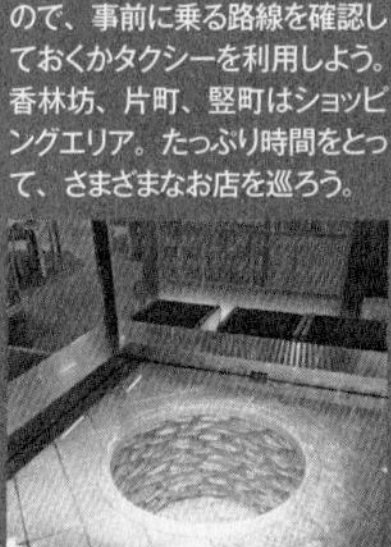

©2010 Olafur Eliasson

新しい創造の空間へ誘う モダンな ミュージアム へ

金沢21世紀美術館
かなざわにじゅういっせいきびじゅつかん

➡P.76

公園のように出入り自由でありながら、世界の現代アートが楽しめる美術館。感動や驚きに満ちた展示品に出会えそう。撮影ができる展示品もあるので、カメラを持って行くのを忘れずに。

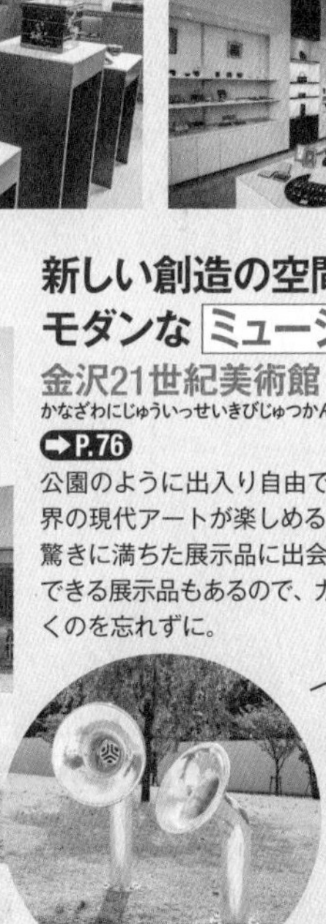

庭にも多くの作品があり自由に体験できる

ニュース＆トピックス

地元企業とコラボして生まれた水引OMOなか（ドリンク付き）1000円

加賀百万石が育んだ歴史文化が香る城下町金沢、旬のキーワードはアート。美術館もホテルもグルメも、アートを軸に進化が続く。

「OMO by 星野リゾート」が展開する 街ナカホテル の夜カフェ

加賀水引を「見て」「触れて」「食べて」楽しめるOMOに水引夜灯りカフェが2023年6月に誕生。加賀水引が織りなす幻想的な空間で素敵な夜のひとときを。

水引夜灯りカフェ

加賀水引をテーマにした夜カフェ。日中はOMOカフェとして営業する

OMO5 金沢片町 by 星野リゾート
オモファイブ かなざわかたまち バイ ほしのリゾート

「あっぱれ！味のかたまち」をコンセプトに食事のおいしさはもちろん、食にまつわる歴史や文化を体験できるホテル。

ご近所ガイドのOMOレンジャーと町を巡るツアーも人気

香林坊周辺 MAP 付録P.14 A-2
☎050-3134-8095（OMO予約センター）
所 金沢市片町1-4-23　交 香林坊バス停から徒歩4分　P あり
in 15:00　out 11:00　室 101室　予算 1泊素泊まり1万6000円～
【水引夜灯りカフェ】
営 19:00～23:00（LO22:30）※OMOカフェは11:00～　休 無休

「水引カトラリーレスト作り」を体験できるセット700円もある

おしゃれで落ち着く空間で憩い時間。里山里海のお宿 に注目

海に山、自然豊かな地でゆったりと優雅なひとときを過ごせるお宿が開業。自然に包まれリフレッシュしたい。

神音Stay
かのんステイ

1日2組限定の里山にたたずむ小さなお宿。フィンランド式薪サウナ（有料）があり、2つの水風呂やウッドデッキで自然の風景を感じながらととのう体験ができる。

羽咋 MAP 本書P.2 C-3
☎0767-23-4223
所 羽咋市菅池町カ54
交 JR羽咋駅から車で20分
P あり
in 15:00　out 11:00　室 2室
予算 1泊朝食付1万7600円～（2名利用時）

築100年の蔵を改装した古民家で木のぬくもりに包まれるひとときを

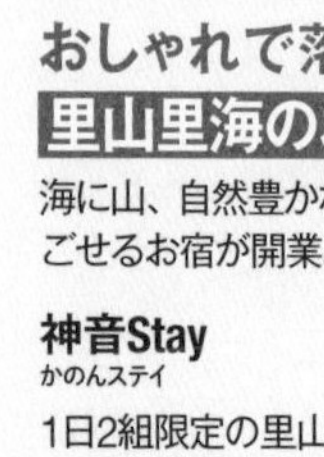

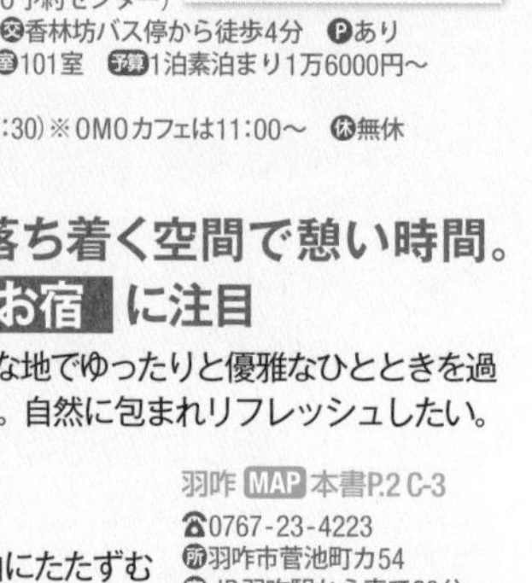
2023年9月オープン

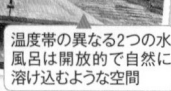

温度帯の異なる2つの水風呂は開放的で自然に溶け込むような空間

一 能登島
ひとつ のとじま

七尾湾に浮かぶ自然豊かな能登島に誕生した鮨のオーベルジュ。日本海の豊富な食材を極上の鮨に。絶景サウナや専用ラウンジなど、贅を尽くしたおもてなしで心身が潤うとっておきのくつろぎ時間を過ごしたい。

七尾 MAP 付録P.15 E-4
☎0767-85-2150
所 七尾市能登島須曽町42-4
交 JR和倉温泉駅から車で10分
P あり
in 15:00　out 11:00　室 8室
予算 1泊2食付7万6230円～（2名利用時）

2023年9月オープン

屋外の効能抜群の薬草湯、水風呂でリフレッシュ

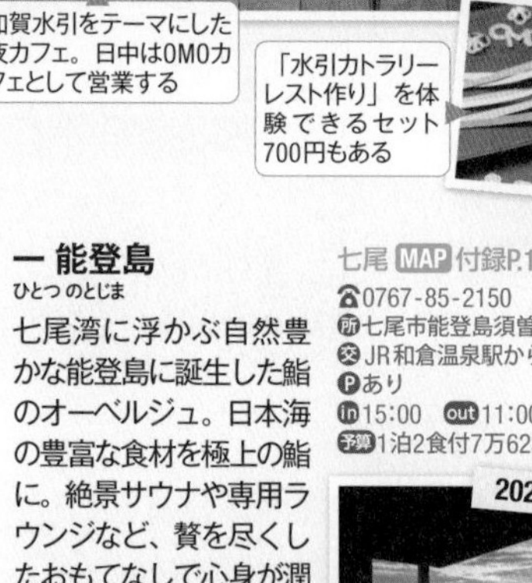
客室は全室オーシャンビュー

四季折々の能登の恵みを中心とした絶品の鮨コースに舌鼓

ニューオープンの **ミュージアム** や **ショップ** で金沢の伝統にふれる

金沢の伝統工芸、水引や九谷焼はどれも色とりどりで華やか。日々の暮らしを豊かにする、職人の手仕事にふれてみたい。

「四季の糸」200色で作られたランプシェードは幻想的でフォトジェニック

自遊花人水引ミュージアム
じゆうかじんみずひきミュージアム

2023年4月オープン

水引の素晴らしさや可能性、魅力を広めるためオープンしたミュージアム。自遊花人オリジナルの水引で作られたランプシェードなど、数多くの水引作品を展示する。

清川町 MAP 付録P.2 C-4

☎076-244-6441 所金沢市清川町7-9
開10:00～16:00 休第3金曜、年末年始
料500円、小学生～高校生200円
交桜橋バス停下車、徒歩5分 Pあり

現代感覚を取り入れた普段使いの水引を提案する作品が並ぶ

あたりが暗くなり、光が灯ったランプたちが色とりどりに輝く姿は必見。撮影自由なのもうれしい

鏑木商舗 武蔵店
かぶらきしょうほ むさしてん

2023年8月オープン

九谷焼の老舗が手がける、工芸×金沢グルメ×スイーツと、金沢の魅力が詰まった新スポット。1階では世界のアートと日本の伝統工芸のコラボレーション」をテーマとした工芸品や美術品を販売。人気の「マルガージェラート」も味わうことができる。

武蔵町 MAP 付録P.5 D-4

☎076-204-7779
所金沢市武蔵町1-13
営10:00～19:00 休不定休
交武蔵が辻バス停下車、徒歩5分
Pなし

日常使いできる器やグラス、小物や高価な九谷焼まで幅広い品揃え

マルガージェラート監修の6種類が味わえる。ネコのもなかのトッピングがかわいい

点心師の作る **本格点心** を ナチュールワインとともに堪能

金沢21世紀美術館のほど近くにオープンした本格点心を味わえる店。空間も料理もハイセンスだ。

2023年10月オープン

ランチは2180円～。それぞれ点心の種類、量が異なるセットが楽しめる

KAIFAN the Parlor
カイファン ザ パーラー

武家屋敷を改装したおしゃれなアート空間で点心師が作る本格点心を味わえる。1階は明るいテラス席、2階はシックなバー。ナチュールワインと点心のペアリングも楽しみたい。

兼六園周辺 MAP 付録P.11E-1

☎076-205-6677 所金沢市広坂1-9-20 営ランチ11:30～15:00 飲茶14:00～18:00 ディナー18:00～22:00 バー22:00～24:00 休月曜 交広坂・21世紀美術館バス停下車、徒歩3分 Pなし

おしゃれ空間で心躍るひととき

北陸新幹線が福井へ!

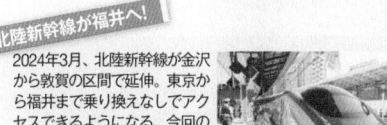

2024年3月、北陸新幹線が金沢から敦賀の区間で延伸。東京から福井まで乗り換えなしでアクセスできるようになる。今回の延伸により、東京～福井間の所要時間は約30分ほど短縮され、最短で2時間51分となる見込み。福井県では県内4カ所で新幹線駅が整備される。

固有の気候や風土に育まれた貴重な地へ

北陸・飛騨の世界遺産

白川郷・五箇山の合掌造り集落
ユネスコ世界文化遺産 1995年12月登録

山深い豪雪地帯に位置していることから周囲の道路開発の整備が遅れたため、現在でも茅葺き屋根を持つ合掌造りの家屋をはじめ、昔ながらの文化や風習が残る。1995年に両集落は世界文化遺産に登録された。

白川郷 ➡ P.148　五箇山 ➡ P.154

白川郷荻町合掌造り集落
しらかわごうおぎまちがっしょうづくりしゅうらく

白川郷の中心となるのが荻町合掌造り集落。荻町城跡展望台から全体を見下ろすことができる。

五箇山相倉合掌造り集落
ごかやまあいのくらがっしょうづくりしゅうらく

周囲の自然に調和した日本の原風景が残る集落。季節ごとに行われるライトアップが美しい。

五箇山菅沼合掌造り集落
ごかやますがぬまがっしょうづくりしゅうらく

9棟の合掌造り家屋が残る集落。民俗館などでは先人の伝統や文化を実際に体験できる。

能登の里山里海
世界農業遺産 2011年6月認定

能登半島は、豊かな自然環境を生かし、土地利用、農林水産業、食文化、祭礼、工芸、生物多様性が密接に関連している。その総合力が高いことから世界農業遺産に認定された。

白米千枚田 ➡ P.129

白米千枚田
しろよねせんまいだ

石川県輪島市白米町にある棚田。日本の棚田百選、国指定文化財名勝に指定されている。

揚げ浜塩田
あげはまえんでん

表面に粘土を敷き詰め、その上に砂を撒いた塩田に海水を散布し、蒸発を促進させ、再び砂を攪拌。その作業を繰り返すという製塩法。

世界農業遺産（ジアス）とは

食糧の安定確保を目指す「国際連合食糧農業機関」により2002年に開始されたプロジェクト。土地の環境を生かした伝統的な農業・農法、生物多様性が守られた土地利用、農村文化・農村景観などを「地域システム」として一体的に維持保全し、次世代へ継承していくことが目的。

WALKING & SIGHTSEEING

Kanazawa

歩く・観る

折々の景観で魅了する庭園に、
古き良き町家の連なり。
藩政時代を想起させる屋敷や
活気あふれる金沢の台所。
加賀百万石の華やかな歴史が
息づく街を歩いて、
豊かな文化を五感で感じる。

粋な城下町で
加賀の伝統を
巡る旅

加賀百万石の歴史が息づく名園

兼六園周辺

けんろくえんしゅうへん

古都・金沢の旅で必ず訪れたいのが兼六園。
歴代当主によって作庭された大名庭園を歩けば、
加賀百万石の栄華にふれることができる。

街歩きのポイント

- 入口は計7カ所。マップで確認しておくとスムーズ
- 1名500円（入園料別）でガイドも頼める。☎076-221-6453
- 早朝の無料開放や無料開放日もあるので、チェックしよう

四季折々の美しさを楽しめる兼六園の庭園

季節ごとの美しい景観を見に行きたい!!

四季折々に表情を変える兼六園を、何度も訪れて堪能したい。園内の見どころスポットや絶景ポイントで季節の移ろいを味わおう。

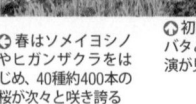

春はソメイヨシノやヒガンザクラをはじめ、40種約400本の桜が次々と咲き誇る

初夏はカキツバタと曲水の競演が見もの

秋になると園内は赤や黄色で彩られる。特に落葉樹が多い山崎山は紅葉狩りのスポットとして知られる

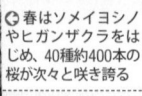

繁栄の願いを投影 江戸の大名庭園

兼六園

けんろくえん

歴史的背景と凝った意匠、四季の美しい景色に魅了される

金沢を代表する観光スポットである回遊式庭園(かいゆうしきていえん)。水戸の偕楽園(かいらくえん)、岡山の後楽園(こうらくえん)と並び日本三名園に数えられ、国の特別名勝に指定されている。加賀前田家5代当主の前田綱紀(まえだつなのり)が造園を始め、その後も歴代当主によって手が加えられた。完成したのは13代の斉泰(なりやす)の頃とされ、約180年の月日をかけて造り上げられたという、まさに加賀百万石の歴史を体現した大名庭園。

約11haの起伏に富んだ広大な敷地に、池や曲水、築山などを配し、約160種8200本の樹木を植樹。園内を巡れば多彩な景観が目と心を楽しませてくれる。春夏秋冬で趣が大きく異なるのは、四季がはっきりしている金沢だからこそ。いつ訪れても、何度訪れても新たな魅力を発見する、世界に誇る名園だ。

MAP 付録P.9 F-3

☎076-234-3800(石川県金沢城・兼六園管理事務所) 所金沢市兼六町1 開7:00～18:00 10月16日～2月末日8:00～17:00 休無休 料320円 交兼六園下・金沢城バス停下車、徒歩3分 Pなし

幻想的な夜の景色！ライトアップに感動

観桜期の「春の段」、夜空に紅葉が映える「秋の段」など、季節に応じて行われるライトアップ。昼間とは異なる幻想的な兼六園の姿に感動すること間違いなし。日程は公式HPで確認を。

兼六園の桜と紅葉

桜 4月上旬～4月中旬

紅葉 11月中旬～12月上旬

↓冬の風物詩として有名なのが雪の重みから樹木を守るための雪吊り

兼六園をめぐる王道ベストコース!!

兼六園の見どころ

広大な園内には徽軫灯籠や唐崎松など見どころがたくさん。概要や位置関係をチェックして、楽しく効率的に兼六園を散策したい。

見学の目安◆約2時間

↑園内随一の記念撮影スポット

注目ポイント
「脚の長さ」
2本脚の長さが違うのは、何らかの理由で片方が折れたため。そのアンバランスな造形が魅力でもある。

1 徽軫灯籠 ことじとうろう

兼六園のシンボル

霞ヶ池のほとりにある2本脚の灯籠。琴の糸を支える琴柱に似ていることからその名がついたとされる。

2 霞ヶ池 かすみがいけ

名勝が目白押し

兼六園の中心部にある大きな池。徽軫灯籠や唐崎松など多くの見どころが周辺に配されている。

↑池の面積は約5800㎡、最深部は約1.5m

6 根上松 ねあがりのまつ

迫力満点の奇観

その名のとおり40数本にもおよぶ根が地上2mまでせり上がっている黒松。13代の斉泰が作り上げたとされる。

↑唐崎松と並ぶ兼六園の名物

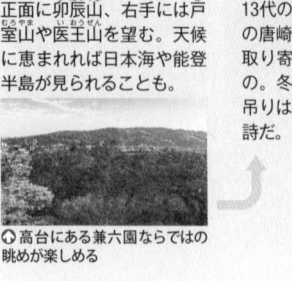

3 眺望台 ちょうぼうだい

連なる山々を一望

正面に卯辰山（うたつやま）、右手には戸室山（とむろやま）や医王山（いおうぜん）を望む。天候に恵まれれば日本海や能登半島が見られることも。

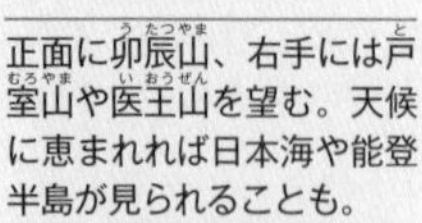

↑高台にある兼六園ならではの眺めが楽しめる

4 唐崎松 からさきのまつ

威風堂々たる黒松

13代の斉泰が琵琶湖の唐崎松から種子を取り寄せて育てたもの。冬に施される雪吊りは兼六園の風物詩だ。

→見事な枝ぶりに圧倒される

5 雁行橋 がんこうばし

列をなす雁を再現

赤戸室石を11枚使い、雁が飛ぶ姿を模して造られた。石の一枚一枚が亀の形にも似ているため「亀甲橋」ともいわれる。

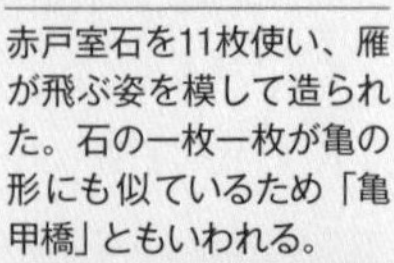

↑残念ながら通行はできない

7 日本武尊像
やまとたけるのぞう

戦没者を鎮魂

明治紀念之標の中央にある高さ約5.5mの銅像。明治13年(1880)に西南戦争の戦死者を弔うために建てられた。

日本で最初の銅像といわれている

8 花見橋
はなみばし

花を愛でる橋

橋から見る花々の景色が格別であることから命名。桜やツツジなど季節の花と曲水が織りなす絶景が見られる。

擬宝珠が設けられた欄干が目印

9 曲水
きょくすい

庭園をめぐる小川

兼六園の美景に欠かせないのが園内をゆるやかに流れる曲水。水は市内を流れる辰巳用水から引いている。

注目ポイント
「緑との競演」
春は桜の花びらが舞い落ち、初夏は青いカキツバタが水面に揺らめく。水辺ならではの風情を楽しもう。

水辺の風景に心が洗われる

10 梅林
ばいりん

春を呼ぶ梅の花

昭和44年(1969)に明治百年記念事業として整備された。3月には紅梅やしだれ白梅など約20種、200本の梅が一斉に咲く。

全国各地の梅の名所から集められた梅の木

11 瓢池
ひさごいけ

兼六園第二の池

名前は池の形が瓢箪に似ていることに由来する。池の中にある2つの島は不老長寿の島、神仙島を模したもの。

池の中ほどがくびれている

12 夕顔亭
ゆうがおてい

園内最古の建物

安永3年(1774)に建てられた趣のある茶亭。室内の壁に施された夕顔の透かし彫りから命名されたといわれる。

往時の姿を今に残している

13 翠滝
みどりたき

池に流れこむ大滝

霞ヶ池を水源として瓢池に流れ落ちる滝で、その高さ約6.6m、幅は約1.6m。周囲には滝の音がすがすがしく響く。

夕顔亭の対岸に位置している

こちらも訪れたい

山崎山
やまざきやま

紅葉の美しさから「紅葉山」とも呼ばれる築山。山頂まで歩くことができる。

金城霊沢
きんじょうれいたく

清らかな水をたたえる小さな泉。古くは「金洗いの沢」と呼ばれ、金沢の地名はそこから名付けられたといわれる。

14 黄門橋
こうもんばし

独創的な造形

青戸室石を使った石橋。2枚石に見える細工や、橋台石に斜めに架けられているなどの凝った意匠に注目。

謡曲『石橋(しゃっきょう)』がモチーフ

15 噴水
ふんすい

日本最古の噴水

水源は霞ヶ池。水面との高低差で生まれる水圧を利用した自然の噴水で、池の水位により噴水の高さも変化。

国内で最も古い噴水と伝わる

注目ポイント
「珍しい噴水」
霞ヶ池の水位で変わるものの、通常の噴水の高さは約3.5m。噴水のある日本庭園は貴重だとされる。

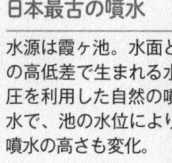

園名の由来

兼六園の六勝とは

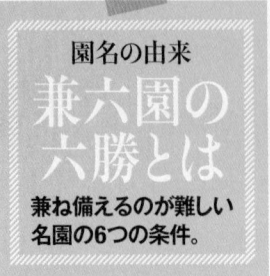

兼ね備えるのが難しい名園の6つの条件。

同じ園内であっても場所によってがらりと印象が異なる。シャッタースポットにも事欠かない

兼六園と命名されたのは文政5年(1822)に12代の前田斉広の依頼によるもので、参考にしたのは宋の詩人である李格非が記した書物『洛陽名園記』の次の一文。

「庭園において優れた6つの景観を兼ね備えるのは困難である。広々としていれば(宏大)静けさや奥深さ(幽邃)は少なく、人の手が加われば(人力)ありのままの自然(蒼古)が失われる。池や曲水(水泉)が多ければ遠くを眺める(眺望)のは難しい。相反する6つの景観(六勝)が共存するのは湖園のみ」。

「六勝」が見事に調和

こう称賛されている中国の名園「湖園」と同じく「六」勝すべてを「兼」ね備えているとして、兼六園と命名された。

兼六園の魅力を語るとき、六勝は外せないキーワード。園内をゆっくり巡りながら六勝を探してみよう。

唐崎松をはじめ多様な樹木や草花が兼六園を彩る

宏大 こうだい

明るく広々としていて、開放感にあふれた様子。大きく空が広がる霞ヶ池周辺で感じられるような、のびのびとした雰囲気を表している。

霞ヶ池に映る空と緑が美しい

幽邃 ゆうすい

しんとした静けさと奥深さを意味する言葉。深い緑が生い茂る瓢池周辺を歩くと、まるで山の中にいるような静寂を感じることができる。

心が休まる瓢池周辺の静けさ

人力 じんりょく

人の手が加えられていること。噴水や橋などの造形物はもちろん、植栽にいたるまで兼六園は隅から隅まで人の手によって造られている。

先人の工夫で造られた見事な噴水

蒼古 そうこ

ありのままの自然である様子。もちろん兼六園は人工的に造られたものだが、まるで手を加えていないかのような趣ある自然美が感じられる。

まるで自然にある滝のような翠滝

水泉 すいせん

池や滝、川など水の景観。水は本来低地を流れるものだが、兼六園は高台の眺望を保ちつつ、豊かな水のせせらぎを楽しむことができる。

清らかな曲水が園内を潤している

眺望 ちょうぼう

はるか遠くの眺めと、低い土地を流れる水の景色を両立させるのは難しい。この両方を兼ね備えているのが兼六園最大の特徴ともいわれる。

山並みや市街が一望できる眺望台

散策途中に立ち寄りたい

お茶屋で休憩

ちょっと歩き疲れた、お腹がすいた…。そんなときは園内にあるお茶屋でひと休み。風情ある建物で金沢ならではの郷土料理や甘味をいただこう。

抜群のロケーションで味わう
ていねいに作られた加賀料理

三芳庵
みよしあん

予約 可
予算 1800円〜

MAP 付録P.9 E-3

明治8年(1875)創業、瓢池のそばにある料亭。本館と離れの水亭があり、池に浮かぶように建つ水亭からは瓢池や流れ落ちる翠滝が一望できる。滝の音が響く格別の空間で、加賀料理が盛られたお弁当に舌鼓。景色を愛でつつゆっくりお茶を楽しむ客も多い。

六勝の「幽邃」「蒼古」の世界に溶け込むようにたたずむ水亭

☎076-221-0127
所 金沢市兼六町1-11 営 10:00〜16:30(ランチ11:00〜14:30)※季節により変動あり 休 水曜(祝日や予約状況に応じて変動あり)

瓢池と緑が織りなす絶景が見渡せる。藤の季節も美しい

ひさご弁当
2400円
郷土料理の治部煮をはじめ、金沢の美味が詰まったメニュー

風格ある建物に刻まれた
兼六園の歴史を思う

時雨亭
しぐれてい

予約 可
予算 310円〜

MAP 付録P.9 E-4

明治初期に取り壊された蓮池御亭を当時の平面図に基づいて再現。蓮池御亭は5代当主の綱紀が兼六園の作庭とともに建て、その後6代の吉徳が建て替えた由緒ある建物だ。座敷からは庭園と長谷池を眺めることができ、本格的な抹茶を味わいながら特別なひとときが過ごせる。

散策路からとはまた違う景色を眺めながらのお茶は格別

☎076-232-8841
所 金沢市兼六町1-5
営 9:00〜16:30(受付は〜16:00、12:00〜13:00は不可)
休 年末年始

抹茶(上生菓子付)
730円
繊細な細工が施された上生菓子は時雨亭オリジナルのもの

兼六園を代表する景勝と
ゆるやかな時を楽しむ

内橋亭
うちはしてい

予約 可
予算 700円〜

MAP 付録P.9 F-3

霞ヶ池のほとりに建つ茶店。霞ヶ池に浮かぶ本席と、その手前の建物に橋が架かっていることからその名がついたとされる。本席は入室できないものの、建物からは霞ヶ池やその中に浮かぶ蓬莱島など、兼六園を代表する景観が眺められる。抹茶や甘酒のほか軽食もある。

兼六園を独り占めしているような贅沢な眺め

☎076-262-1539
所 金沢市兼六町1-22
営 9:00〜17:00(10月16日〜2月末日は〜16:00) 休 水曜(不定休)

お抹茶(和菓子付)
700円
写真の和菓子は老舗「諸江屋」のもの(季節により変更あり)

城下町の始まりはここ 街のシンボル的存在

金沢城公園

かなざわじょうこうえん

焼失してしまった建物を復元 現代に蘇る金沢城

兼六園の隣に位置する金沢城公園は、前田家代々の居城であった金沢城の跡地を整備したもの。金沢城は天正11年(1583)に加賀藩祖の利家が入城し、それから本格的な城造りが始まったとされる。その後、度重なる火災により建物のほとんどを焼失したが、平成に入り本格的な復元工事が行われ、少しずつ当時の姿を取り戻しつつある。門や櫓、長屋などの建物をはじめ、庭園やさまざまな種類の石垣など、かつての金沢城を想像しながらじっくりと見てまわりたい。

MAP 付録P.9 D-2

☎076-234-3800(石川県金沢城・兼六園管理事務所)
所金沢市丸の内1-1 開7:00〜18:00(10月16日〜2月末日8:00〜17:00)、菱櫓・五十間長屋・橋爪門続櫓・橋爪門9:00〜16:30(入館は〜16:00) 休無休 料無料(菱櫓・五十間長屋・橋爪門続櫓・橋爪門は共通で320円)
交兼六園下・金沢城バス停下車、徒歩3分 Pなし

石川櫓

いしかわやぐら

金沢城のシンボル

天明8年(1788)に再建された、複雑な造りをした枡形門。金沢城の搦手門(裏門)の役割を果たしていた。

五十間長屋

ごじっけんながや

武器などを保管していた長屋。敵を迎撃するための石落としや、鉄砲を撃つための小窓が造られている。

橋爪門続櫓

はしづめもんつづきやぐら

二の丸正門の橋爪門を見下ろす位置にある物見櫓。二の丸へ向かう人々を厳重に監視していたとされた。

菱櫓

ひしやぐら

その名のとおり建物の平面が菱形になっている。使われている柱も菱形で、高い建築技術が必要とされた。

橋爪門
はしづめもん

二の丸御殿に入る最後の門

二の丸の正門にあたり「一の門」「枡形」「二の門」からなる。城内で最も格式が高い門とされた。

橋爪門は平成27年(2015)に復元工事が完了した

かつては倉庫として使用

三十間長屋
さんじっけんながや

江戸時代の貴重な長屋建築

2階建ての多聞櫓。安政5年(1858)に再建された姿を残す貴重な建物として、重文に指定されている。

注目ポイント
多様な技法の石垣に注目

外周に積まれた高石垣や御殿を囲む石垣群をはじめ、多種多様な石垣が築かれた金沢城では「自然石積み」「粗加工石積み」「切石積み」など石垣作りのあらゆる技法を見ることができ「石垣の博物館」とも呼ばれる。

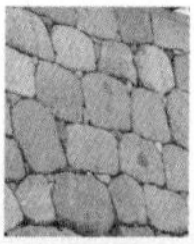
時代ごとの高い技術を垣間見る

玉泉院丸庭園
ぎょくせんいんまるていえん

独創的な構想がされた大名庭園

3代当主の利常が作庭し、廃藩時まで存在した池泉回遊式庭園。高低差がある立体的な造形が特徴。

趣向が凝らされた石垣群も見もの

河北門
かほくもん

金沢城における実質的な正門

石川門、橋爪門と並び「金沢城三御門」のひとつ。三の丸の正面にあり、高い防御機能を備えていた。

2010年に史実に沿って復元された

いもり堀
いもりぼり

南西の方角を守る水堀

金沢城の南西側を囲んでいた外堀。兼六園側には「城内随一の石垣」ともいわれた鯉喉櫓(りこうやぐら)台の石垣がある。

平成22年(2010)に堀、石垣とともに復元された

立ち寄りスポット

鶴の丸休憩館
つるのまるきゅうけいかん

金箔を巻いた豪華なソフトクリーム950円(豆皿茶屋)

MAP 付録P.9 E-2

ガラス張りの無料の休憩所で、館内からは金沢城の圧巻のパノラマが望める。館内には豆皿茶屋が併設し、金箔ソフトや金沢の名産品を9つの豆皿にのせた殿様御膳などが人気。

☎076-232-1877(豆皿茶屋)
所 金沢市丸の内1-1金沢城公園内
営 9:00～17:30(冬期は～16:30)
休 無休

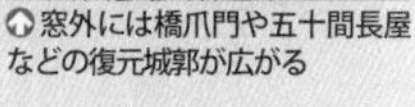
窓外には橋爪門や五十間長屋などの復元城郭が広がる

母への思いがあふれる花鳥が舞う優雅な御殿

成巽閣

せいそんかく

加賀百万石の威光と工芸の技が随所に映える優美な奥方御殿

江戸時代末期の文久3年(1863)、加賀13代藩主の前田斉泰が母の真龍院のために建造した隠居所。1階は、「謁見の間」、居間の「蝶の間」「松の間」など大名家らしい風格を備えた書院造りで、各室の障子の腰板に描かれた絵がその室名になっている。2階は「群青の間」「群青書見の間」など壁の色、建材、随所の細工に意匠を凝らした女性好みの数寄屋風書院造り。端正な日本庭園も見応えがある。

MAP 付録P.9 F-4

☎076-221-0580 所金沢市兼六町1-2
開9:00～17:00(入館は～16:30) 休水曜(祝日の場合は翌日) 料700円(特別展は別途) 交出羽町(金沢医療センター前)バス停下車、徒歩3分 Pあり

正門

せいもん

海鼠塀の奥にある荘厳な入口

海鼠塀(なまこべい)に囲まれた正門の左手には江戸後期建築の辰巳長屋がある。

加賀百万石の栄華を感じる建物。国の指定重要文化財

群青書見の間

ぐんじょうしょけんのま

色彩美と遊び心の小空間

群青の間に続く書院。紫の壁、白群青の天井、彫り込みのある床柱など自由なデザインに満ちた小部屋。

西欧から輸入したウルトラマリンブルーの顔料が映える

謁見の間

えっけんのま

豪華な欄間を配した書院造り

上段の間と下段の間、それぞれ18畳からなる公式の対面所。上段と下段の間の欄間は檜の透かし彫りで、加賀の名工・武田夕月の作。

松の間

まつのま

斬新で愛らしい意匠の小部屋

休息所だった部屋。障子の腰板に施されたガラス、竹製の桟など当時では目新しいデザインが特徴。

オランダから輸入したギヤマンを施す障子

つくしの縁

つくしのえん

遮るもののない20mの縁側

庭園を開放的に眺められる柱のない縁側。てこの原理で天井を支える当時の高等技術が使われている。

遣水がゆるやかに流れる平庭造りの庭園

加賀藩の財力と栄華に満ちた街

繁栄の足跡をたどる

加賀百万石の歴史は前田家の歴史。ゆかりの御殿や神社などに残る栄華の面影や、加賀友禅などの贅沢な伝統工芸にもふれてみたい。

夜は光の灯る神門が美しい
藩祖を祀る金沢の総鎮守

尾山神社
おやまじんじゃ

明治6年（1873）、藩主別邸だった金谷御殿の跡地に建立。加賀藩祖の前田利家公と正室お松の方を祀る。3層の神門は和漢洋の3様式を融合し、最上階にギヤマンをしつらえた異色のデザインで国指定の重要文化財。境内には、金谷御殿の庭園などが残されている。

MAP 付録P.8 C-2
☎076-231-7210 所金沢市尾山町11-1 開9:00～17:00（社務所）
休無休 料拝観自由 交南町・尾山神社バス停下車、徒歩3～4分 Pあり

戸室石で組んだ洋風のアーチ、和風の欄干、中国の寺院を模した各階の形など、奇抜なデザインの神門

最上階の四面に設けられたギヤマン。明かりが灯るのは日没から22時頃まで

入母屋造の拝殿。内部には、旧金谷御殿から移築した極彩色の欄間彫刻などが配されている

正面の「堂形のシイノキ」は樹齢約300年。藩政時代、ここに京都の三十三間堂を模した堂形の的場や米蔵があったことから、この名がついた

大正と平成、異なる時代が
共存する複合おもてなし施設

石川県政記念 しいのき迎賓館
いしかわけんせいきねん しいのきげいひんかん

大正13年（1924）建築の県庁舎を2010年に改築。正面は格調高い往時の姿をとどめ、一方の金沢城公園側は全面ガラス張りのモダンな外観デザイン。館内には、兼六園周辺の観光案内や休憩所、ギャラリー、工芸品のショップ、レストラン、カフェなどがある。

MAP 付録P.9 D-3
☎076-261-1111
所金沢市広坂2-1-1
開9:00～22:00
休無休 料無料
交広坂・21世紀美術館バス停下車、徒歩1～2分 Pあり

金沢城公園側からは金沢城跡の石垣や緑を望み、緑地では随時、イベントが開催される

およそ500年前から続く
伝統技法を見て、体験する

加賀友禅会館
かがゆうぜんかいかん

加賀五彩で花鳥風月を優雅に描き出す加賀友禅の世界を紹介する。加賀友禅の手描き体験2750円や型染め体験1650円、型絵染め体験（ハンカチ1980円、トートバッグ2420円）など、友禅作家の気分になって体験が楽しめる（5名以上は1週間前までに要予約）。

有名友禅作家の作品展示、制作工程の紹介展示などがある

MAP 付録P.9 F-3
☎076-224-5511 所金沢市小将町8-8
開10:00～16:00 休水曜（祝日の場合は開館） 料見学スペース310円
交兼六園下・金沢城バス停下車、徒歩2～3分 Pあり

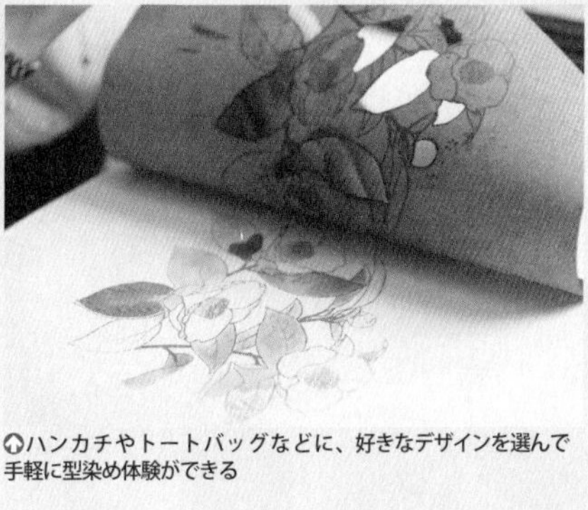

ハンカチやトートバッグなどに、好きなデザインを選んで手軽に型染め体験ができる

兼六園周辺グルメ＆ショッピング
本格和食処と

➡季節感と創意を凝らした八寸の一例。料理の内容は月替わり

歴史ある庭園を愛でつつ
端麗な金沢を味わう
かなざわ玉泉邸
かなざわぎょくせんてい
MAP 付録P.9 F-3

☎076-256-1542
所金沢市小将町8-3
営11:30〜22:00(ランチは〜14:30、ディナー18:00〜)
休月曜(祝日の場合は営業)
交兼六園下・金沢城バス停下車、徒歩2〜3分 Pあり

築200年余の邸宅と加賀藩重臣の庭園「玉泉園」を生かした日本料理店。季節の魚介や加賀野菜など金沢らしい食材をふんだんに用い、日本料理の基本は守りつつ、新奇な工夫を加えてアレンジした会席料理が堪能できる。

⬆日本庭園を眺めながら、食事が楽しめる

➡メニューはコース料理のみ。伝統工芸の器にも注目したい

予約 要
予算 Ⓛ6050円 Ⓓ9680円〜 ※10%のサービス料を含む

おすすめメニュー
昼のコース 6050円
夜のコース 1万3310円

厳選素材と本場の技による
讃岐うどんと季節料理
うどん割烹 どんすき 本店
うどんかっぽう どんすき ほんてん
MAP 付録P.3 D-3

おすすめメニュー
酒うどん鍋 930円
どん寿㐂 2800円
点心弁当 1300円

北海道産小麦など国産素材と本場の製法による讃岐うどんを金沢へ広めた人気店。加賀料理の伝統を加え、毎朝仕入れる魚介などの季節料理も揃う。名物「酒うどん鍋」や多種の具とうどんが入る鍋「どん寿㐂」が地元っ子に人気。

☎076-231-0441
所金沢市石引4-2-1
営11:00〜15:00 17:00〜21:00(LO)
休隔週月曜 交出羽町(金沢医療センター前)バス停下車すぐ Pあり

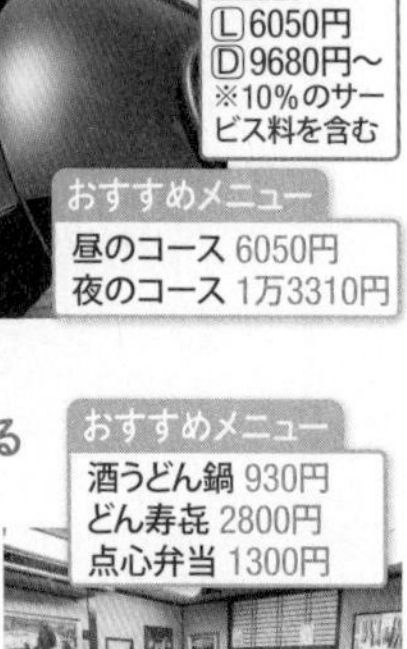
⬆1階にはテーブル席と小上がり、2階には座敷3室がある

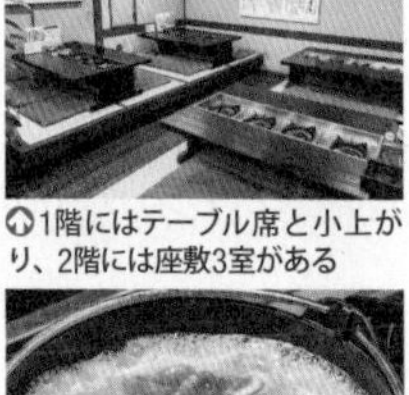
⬆地酒蔵の酒粕と秘伝のだしつゆが滋味深い「酒うどん鍋」

⬇料理3品と季節の炊き込みご飯、うどんのセット「点心弁当」

予約 可
予算 Ⓛ1000円〜 Ⓓ1500円〜

⬆旬魚の獲れたて刺身、のど黒焼き、治部煮、小鉢などが付く「金澤御膳」

おすすめメニュー
金澤御膳 5500〜7500円
さくら亭風懐石弁当 3500円〜
能登牛のステーキ丼 3500円

予約 可
予算 Ⓛ3500円〜 Ⓓ7700円〜

兼六園そばの和食料理店で
堪能する金沢の幸
金澤さくら亭
かなざわさくらてい
MAP 付録P.9 F-3

金沢城公園の石川門から約150mという好立地にある。郷土料理の治部煮や刺身が付く「金澤御膳」やズワイガニ付きの「加賀御膳」が人気。お昼には、能登牛のステーキ丼や富山湾白えびかき揚げ丼が好評。

☎076-264-8739
所金沢市兼六町2-32 営11:00〜15:00(LO14:30) 17:00〜22:00(LO21:00) 休無休 交兼六園下・金沢城バス停下車、徒歩2〜3分 Pあり

⬆兼六園のそばにあり、名園の季節を間近に感じ取れる

⬇能登牛のステーキ丼

日常に上質デザインを届ける
「MADE IN 日本」

SELECT SHOP GIO
セレクトショップ ジオ

MAP 付録P.9 D-3

使い勝手が良く、洗練されたデザインを日常にもたらす「用の美」という視点から厳選した伝統工芸品が並ぶ。陶器やガラス、漆器などの食器類が充実しており、特にモダンで普段使いに活躍しそうな九谷焼が好評。

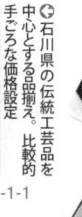

石川県の伝統工芸品を中心とする品揃え。比較的手ごろな価格設定

☎076-261-1114 所金沢市広坂2-1-1 石川県政記念 しいのき迎賓館1F
営10:00～17:00
休月曜(祝日の場合は翌日)
交広坂・21世紀美術館バス停下車、徒歩1～2分 Pあり

七宝、唐草など伝統文様を描いた赤絵のフリーカップ3080円。高さ約9cm

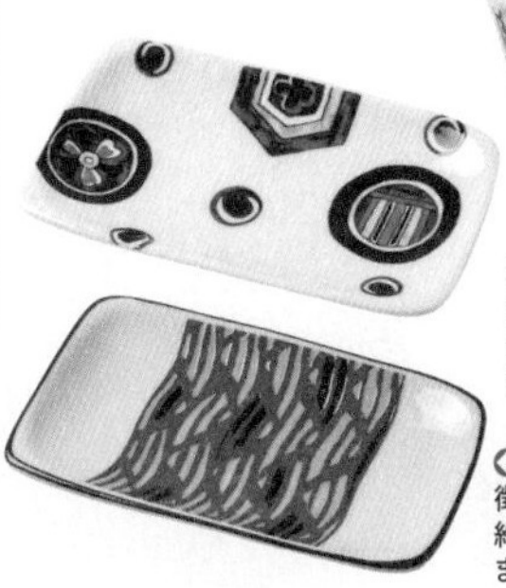

鮮やかな絵柄が特徴の角豆皿各990円、約6cm×11cm。おつまみ皿などに

上質なお店

兼六園周辺には城下町風情を映じた食事処が点在。兼六園真弓坂口から香林坊へ続く百万石通りには、金沢のアートを体感できる伝統工芸の店やセレクトショップが集中している。

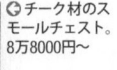

チーク材のスモールチェスト。8万8000円～

ロイヤルコペンハーゲンのタイル貼り17万3800円。天板サイズは70cm四方

欧州の古き良き時代が薫る
インテリアが豊富に

NOW
ナウ

MAP 付録P.14 C-1

ヨーロッパのヴィンテージ家具を扱う。デンマーク、フィンランド、オランダなどで堅牢、個性的、状態の良い家具を買い付け、修繕を施す。テーブル、ソファ、チェストなどが中心で、インテリア雑貨なども販売。

☎076-225-7475
所金沢市広坂1-1-51
営13:00(土・日曜、祝日11:00)～17:00 休月・火曜 交香林坊バス停下車、徒歩3～4分 Pなし

1階ショールーム。2～6階の未修繕の家具も見ることができる

オーナーの感性が光る
生活にステキを添える品々

生活雑貨 LINE
せいかつざっか ライン

MAP 付録P.14 B-1

☎076-231-1135
所金沢市広坂1-1-50 ステアーズイン2F
営11:00～18:00
休火・水曜
交香林坊バス停下車、徒歩3～4分 Pなし

雑貨、衣類、アクセサリーなど、日々使うことができ、品質と価格が見合うものをセレクト。北陸のメーカーの日用品や、若手作家の作品、店オリジナルアクセサリーの商品展開にも、オーナーの感性が生きている。

繁華街の近くにありながら、ゆっくり品定めができる静かな空間

赤レンガの石川四高記念文化交流館の向かい側のビル2階にある

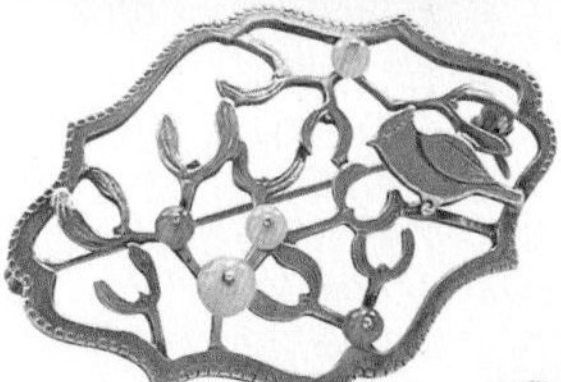

金沢にアトリエがある初雪ポッケの銀製のブローチ1万6500円

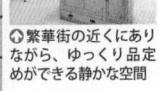

店オリジナルアクセサリー「CLINE」はゴールド素材の小さいイヤリングシリーズ2万3000円～

石川県のメーカー「NIKKO」のファインボーンチャイナの食器1650円～

格子の連なる艶やかな一角

ひがし茶屋街

ひがしちゃやがい

MAP 付録P.7 E-2

格式高い茶屋文化が息づく優雅な街並みを歩く。華やかなお茶屋の座敷を見学したり町家の雰囲気が楽しめるお店にも立ち寄ってみたい。

三味線や唄のお稽古の音が聞こえてくる石畳

街歩きのポイント

- 雰囲気を満喫するには人けの少ない17時過ぎか、朝9時前に
- メインストリートだけでなく、路地裏散歩も「ひがし」の醍醐味
- 車で訪れる場合は、近くの観光駐車場を利用する

城下町の当時の面影を今に伝える情感あふれる街並みをそぞろ歩き

金沢の三茶屋街のうち、最も規模が大きいひがし茶屋街。その始まりは文政3年(1820)、「ひがし」と呼ばれていた当時、犀川(さいがわ)左岸の「にし」とともに茶屋町として藩から公認された。通りの両側に1階は出格子(でごうし)、2階は雨戸を備えた茶屋建築が並ぶ。江戸時代後期から明治初期の茶屋建築がまとまって残る貴重な街並みで、国の重要伝統的建造物群保存地区に選定されている。茶屋建築をリノベーションしたカフェ、食事処、雑貨ショップなどが集まっており、散策が楽しい。

二番丁通り

にばんちょうどおり

ひがし茶屋街のメインストリート。まずは通りの先に見える卯辰山の方向へ歩こう。

志摩

しま

旦那衆が利用した娯楽と社交の場。茶室でお茶を飲みながら当時の気分を。

懐華樓

かいかろう

現代アートや金箔を取り入れた豪華絢爛の茶屋にはカフェも併設している。

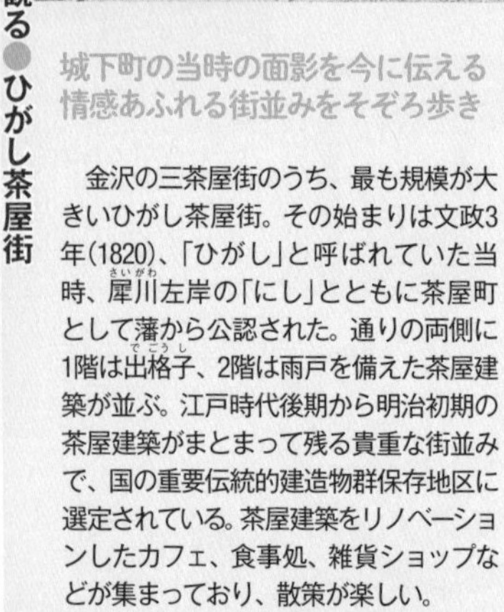

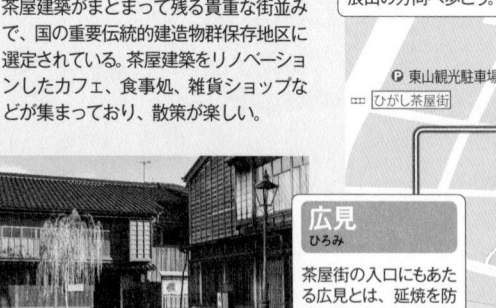

広見

ひろみ

茶屋街の入口にもあたる広見とは、延焼を防ぐために広くなっている場所のこと。茶屋街随一の撮影ポイントで、昼は観光客で賑やか。

ひがし茶屋休憩館

ひがしちゃやきゅうけいかん

江戸時代の町家を復元。ボランティアガイド「まいどさん」が常駐している。

茶屋街で風雅なお茶屋遊び

お茶屋文化を体験する

江戸後期の伝統を今も残す格式あるお茶屋に一歩足を踏み入れると、まるで江戸時代にタイムスリップしたかのよう。三味線や太鼓の音色が今にも聞こえてきそう。

かつては教養の高い上流町人や文人たちが集い、芸妓とともに太鼓や舞、茶の湯や俳諧などの遊びを楽しんだ

国指定重要文化財のお茶屋の建物でお茶屋文化を体感しよう

志摩

しま

MAP 付録P.13 E-3

文政3年(1820)に建てられた格式の高いお茶屋造りの建物がそのままの姿で今に残る。お茶屋の建物として全国で唯一の国指定重要文化財で、学術的にも貴重な文化遺産として高く評価されている。館内は、遊興を目的に造られた客間から庭園、お茶屋の舞台裏ともいえる台所まで、茶屋文化のすべてを見学することができる。三味線や笛などの楽器から茶の湯、俳諧まで、上流町人や文人たちの雅な社交の様子がまざまざと目に浮かぶようで、思わず感嘆の声が出てしまう。

☎076-252-5675 所金沢市東山1-13-21
営9:30～17:30(12～2月は～17:00) 休無休
料500円 交橋場町バス停下車、徒歩4～7分 Pなし

2階の客間は開放的で艶やかな空間が広がる。お客が床の間を背にして座ると、その正面の控えの間が演舞の場となる造り。ここで華やかな遊芸が繰り広げられていた

昔ながらのしきたりを大切にする絢爛豪華な金沢最大の茶屋建築

懐華樓

かいかろう

MAP 付録P.13 E-4

ひがし茶屋街の中ほどにある築200年を超える建物は金沢で一番大きな茶屋建築。金沢市指定保存建物として昼は一般に広く公開されているが、夜は「一見さんお断り」(なじみ客からの紹介が必要で、面識がないと入れないというしきたり)を貫き、今もなお「一客一亭」(一晩に一組だけのお客様をおもてなしすること)で華やかなお座敷が上げられている。

☎076-253-0591
所金沢市東山1-14-8 営10:00～17:00 休不定休 料750円(入館料＋お抹茶1200円) 交橋場町バス停下車、徒歩4～7分 Pなし

夜の宴席で使われる部屋で床の間の手前が舞台となる。築200年以上の建物を修復してそのまま使っている。かつては階級の高い旦那衆しか利用することはなかったが、今では女子会や夫婦、外国人カップルなど、幅広い客層が宴席を楽しむようになった(ただし一見さんお断り)

金色の畳が眩いほどにきらめく。金箔の水引を畳に編み込んだ造り。金沢らしい艶やかな色使いは見る人の目を引きつけて離さない

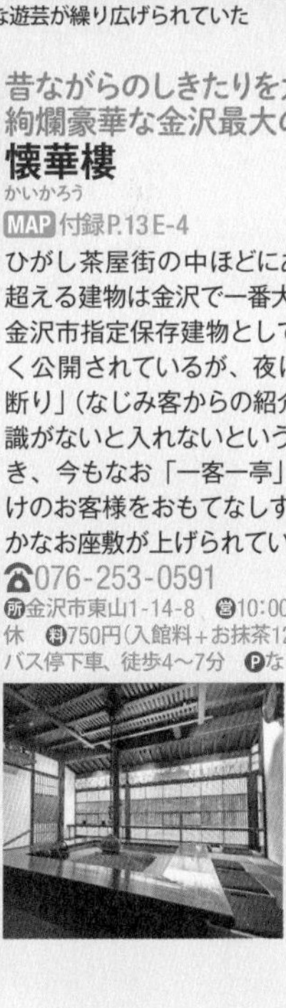

木虫籠(きむすこ)と呼ばれる格子戸から表通りが見えるカフェ。囲炉裏を囲んでここでひと休みするのもまた優雅

板前が握る極上寿司を
情緒ある空間で堪能する

寿司 一船

すしいっせん

MAP 付録P.13 F-4

☎076-255-0434
所 金沢市観音町3-1-14
営 11:00～15:00 17:00～22:00(夜は火～土曜のみ、予約制。LOは各30分前) 休 月曜
交 橋場町バス停下車、徒歩7分
P なし

予約 可(一部メニューは要予約)
予算 Ⓛ2200円～ Ⓓ8800円～

古民家を改装した伝統とモダンが調和する落ち着きある店。ベテランの板前が厳選する近海の魚介を色鮮やかな海鮮丼や寿司で楽しめる。寿司に合う酒も各種取り揃えており、朝から夜までさまざまな楽しみ方ができる。

コロンとした見た目がかわいい金澤手まり寿司2500円

ランチの人気メニュー「極み」4800円。板前が、厳選したネタ12貫とうなきゅう、味噌汁が付く

おすすめメニュー
金澤のど黒三昧ランチ 5500円
海鮮丼 2200円

茶釜で湯を沸かし自分でお茶を淹れるセルフスタイル

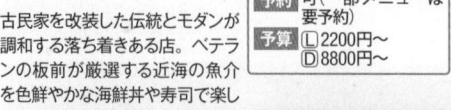

1階はカウンター席、2階は畳張りのテーブル席

ひがし茶屋街でランチを楽しむ

粋な街のおしゃれな食卓

**ひがし茶屋街にはここでしか味わえない、金沢らしさにあふれるお食事処がいっぱい!
風情ある街並みにたたずむ店で、ぜひ金沢の味を心ゆくまで楽しみたい。**

のどぐろ定食3100円。プラス300円で手作りハンバーグが付けられる

石川県産のこだわりの米で
地元食材を堪能!

東山みずほ

ひがしやまみずほ

MAP 付録P.13 F-3

☎076-251-7666
所 金沢市東山1-26-7
営 11:00～14:00(土・日曜、祝日は～15:00) 休 不定休 交 橋場町バス停下車、徒歩5～8分 P なし

店主が厳選したこだわり米を土鍋で炊き、できたてあつあつなご飯を提供している。地魚や加賀野菜をふんだんに使用したおばんざいも美味。

予約 可
予算 2000円～

家紋入りの大きなブルーの暖簾が店の目印

シックな店内に稲穂を使ったオブジェが美しく映える

3ツ星レストランで修業した
シェフが作る金沢フレンチ

東山ロベールデュマ

ひがしやまロベールデュマ

MAP 付録P.13 E-3

シェフの岩城氏はフランスの3ツ星レストランなどで修業を積んだ実力者。地元食材とフランス直輸入の食材を最良の一品に仕上げる。金沢らしさを意識し、九谷焼の器を多く使用。町家をリノベーションした店内も魅力。

☎076-254-0909
所 金沢市東山1-13-9
営 11:30〜13:30 17:30〜20:30
休 月曜　交 橋場町バス停下車、徒歩4〜7分
P なし

↑格子からのぞくカウンターが粋な味との出会いを予感させる

おすすめメニュー
マダムに捧げる　おすすめ
シェフの情熱コース 5500円
フランスからの旬の贈り物
スペシャルなコース 7600円

↑ボタンエビや地物サバ、真鯛のカルパッチョに金時草などを添えた前菜の一例

予約 要
予算 Ⓛ3600円〜 Ⓓ9000円〜

←落ち着いた雰囲気のなかでお酒とともに大人の時間をじっくり味わいたい

←安納芋とフランス産のシャラン鴨、ジロール茸を使った鴨胸肉のロースト

←やわらかい国産牛ロース肉を使用したビフテキ丼1545円

予約 不可
予算 ⓁⒹ1000円〜

東山の人々に愛され
受け継がれてきた味

レストラン自由軒

レストランじゆうけん

MAP 付録P.13 E-4

ひがし茶屋街の入口の近くにあるレトロな雰囲気の洋食店。明治42年(1909)の創業以来、東山の芸妓や旦那衆に愛されてきた。代々のシェフに受け継がれたソース、クリームなど昔から変わらぬ味が常連客を喜ばせている。

↑レトロで温かみのある建物は東山のシンボル。茶屋街の一角に自然と目が留まる

☎076-252-1996
所 金沢市東山1-6-6
営 11:30〜15:00(LO) 17:00(土・日曜、祝日16:30)〜21:00(LO)
休 火曜、第3月曜(祝日の場合は営業)　交 橋場町バス停下車、徒歩3〜6分　P あり

↓オムライスにクリームコロッケ、サラダなどが付くプレートセット

おすすめメニュー
ランチ 2340円
日替わり定食 1120円
プレートセット 1330円

地元の押し寿司文化を
手で目で舌で、体験しよう!

金澤寿し

かなざわずし

予約 可
予算 1980円〜

MAP 付録P.13 E-4

↑古い町家を改装。1・2階のテーブル席で味わえる

郷土料理とカニを使った御膳で丸ごと金沢の食が堪能できる食事処。メニューは一般的な地元の押し寿司やアレンジした押し寿司の御膳が揃い、ハレの日の料理を味わえる。また、押し寿司を作る体験(要予約、11時より1日1回)も可能。

☎076-251-8869
所 金沢市東山1-15-6
営 11:00〜15:00(LO14:00)、体験11:00〜　休 水曜
交 橋場町バス停下車、徒歩3〜6分　P なし

↑カニ面を使った寿司のほか郷土料理が付く、カニ面寿し御膳

おすすめメニュー
カニ面寿し御膳 2475円
特上押寿し御膳 2980円

←金澤寿し体験2750円で作った寿司は、治部煮セット1100円やお手軽セット410円とともにいただける

茶屋街散策で疲れたら、風情あるカフェでほっとひと息

町家カフェでくつろぐ

ひがし茶屋街は見どころもたくさん。
歩き疲れたら、町家カフェでお茶などいかが?
旧茶屋の風情ある建物でいただく抹茶やコーヒーは格別。
ゆったりとした時の流れを感じながらひと休みして。

⇧1階はアイスクリームショップ、2階はお座敷の甘味処となっている

ここでしか味わえない
東山ならではのアイスの店

甘味カフェ 茶ゆ

かんみカフェ ちゃゆ

MAP 付録P.13 E-3

東山界隈や能登の食材を生かしたオリジナルアイス12種類を中心に、多彩な甘味を楽しむことができる。髙木糀商店の甘酒、本江醸造の味噌、醤油、珠洲大浜きなこなど地元にこだわった種類も豊富で、目移りしそう。

⇧もなかの皮に自分で餡やアイス、白玉などを詰めていただく東山アイスもなかセット880円

☎076-253-1715
所金沢市東山1-7-8
営11:00～夕暮れどき(冬期変更あり) 休不定休 交橋場町バス停下車、徒歩3～6分 Pなし

⇩好みのジェラートにきなこわらび餅と、ふやき菓子、黒蜜をかけたわらび餅とお好みジェラート

おすすめメニュー
東山あんトリュフ&ひと口お好み最中 800円
冷やし抹茶お好みクリームぜんざい 900円

予約 不可
予算 800円～

茶屋街を行き交う人々を
眺めながら過ごすひととき

茶房 素心

さぼう そしん

MAP 付録P.13 E-4

おすすめメニュー
クリームあんみつ 900円
素心ブレンド 605円

予約 不可
予算 700円～

お茶屋風建物のコーヒー専門店。1階には一枚板のカウンター席があり、格子の窓から通りの賑わいを眺めながらこだわりのコーヒーや抹茶のスイーツで一服したい。2階はテーブル席で、茶屋街を見下ろす窓際席がおすすめ。

☎076-252-4426
所金沢市東山1-24-1
営10:00～不定(日により異なる) 休水曜(祝日の場合は営業) 交橋場町バス停下車、徒歩4～7分 Pなし

⇩木の温かみが感じられる簡素な造り。2階からは街並みが見下ろせる

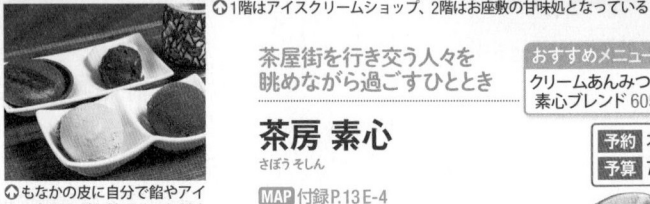

⇦⇧抹茶アイス、小倉餡、白玉などを使い和風に仕上げたパフェ各1100円(上:抹茶、左:ほうじ茶)

おすすめメニュー
お抹茶セット 950円

予約 不可
予算 700円〜

↑季節を表した上生菓子と抹茶のセット

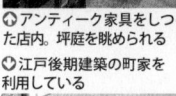

老舗伝統の甘味を
町家でゆったりと味わう

森八 ひがし三番丁店

もりはち ひがしさんばんちょうてん

MAP 付録P.13 E-3

寛永2年(1625)創業、加賀藩御用達の老舗和菓子店、森八直営の甘味処。古民家を改装した店内では、上品な甘さの季節の上生菓子をはじめ、黒羊羹「玄」など伝統銘菓と抹茶や加賀棒茶、コーヒーが楽しめる。

☎076-253-0887
所金沢市東山1-13-9
営10:00〜17:00 休無休
交橋場町バス停下車、徒歩5〜7分
Pなし

↑アンティーク家具をしつらえた店内。坪庭を眺められる

↓江戸後期建築の町家を利用している

地域の農園生産者と消費者をつなぐ

北陸の旬を味わう和菓子

2023年8月にひがし茶屋街の入口にオープンした和菓子店。独自の農業文化が生み出す品質の高い野菜や果物と和菓子のコラボレーションを楽しみたい。

北陸の自然の恵みが
味わえる畑の和菓子

予約 不可
予算 300円〜

蛍 HOTARU

ほたる

MAP 付録P.13 D-3

北陸の農家が丹精込めて作った野菜と果物を使ったスイーツのテイクアウトショップ。農園生産者が育てた最高の食材に、藩政期から続く和菓子の伝統を融合させて、金沢ならではの新しい食の文化を提案する。金沢で100年の歴史をもつあんこ製造会社「沖製餡」の餡子を使用している。

☎076-254-5605
所金沢市東山1-2-7
営12:30〜16:00(なくなり次第終了) 休不定休 交橋場町バス停下車、徒歩5分 Pなし

↑自社農園「蛍農園」のディル(ハーブ)を使用したディル団子も人気

おすすめメニュー
ブルーベリーもなか 400円
しそジュース 300円

↑旬の野菜や果実のおいしさを閉じ込めたもなかや大福、だんごなどの和スイーツが並ぶ

→営業状況などはインスタグラムで確認するのがおすすめ

↓石川県小松の本田農園さんのトマトを使用したトマト大福300円。甘くてみずみずしい味わい

東山でしか買えない優れ小物
おみやげ和雑貨

和の雰囲気にあふれる街、東山。
金沢らしい和雑貨を販売する店がたくさんあるのもうれしい。
旅の記念に、自分用に、また、家族や友だちにも喜ばれる、
ここでしか買えない和雑貨を探しに出かけたい！

A 香立て 各660円
久手川利之氏のデザインのキュートな香立ては同店のオリジナル商品

A 水引雑貨 各660円～
かわいらしい色や形のバリエーションが豊富で、迷うこと必至

B 浅蔵一華さんの舟形楕円鉢 7150円
九谷焼の大家・浅蔵五十吉氏の長女。伝統と独自の目線を融合させる

B 武田朋己さんのマグカップ 7150円
九谷の伝統と独自の感性を調和させた、主張性のある絵柄が人気

C 押し絵ポーチ 各6490円
加賀友禅や古布、帯締めなどを用いている。表地と裏地が柄違い

C 加賀ゆびぬき染色 1個1万1000円
ゆびぬき作家「itohana」が手がける里山里海の自然素材で手染めしたナチュラルな色合いが特徴

A 浅の川 吉久
あさのがわ よしひさ
MAP 付録P.13 D-3

自分だけの「かわいい」がきっと見つかる和雑貨の店

商品も値段も「かわいく」をモットーとしたオリジナルが揃う。乙女心をわしづかみにする水引細工の商品はスタッフが自ら制作。アクセサリーから雑貨までかわいさいっぱい。

☎076-213-2222
所 金沢市東山1-4-42
営 10:00～17:00 休 不定休
交 橋場町バス停下車、徒歩3～5分 P なし

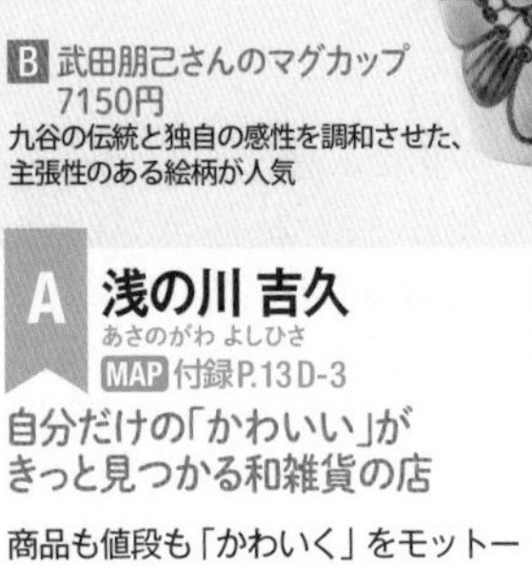

B 玉匣
たまくしげ
MAP 付録P.13 E-4

若手アーティストとつくるアートと暮らしの店

石川県ゆかりの伝統工芸若手作家の作品を扱う。九谷焼、水引、漆芸、金工とその商品ラインナップは幅広い。「伝統とデザインの融合」を紡ぎ出す新しいコンセプトショップ。

☎076-225-7455
所 金沢市東山1-14-7 営 10:00～17:00
休 火曜(祝日の場合は営業)
交 橋場町バス停下車、徒歩4～7分 P なし

C かなざわ 美かざり あさの
かなざわ びかざり あさの
MAP 付録P.13 E-3

伝統工芸品を日常生活に石川の旅の思い出の品を

金沢箔をはじめ九谷焼、加賀友禅など、石川の伝統工芸品を集めたセレクトショップ。各工芸分野における伝統の技を生かしつつ、日常にも親しめるかわいい工芸品がコンセプト。

☎076-251-8911
所 金沢市東山1-8-3 営 9:00～18:00
休 火曜(祝日の場合は営業) 交 橋場町バス停下車、徒歩4～7分 P なし

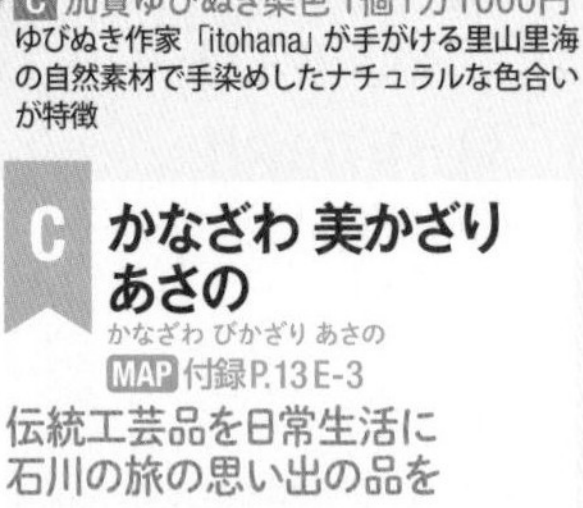

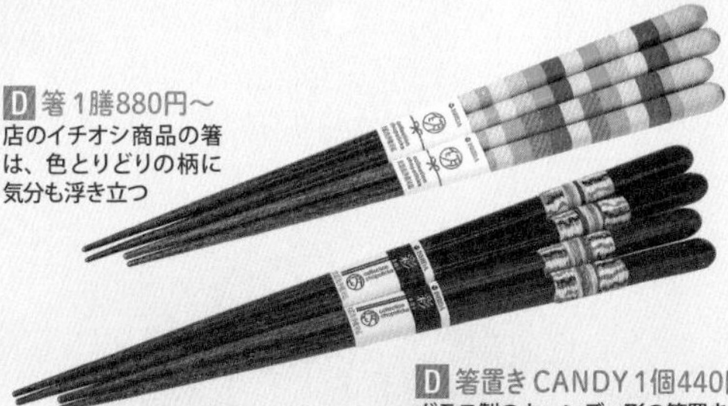

D 箸 1膳880円〜
店のイチオシ商品の箸は、色とりどりの柄に気分も浮き立つ

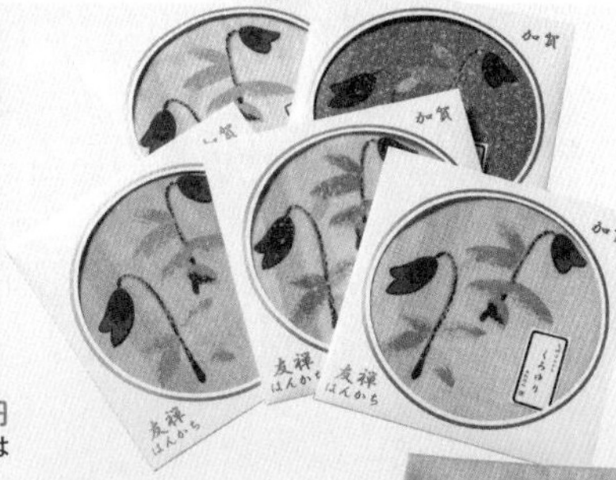

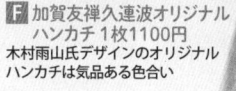

D 箸置き CANDY 1個440円
ガラス製のキャンディ形の箸置きは食卓が華やかになりそう

F 加賀友禅久連波オリジナルハンカチ 1枚1100円
木村雨山氏デザインのオリジナルハンカチは気品ある色合い

E 手ぬぐいお祝い袋 880円
ご祝儀袋として使ったあとは、ハンカチとして使える

F 正絹風呂敷 1枚1万9800円
手みやげなど上品な風呂敷に包めば好感度アップ

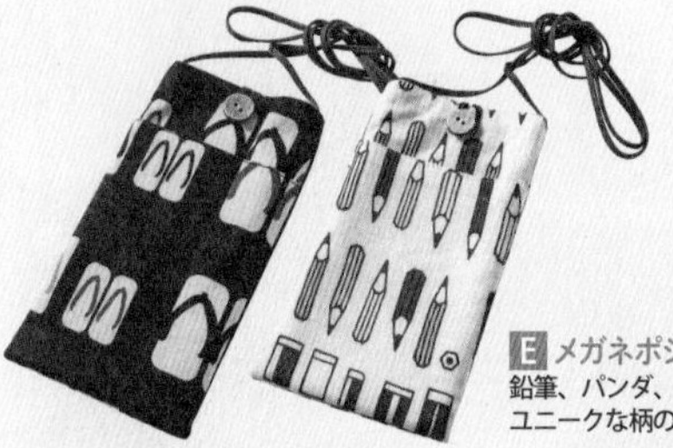

E メガネポシェット 各1320円〜
鉛筆、パンダ、ビールジョッキなどユニークな柄のめがね入れ

D 今日香
きょうか

MAP 付録P.13 F-4

お箸と和雑貨の専門店でマイ箸を見つけよう!

箸をメインに和雑貨全般を取り扱う。箸の種類は膨大で、乙女心をくすぐる柄にどれを選ぶか目移りしてしまいそう。1000円前後の手ごろな価格の商品が多いのも魅力だ。

☎076-252-2830 所金沢市東山1-24-6
営11:00〜夕暮れどき
休火・水曜、ほかに臨時休業あり
交橋場町バス停下車、徒歩6〜9分 Ｐなし

E くるみや

MAP 付録P.13 E-4

金沢らしい手ぬぐいの店で自分好みの品を探して

オリジナル手ぬぐいの数と種類には圧倒される。手ぬぐいをアレンジしたポシェットや手提げなどのグッズも楽しい。金沢ゆかりの画家竹久夢二の絵はがきや便箋などもある。

☎076-251-8151
所金沢市東山1-16-5 営10:00〜18:00
休火曜(祝日の場合は営業)
交橋場町バス停下車、徒歩4〜7分 Ｐなし

F 久連波
くれは

MAP 付録P.13 E-4

本格和小物の店で女らしさを上げる一品を

金沢の老舗呉服店「ゑり虎」の直営店。地元の友禅作家や工芸作家が作成したオリジナル商品も多数揃う。上品で美しい商品の数々は見る人の目と心を豊かにしてくれる。

☎076-253-9080
所金沢市東山1-24-3 営10:00〜18:00
休水曜(祝日の場合は営業)
交橋場町バス停下車、徒歩4〜7分 Ｐなし

藩政時代への静かな時間旅行

長町武家屋敷跡

ながまちぶけやしきあと

中級武士の住まいが連なっていた江戸時代。
その面影が随所に残っている。
復元建物や資料館に立ち寄るのも一興。

街歩きのポイント

- 武家屋敷跡野村家や資料館を巡って、武家文化を知ろう
- 藩政時代の雰囲気が残る路地をのんびり散策しよう
- 町家ショップに立ち寄り、金沢ならではのおみやげを買おう

石畳の狭い路地に土塀が続く長町界隈

加賀藩百万石の名残をとどめる 平士階級が邸宅を構えた界隈

長町は藩政時代、藩主にお目通りを許された平士階級、すなわち中級武士が居住していた街。長町という町名は、加賀藩の重臣・長氏の屋敷があったことに由来するとされる。当時、城下では、藩士の知行高(ちぎょうだか)に応じて拝領する宅地の面積が定められていた。各屋敷は宅地を土塀で囲み、高禄(こうろく)になると長屋門(ながやもん)などの設置も許された。現在は住人も屋敷も様変わりしたものの、往時のままの門や土塀などが閑静なたたずまいを呈し、土塀越しに顔をのぞかせる庭木が四季折々の情景を描き出す。

長町を流れる大野庄用水は、金沢城築城の際、旧宮腰(金石港)から木材を運んだことから、御荷川(鬼川)と呼ばれていた

城下町特有のT字やL字に入り組んだ路地。敵の来襲に備え、その侵攻を遅らせるためのものといわれている

こも掛け こもがけ

長町の冬を象徴する「こも掛け」。土塀を雪の水分から守るためのもの

ごっぽ石 ごっぽいし

屋敷の角にある「ごっぽ石」。下駄の歯に詰まった雪を落とすためのもの

武家屋敷跡野村家
ぶけやしきあとのむらけ

MAP 付録P.8A-3

土塀や庭園に藩政期の姿を残す 海外での評価も高い豪邸

野村家は、加賀藩祖前田利家時代からの直臣として奉行職や御馬廻組組頭など重職を歴任し、1000坪以上の屋敷を構えていた名家。現在の建物は、加賀の豪商が大聖寺(現・加賀市)藩主を招いた屋敷の一部を昭和初期に移築したもの。フランスのミシュランガイド2ツ星に格付けされている。

☎076-221-3553 所金沢市長町1-3-32 開8:30～17:30(10～3月は～16:30) 入館は各30分前 休1月1・2日、12月26・27日 料550円 交香林坊バス停下車、徒歩7～10分 Pあり

大野庄用水を引いた曲水や落水が奥行きを醸す庭園。樹齢400年以上という山桃やシイの木など多種の樹木や名石を見事に配置し、屋敷と調和した造りになっている

明治以降、住人は変わり、土地も分割されたが、土塀や門などに藩政時代の雰囲気を残している

屋敷内に併設している野村家の展示資料館。野村家伝来の刀剣や、前田家や明智光秀からの書状等を展示している

総檜の格天井、紫檀や黒檀の細工を施した上段の間。ギヤマンや透かし彫りの釘隠しなど贅沢で凝った造り

旧加賀藩士高田家跡
きゅうかがはんしたかだけあと

MAP 付録P.8A-2

加賀百万石の中級武士の 財力を偲ばせる門を復元

高田家は加賀藩の中級武士であり、その屋敷跡に長屋門が修繕・復元されている。長屋門は禄高400石以上の武家に許された門構えで、文字どおり、長屋が設置され、仲間部屋と厩として使われていた。敷地内には、大野庄用水を引水した池泉回遊式庭園が設けられ、折々の風情を醸している。

☎076-263-3640(金沢市足軽資料館) 所金沢市長町2-6-1 開9:30～17:00 休無休 料無料 交香林坊バス停下車、徒歩5～6分 Pなし

金沢市指定保存建造物の長屋門。その土台は金沢城の石垣と同じ戸室石でこれも中級武士以上に使用を許された

敷地内には高田家を紹介する看板、長屋門の中には中級武士や奉公人の生活に関する解説板が設置されている

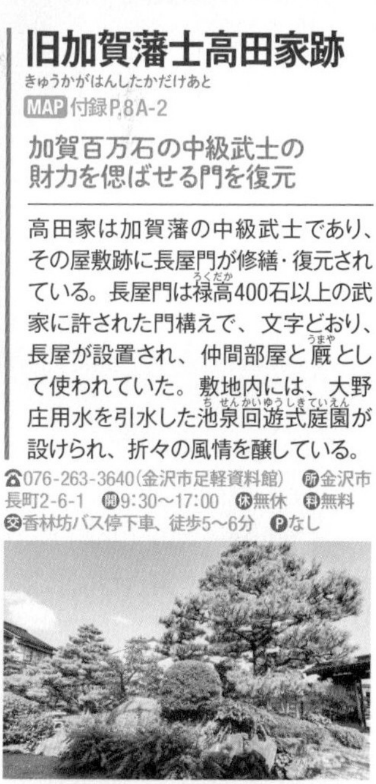

江戸時代の代表的な作庭方式である池泉回遊式庭園には、見事な枝ぶりの赤松も植えられている

金沢市足軽資料館

かなざわしあしがるしりょうかん

MAP 付録P.8A-2

往時の雰囲気を醸す 藩政時代の足軽の住まい

⬆下級武士・足軽の屋敷は小さいながらもしっかりした造り

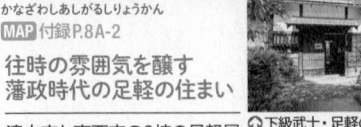

清水家と高西家の2棟の足軽屋敷を移築し資料館として公開。板葺きに石を置いた屋根や展示物から、身分の低い足軽の質素な暮らしぶりがうかがえる。

☎076-263-3640 所金沢市長町1-9-3 開9:30〜17:00 休無休 料無料 交香林坊バス停下車、徒歩5〜6分 Pなし

⬆当時の暮らしがわかるように、文献や生活道具が展示されている

前田土佐守家資料館

まえだとさのかみけしりょうかん

MAP 付録P.8B-3

加賀藩上級武家の伝来品から家柄・歴史を紹介

⬆大野庄用水沿いにある。館内では昔の双六(すごろく)の複製なども販売している

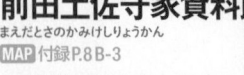

加賀藩の重臣であった前田土佐守家。館内には古文書や武具、書画、調度品など、江戸時代の武士にまつわる資料を展示。貴重な歴史資料にふれられる。

☎076-233-1561 所金沢市片町2-10-17 開9:30〜17:00(入館は〜16:30) 休月曜(祝日の場合は翌日) 料310円 交香林坊バス停下車、徒歩5〜6分 Pなし

⬆前田土佐守家の歴史や背景などを展示する1階の展示室

金沢市老舗記念館

かなざわししにせきねんかん

MAP 付録P.8A-3

明治初期に建てられた 薬種業の商家を見学

⬆間口十間の重厚な建物は明治11年(1878)に明治天皇行幸の際に建築され、大正時代に改築

藩政時代から続く「中屋薬舗(なかややくほ)」の旧店舗を移築し公開。かつての大店の雰囲気を残す「みせの間」など見応えがあり、売薬の道具類の展示も興味深い。

☎076-220-2524 所金沢市長町2-2-45 開9:30〜17:00(入館は〜16:30) 休月曜(祝日の場合は翌平日)、展示替え期間 料100円 交香林坊バス停下車、徒歩5〜6分 Pなし

⬆展示されている売薬製造などの道具は国の登録有形民俗文化財

長町武家屋敷休憩館

ながまちぶけやしききゅうけいかん

MAP 付録P.8A-3

長町武家屋敷跡周辺の観光拠点でガイドが常駐

⬆大野庄用水沿いにあり、誰でも気軽に利用することができる

観光ボランティアガイド「まいどさん」が常駐する観光の休憩所。希望すれば周辺の案内を無料でしてくれる。館内には休憩室、トイレを完備している。

☎076-263-1951 所金沢市長町2-4-36 開9:00(12月〜3月15日9:30)〜17:00 休無休 交香林坊バス停下車、徒歩7〜10分 Pなし

⬆館内では観光パンフレットも入手できる

個性的な町家ショップ

昔ながらの住まいが残る界隈、長町エリアでは、木造古民家を利用したショップも多い。なかでもおすすめの3軒をピックアップして紹介する。

おもいばシリーズ
伽羅、沈香などがある店のオリジナルお香、各990円 ●香舗伽羅

あぶらとり紙
ハローキティあぶらとり紙(純金箔入り)はおみやげに最適。385円
●金沢わらじ屋 本店

作品各種
ショップスペースで所属作家の作品を購入できる
●atelier & gallery creava

手ぬぐい
長町武家屋敷跡の風景や前田利家・慶次を描いた。各880円
●金沢わらじ屋 本店

少人数で落ち着いて体験ができる
●atelier & gallery creava

お香の専門ショップで癒やしのアイテムを見つける

香舗伽羅
こうほきゃら

MAP 付録P.8 B-2

店内に入るとお香の香りで身も心も癒やされるお香の専門店。金沢の四季をイメージしたオリジナルのお香など、300種類以上を揃える。2階には香座敷があり、予約すれば香道体験2000円もできる。所要時間は約1時間。

☎076-233-0477 所金沢市高岡町19-17
営10:00〜18:30(日曜、祝日は〜18:00)
休第1・3水曜 交南町・尾山神社バス停下車、徒歩5〜6分 Pあり

どんな香りが好きなのか店主に伝えて、ぴったりのお香を選んでもらうのもいい

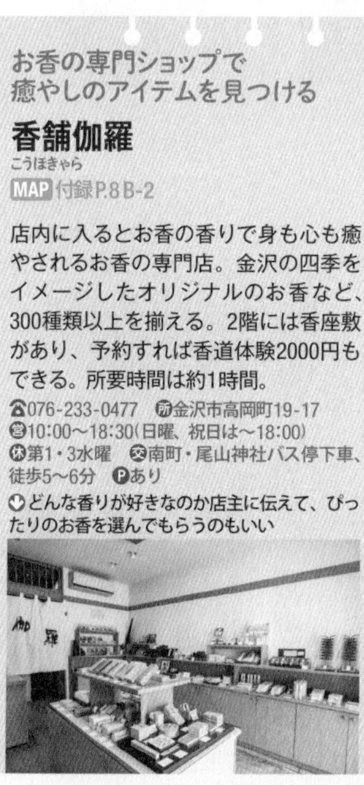

金沢らしいみやげを数多く取り揃える

金沢わらじ屋 本店
かなざわわらじや ほんてん

MAP 付録P.8A-3

金沢の手ぬぐいやハンカチ、金箔ローション、漬物、九谷焼、和小物など、金沢らしさにこだわったおみやげが所狭しと並ぶ。公式キャラクターひゃくまんさんの座布団マスコット715円や立体キーホルダー550円などのグッズも取り扱う。

☎076-223-5008 所金沢市長町2-3-35
営10:00〜16:30 休不定休
交香林坊バス停下車、徒歩7〜10分 Pなし

赤い大きな傘と毛氈の休憩椅子、大きなキティちゃんが目印。店先で休憩もできる

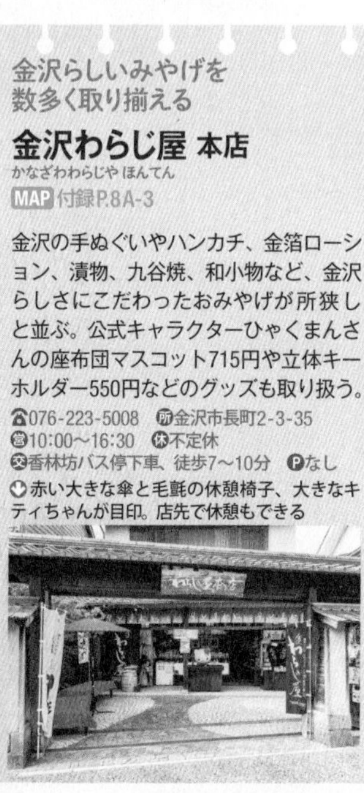

築100年余の蔵を改装 陶芸体験もできるアート空間

atelier & gallery creava
アトリエ＆ギャラリークリーヴァ

MAP 付録P.8A-2

蔵を改装したギャラリーでは、金沢の若手作家やアーティストの展覧会を常時開催。ショップスペースには手に取りやすい価格の工芸作品が並ぶ。体験メニューも豊富で、なかでも九谷焼の絵付け体験が人気(4100円〜＋送料、所要1時間30分、要予約)。

☎076-231-4756 所金沢市長町2-6-51
営11:00〜17:00 休水・木曜 交香林坊バス停下車、徒歩8〜11分 Pあり
※データはギャラリーの内容です

古く重厚な雰囲気と現代作家の作品が融合

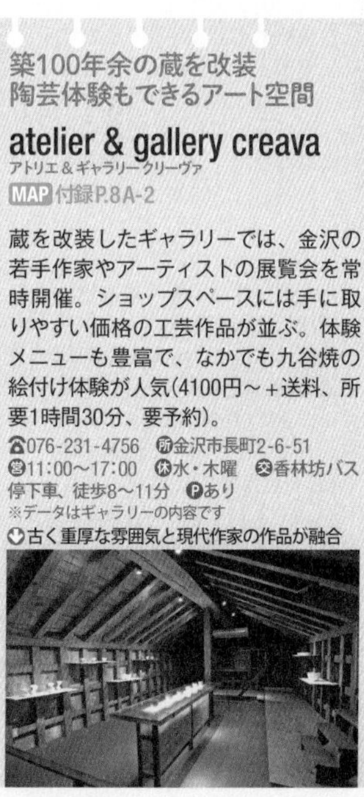

昔の姿を色濃く残す街並みを歩く

主計町・尾張町

かずえまち・おわりちょう

古くからの商店が連なる尾張町。
商家の旦那衆が通ったという主計町茶屋街は、
ゆるやかな流れの浅野川河畔に位置する。

街歩きのポイント

- 小さな茶屋街だが、目の前に浅野川があり抜群のロケーション
- 一歩裏手に入ると狭い路地があり、風情たっぷり
- 夏には浅野川に川床が設けられ、食事と芸妓の舞が楽しめる

風情ある主計町茶屋街の街並み

歴史ある街角スポットにも目を向けながら歩こう

主計町の名は、かつてこの地に加賀藩士・富田主計の屋敷があったことに由来。金沢市ではひがし茶屋街とともに、重要伝統的建造物群保存地区に指定されている。また、尾張町は金沢城下町のうち、本町のひとつであり、江戸時代には米仲買商を中心にさまざまな店舗が軒を連ね、金沢経済の中心地であった。これらの地区には今もその姿を残す歴史的な建造物も多く、ぜひ押さえておきたい観光スポットも点在。街の文化を物語る風景を眺めながら、街歩きを楽しみたい。

主計町料亭組合
かずえまちりょうていくみあい

主計町の芸妓の稽古場で「検番」という。かつてはここで芸妓の技量の審査もされていた。

浅野川大橋
あさのがわおおはし

初代加賀藩主が架けたものが始まり。歴史的建造物として2000年に登録有形文化財に指定。

あかり坂
あかりざか

尾張町から主計町へ通じる坂。泉鏡花を偲び、作家の五木寛之氏が自身の作品の中で命名。

主計町緑水苑
かずえまちりょくすいえん

金沢市が歴史的景観保全のために整備した池泉回遊式庭園。浅野川に架かる中の橋に隣接。

暗がり坂
くらがりざか

久保市乙剣宮から主計町に通じ、日中も日の当たらない坂道のため、暗闇坂とも呼ばれる。

時代順に展示されている蓄音器の数と種類の多さは圧巻

蓄音器とレコードの博物館
レトロな音を聴いてみよう

金沢蓄音器館
かなざわちくおんきかん

MAP 付録P.13 E-2

エジソン発明の蓄音器から各時代ごとに活躍した蓄音器まで常時150台を展示。毎日11・14・16時には蓄音器の聴き比べを楽しむことができる。

☎076-232-3066 所金沢市尾張町2-11-21 営10:00～17:30(入館は～17:00) 休火曜(祝日の場合は翌平日。臨時休館あり) 料310円 交橋場町バス停下車、徒歩3～4分 Pあり

大正ロマンの雰囲気を基調とした外観

珍しいスポットに
足をのばしてみる

文化が薫る街

主計町・尾張町界隈には、金沢らしい歴史的建造物や金箔貼りなどの伝統工芸体験ができる店などが点在。普段はできない珍しい体験ができるのでぜひ訪れたい。

金箔貼り体験で旅行の
思い出の記念品を作ろう

かなざわカタニ

体験1800円～は所要約1時間。作品は持ち帰ることができる

MAP 付録P.13 D-2

老舗金箔メーカー直営の金箔貼り体験が好評(要予約)。用意された約40種類の型抜きシールから選び、小箱や小皿などに貼る瞬間の緊張感も心地よい。オリジナル金箔グッズやアクセサリー、化粧品も豊富。

☎076-231-1566 所金沢市下新町6-33 営9:00～17:00(LO16:00) 休年末年始 交尾張町バス停下車、徒歩1～2分 Pあり

創業から120年以上続く金箔メーカー。金箔を使った商品が並ぶ

加賀藩政時代の建造物
ドウダンツツジが美しい

武家屋敷 寺島蔵人邸
ぶけやしき てらしまくらんどてい

加賀藩政時代の面影を残す建物。館内には書画・工芸などを展示

MAP 付録P.7 D-4

加賀藩の中級武士・寺島蔵人の屋敷で、江戸時代の中級武士の屋敷の様子が伝わる。邸宅は築約250年の建造物で、庭園とともに金沢市指定文化財として保存されている。

☎076-224-2789 所金沢市大手町10-3 営9:30～17:00(入館は～16:30) 休火曜(祝日の場合は翌日) 料310円 交橋場町バス停下車、徒歩2～5分 Pなし

座敷から樹齢300年を超えると伝わるドウダンツツジが見事な庭園が見える

茶屋街散策のあとで 本格的な料理を楽しむ

雅な気分で お食事

主計町茶屋街の周辺には、その日の気分で気軽に入れるビストロや、伝統的な麩料理が味わえる老舗店、予約必須の日本料理店などさまざまな店がある。

おすすめメニュー
牛ほほ肉のシチュー 2630円

大正時代の雰囲気たっぷり
本格ビストロで大人の味を

ビストロ金沢とどろき亭

ビストロかなざわとどろきてい

予約 望ましい
予算 Ⓛ1000円～ Ⓓ1200円～

➡店で一番人気の牛ほほ肉のシチューは、3日がかりで作られる

MAP 付録P.13 F-1

大正～昭和後期まで銀行だった建物は、ヨーロッパのビストロをイメージさせる大人の雰囲気。軽食から、3日がかりで作られる本格シチューまで、さまざまなメニューが揃う。好きなワインと料理を組み合わせて楽しみたい。

☎076-252-5755
所 金沢市東山1-2-1
営 11:30～15:30 18:00～21:30 休 不定休
交 橋場町バス停下車、徒歩1～4分 P あり(夜のみ)

⬅入口のランプと緑のテントが目印。かつては銀行だった建物をヨーロッパのビストロ風に造り替えた

おすすめメニュー
昼コース 9350円～
夜コース 9820円～
1万4450円～

予約 要
予算 Ⓛ9350円～ Ⓓ9820円～

⬆昼のコースの一例。旬の食材を手間をかけて作る料理が並ぶ

手間ひまかけて作られた
気品ある味わいに舌鼓

御料理 貴船

おりょうり きふね

MAP 付録P.6 C-2

なかなか予約が取れないことで有名な日本料理店。リーズナブルな値段で本格的な加賀料理を味わうことができると評判。一品一品手間をかけて作られた料理は上品な味わい。

☎076-220-6131
所 金沢市彦三町1-9-69
営 12:00～12:30(LO) 18:00～19:30(LO) 休 水曜 交 橋場町バス停下車、徒歩4～7分 P あり

⬇浅野川沿いにある紅殻格子の外観。食事は1日4組限定で要予約

茶屋街の風情を感じながら
いただくごはんとお茶

カフェで ひと息

茶屋街散策で疲れたら、カフェでまったりするもよし。茶屋を改装した雰囲気のあるカフェが多いのもこの界隈ならでは。思わずはしごしてしまいそう。

くらがり坂のすぐそば。重要伝統的建造物の美しい建物が目を引く

茶屋町の趣を取り入れた非日常空間でしっとりと憩う

まゆ月 くらがり坂

まゆづき くらがりざか

予算 400円〜

MAP 付録P.13 E-1

歴史の情緒を感じさせる主計町茶屋街にひっそりとたたずむ。昼は純文学の世界で過ごすような穏やかな趣きを楽しめるカフェ、夜は茶屋街の空気に浸りながら、心地よくお酒を嗜むバーとして訪れる人を楽しませる。

1階のくらがり坂と中庭を望む席で、ゆったりとした時間を

☎076-210-6022
所 金沢市主計町3-19
営 カフェ11:00〜16:00 バー19:30〜24:30 休 カフェ火・水曜、バー日曜、祝日※要相談 交 橋場町バス停下車、徒歩1〜2分 P なし

コーヒーゼリー450円。軽食・甘味にドリンクセットで50円引き

おすすめメニュー
ハムサンド 550円
抹茶パフェ 600円
クリームソーダ 550円

永い歴史を感じさせる店で味わうオリジナルコーヒー

土家

つちや

予算 500円〜

MAP 付録P.13 E-1

茶屋街にたたずむ店の建物は金沢市指定文化財。心優しいマスターの淹れてくれるコーヒーは散策で疲れた体にほっとする味。2階のお座敷からは浅野川の景色が見渡せる。風情ある店内でひと息つこう。

☎090-4683-9109
所 金沢市主計町2-3 営 11:00〜18:00 休 月〜金曜 交 橋場町バス停下車、徒歩2〜5分 P なし

おしゃれな食器で味わうこだわりのコーヒーにほっと癒やされるひとときを

おすすめメニュー
土家スペシャルコーヒー 500円
ぜんざい 700円

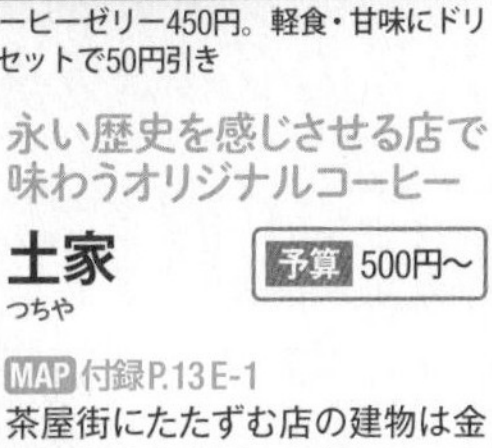

大正初期のお茶屋様式そのままの姿に、歴史を感じる

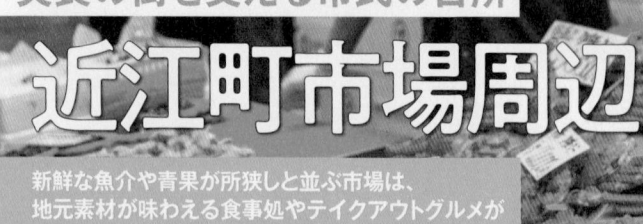

美食の街を支える市民の台所

近江町市場周辺

おうみちょういちばしゅうへん

新鮮な魚介や青果が所狭しと並ぶ市場は、地元素材が味わえる食事処やテイクアウトグルメが充実。お店の人とのやりとりも楽しみたい。

街歩きのポイント

- 朝は品揃えが豊富。夕方には値引きやまとめ売りが始まる
- 調理法や保存法も教えてくれるので、積極的に聞いてみよう
- たくさん購入したら宅配便を利用して自宅に送ることもできる

11月上旬に解禁となる、冬の風物詩ズワイガニが並ぶ朝の店頭は賑わいもひとしお

新鮮な食材の宝庫で地元のグルメを探索

近江町市場

おうみちょういちば

北陸新幹線開通後、賑わいを増した3世紀もの歴史ある金沢市民の台所

グルメの都として名を馳せる金沢。それを支える食材の宝庫が、市民から「おみちょ」の愛称で親しまれてきた近江町市場。発祥は、元禄3年(1690)に袋町の魚市場、享保6年(1721)に犀川口(さいがわぐち)の市場が現在地に移転したことに始まり、今や300年以上の歴史を誇る。現在、鮮魚、青果、惣菜、精肉などありとあらゆる業種が約170店集まり、早朝は地元の料理人が仕入れに通い、日中は市民や観光客が買い物に訪れ、日長、活況を呈する。そんな「おみちょ」の魅力は対面販売。鮮魚店では魚介の下ごしらえの対応はもちろん、料理法を、青果店なら加賀野菜の保存法や調理法をレクチャーしてくれる。回転寿司、鮮魚料理、海鮮丼など食事処も充実。

市場への出入口は8カ所。そのひとつ、エムザ口から続く「鮮魚通り」&「上近江町通り」には鮮魚店が連なる

商品が出揃う午前9時頃はじっくり品定めができる。一方、閉店前の15〜16時には値引きやまとめ売りが始まる

MAP 付録P.5 E-4

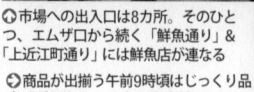

☎076-231-1462
(近江町市場商店街振興組合)
所 金沢市上近江町50
営休 店舗により異なる
交 武蔵ヶ辻・近江町市場バス停下車、徒歩1〜3分 P あり

路地が交差する活気あふれる市場

「おいしい」を手に入れる

海鮮だけでなく加賀野菜や果物など、ご当地食材は見ているだけでも楽しい。テイクアウトグルメもおすすめ。

↑サツマイモ、加賀太きゅうり、金時草、源助だいこんなどの加賀野菜

金沢の味から世界各国のグルメまで

世界の食品 ダイヤモンドLⅡ

せかいのしょくひんダイヤモンドエルツー

MAP 付録P.12 A-4

ご当地鍋味噌の「とり野菜みそ」や魚醤いしる、海藻など、石川の名物や珍味が手に入る。

☎076-232-0341
営9:00～16:00
休不定休

➲とり野菜みそ1袋329円(参考価格)

魚の旨みを生かした伝統グルメ

舟楽 近江町本店

しゅうらく おうみちょうほんてん

MAP 付録P.12 C-4

厳選魚介を用い、手間をかけた手押し棒鮨の専門店。カニやノドグロなど10種以上。

☎076-232-8411
営9:00～17:00
休無休

➲手押し棒鮨「のどぐろ」1本3240円

選び方や調理法も教えてくれる

北形青果

きたがたせいか

MAP 付録P.12 B-3

市場の青果店ではいちばんの規模。加賀野菜、地場野菜など200種以上の品揃えが自慢。

☎076-221-4924 営8:00～18:00
休日曜、祝日

北陸の新鮮魚介を宅配便で送ろう

大口水産

おおぐちすいさん

MAP 付録P.12 C-4

市場最大の店舗。近海魚を中心に多種の魚介を扱い、鮮魚のほか水産加工品も販売。

☎076-263-4545
営9:00～17:00
休水曜

➲500種類以上の魚種が並ぶ

オリジナルのタグが付いた高級カニ

島田水産

しまだすいさん

MAP 付録P.12 B-4

岩ガキやボタンエビなど良質な魚介のみを販売。ウニやカキなどをその場で食べられる。

☎076-262-9620
営9:00～16:30
休火曜

➲市場からの直送のほか通販も行う

市場名物の海鮮丼

豪華なグルメ旅

近江町市場は海鮮丼の激戦区。専門店や和食店が、厚切りネタ、丼はみ出し、高級ネタづくし、良心価格などオリジナリティを競い合う。市場で評判の丼をピックアップ。

上ちらし近江町(特盛)
3000円
甘エビ、トロ、カニ、バイ貝など約20種もの魚介がどーんとのる

近江町 井ノ弥
おうみちょう いのや

MAP 付録P.5 E-4

ネタの数も厚みもトップ 華やかな盛り付けが贅沢

「お客様に喜んでいただきたい」という強い思いからネタは大ぶり、魚の種類も豊富。熟成させた自家製割り出し醤油が魚介の旨みを際立たせる。海鮮系約30種のほか、加賀野菜や魚介の天丼などメニューも充実。

おすすめメニュー
上ちらし近江町（特盛）3000円
のど黒炙りちらし 3000円
甘エビと加賀野菜の天丼 1500円

☎076-222-0818
所 金沢市上近江町33-1
営 10:30～15:00 17:00～19:30(LO)
土曜10:00～20:00(LO)
日曜・祝日10:00～15:00(LO)　休 火曜

予約 不可
予算 LD 2500円～

金沢の海鮮丼の草分け的な店で、週末には列をなす人気ぶり

近江町市場こてつ
おうみちょういちばこてつ

予約 不可
予算 2000円～

MAP 付録P.12 A-4

職人気質の主人が供する 特上ネタの輝き丼

割烹料理人の経験豊かな主人が市場で上物魚介を目利きし、品よく盛り付ける。自家製の割り出し醤油をネタに絡めて食するのがこてつの流儀。ユーモラスな主人や気さくな女将との会話もまた楽しい。

☎076-264-0778
所 金沢市下堤町37-1
営 11:00～15:00（ネタがなくなり次第閉店）　休 水・日曜

バス通りに面したエムザ口から入ってすぐ。緑の暖簾が目印

おすすめメニュー
海鮮丼 2800円
ミニ海鮮丼 1700円

海鮮丼
2800円
10種類以上の旬の魚がのった贅沢な丼

じもの亭

じものてい

MAP 付録P.12 C-4

地元人も太鼓判を押す ピチピチ厚切り魚介たち

店名のとおり、地物を中心にした丼ものや、定食に定評があり、市場や地元から支持を得ている店。海鮮丼は約10種1650円〜あり、比較的お値段控えめなのがうれしい。

カウンター、テーブル席のほか、奥には個室風の座敷もある

☎076-223-2201
所 金沢市上近江町27-1
営 11:00〜15:00(ネタがなくなり次第閉店) 休 水曜(祝日の場合は営業)

予約 不可
予算 Ⓛ2000円〜

海鮮丼・華
2600円
ブリ、甘エビ、カニ、中トロなど鮮度抜群のネタが約12種のる

おすすめメニュー
海鮮丼・華 2600円
海鮮丼・雪 2000円
甘えび丼 1950円

近江町食堂

おうみちょうしょくどう

MAP 付録P.12 A-4

盛りだくさんのメニューと 抜群の鮮度が自慢

昭和5年(1930)、市場職員の食堂として開業。市場仕入れのとびきり鮮度で人気を集めてきた。海鮮丼、定食、単品など、魚介や加賀野菜を中心にメニューは100種以上。その日のおすすめを記した黒板も要チェック。

☎076-221-5377
所 金沢市青草町1
営 10:30〜14:30(LO) 17:00〜21:30(LO)(日曜、連休最終日は〜LO19:30) 休 無休

昭和初期の食堂のようなレトロな雰囲気に包まれている

海鮮丼
2380円
酢飯の上に魚介11種がのる人気の丼

予約 可
予算 Ⓛ1500円〜 Ⓓ3000円〜

おすすめメニュー
海鮮丼 1920円〜
宝箱丼 1800円〜

いきいき亭丼
2200円〜
ネタと酢飯が別皿になっており、ネタにわさび醤油をつけて食べる

予約 不可
予算 2000円〜

おすすめメニュー
ミニ金沢丼 1600円
特選北陸丼 4400円
※丼はすべて味噌汁付

いきいき亭 近江町店

いきいきてい おうみちょうてん

MAP 付録P.12 B-3

寿司職人が吟味した魚介を 気前よく多種盛り

早朝から営業する海鮮丼と握りの店。名料亭で腕を磨いた寿司職人の主人が毎朝、金沢港で朝獲れ地物を中心に選り抜く。米、醤油、酢などの脇役素材も厳選。いきいき亭丼は14種ほど、特選北陸丼は18種ほどとネタ数も多い。

カウンター席のみで、いかにも市場の食事処という雰囲気

☎076-222-2621
所 金沢市青草町88 営 7:00〜15:00(ネタがなくなり次第閉店)
休 木曜、月1回不定休

近江町市場でテイクアウト できたてグルメを

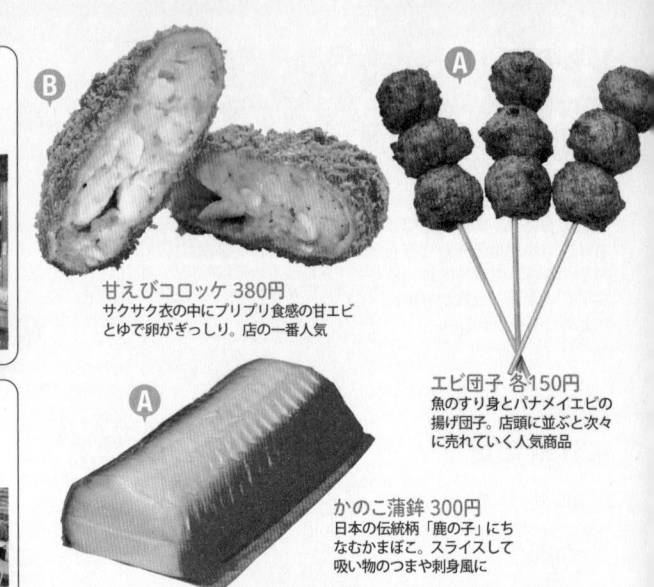

甘えびコロッケ 380円
サクサク衣の中にプリプリ食感の甘エビとゆで卵がぎっしり。店の一番人気

エビ団子 各150円
魚のすり身とパナメイエビの揚げ団子。店頭に並ぶと次々に売れていく人気商品

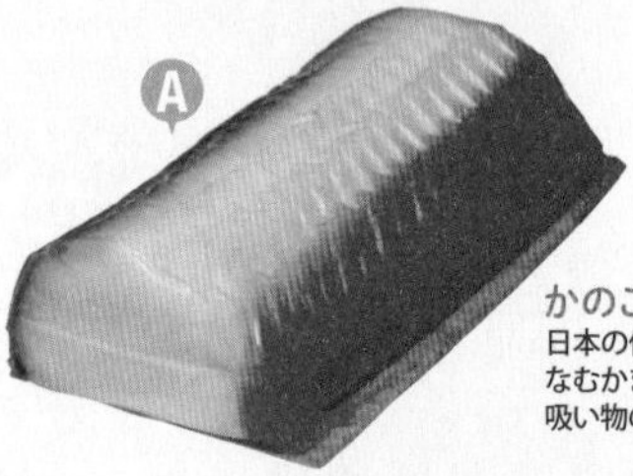

かのこ蒲鉾 300円
日本の伝統柄「鹿の子」にちなむかまぼこ。スライスして吸い物のつまや刺身風に

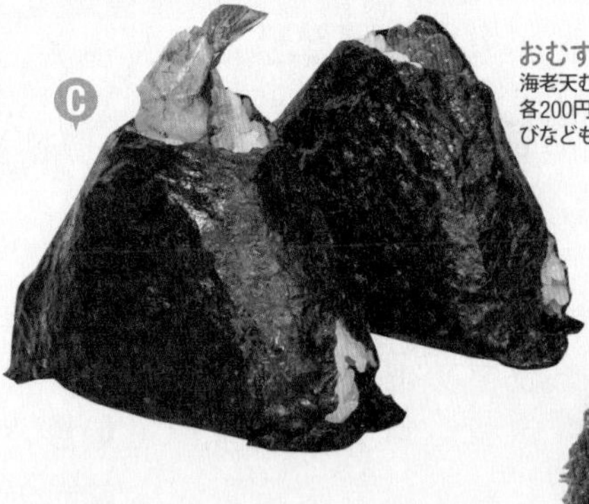

おむすび 各150円～
海老天むすび、いくらむすび各200円。能登牛そぼろむすびなどもある（期間限定販売）

コロッケ 200円～
店舗オリジナルのハート形をした評判のコロッケ。能登牛やのど黒味などがある

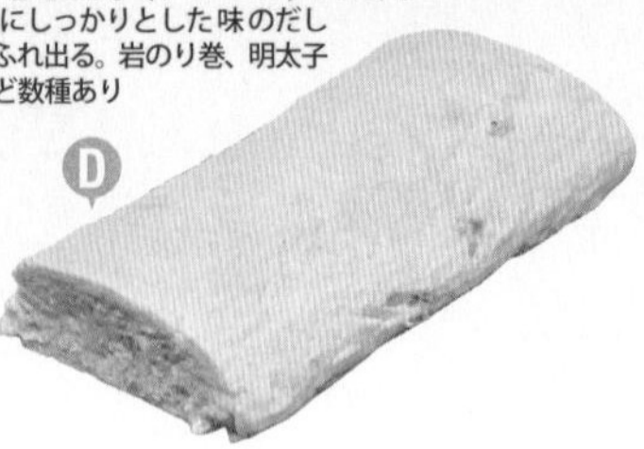

だし巻き玉子（プレーン）700円
口中にしっかりとした味のだしがあふれ出る。岩のり巻、明太子巻など数種あり

Ⓐ 岩内蒲鉾店
いわうちかまぼこてん
MAP 付録P.12 C-4

手作りのできたて揚げ物が並ぶ

創業120年以上、白身魚のすり身を主原料とするかまぼこやちくわなどの練り製品15種以上を製造、販売する。

☎076-231-0952
営8:00～16:00
休祝日、日曜不定休

Ⓑ 近江町コロッケ
おうみちょうコロッケ
MAP 付録P.12 A-4

揚げたてコロッケの充実ラインナップ

手作りされる揚げたてコロッケ150円～は、エビ、カニ、タコなど5種以上。全種類が出揃う昼近くが狙い目。

☎076-232-0341
営9:00～17:00
※なくなり次第終了
休不定休

Ⓒ むすび 近江町市場店
むすび おうみちょういちばてん
MAP 付録P.12 A-4

間食にぴったりなメニューが豊富

ご当地おむすびなど10種以上が揃うおむすび店。ハート形コロッケや金箔ソフトクリームなどスイーツもある。

☎076-263-8240
営11:00～17:00
休不定休

Ⓓ 近江町こだわり玉子 だし巻き屋
おうみちょうこだわりたまご だしまきや
MAP 付録P.12 A-3

こだわりのだしでふんわり焼き上げる

砂糖を使わず、だしの旨みを生かした香り豊かなだし巻き玉子の専門店。昼は手作り惣菜たっぷりの弁当も好評。

☎076-232-9696
営9:00～17:00
休日曜

E

どじょうの蒲焼
120円
国産ドジョウを背開きにして焼き上げてある。香ばしさと歯ごたえが独特

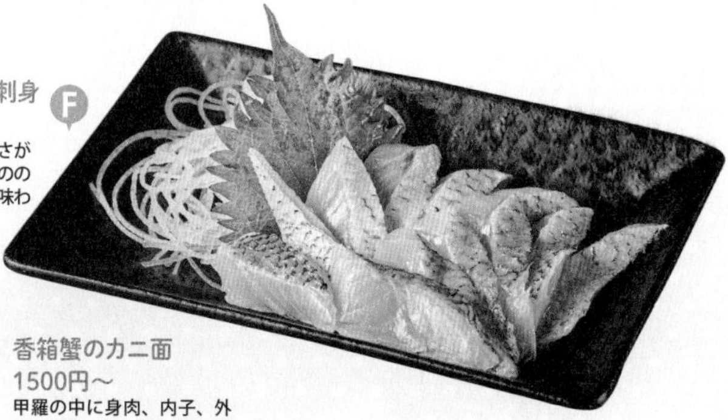

F

炙りノドグロのお刺身
1000～2500円
表面を炙ると香ばしさが出てよりおいしく。脂ののったノドグロを手軽に味わえる

F

香箱蟹のカニ面
1500円～
甲羅の中に身肉、内子、外子、味噌をすべて詰め込んだ贅沢な一品。金沢冬の味覚の一押し

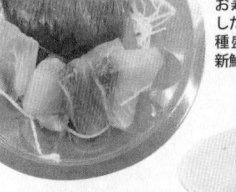

作りたてがいちばん!

つまみ食い

近江町市場の魅力は、新鮮&多種多様なだけではなく、あつあつ、できたてをおやつ感覚で楽しめること。コロッケや海鮮焼などの惣菜やスイーツをテイクアウトして店頭でほおばってみよう。

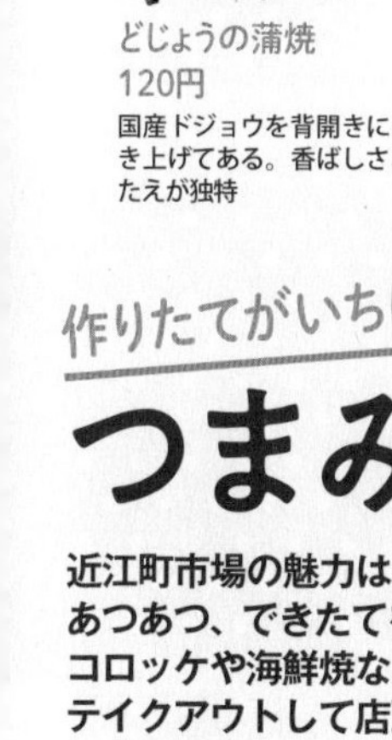

F

お刺身3種盛
500円
お寿司屋さんに卸したお魚の余りを3種盛りにしたので新鮮で美味

G

豆乳ヨーグルト
ブルーベリー 700円
濃厚な甘みと酸味の豆乳ヨーグルトと彩り鮮やかなフルーツ豆乳2つの味わい

G

豆乳スムージー
600円～
搾りたての豆乳と近江町市場のフルーツを使ったフレッシュスムージー

E 杉本水産
すぎもとすいさん
MAP 付録P.12 A-4

濃厚なタレが特徴の蒲焼は伝統の一品

金沢の夏の名物、ドジョウやウナギの蒲焼の店。秘伝のタレにくぐらせ、炭火でじっくりと焼き上げる。

☎076-261-3300
営9:30～17:00
休日曜、祝日

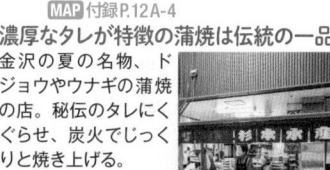

F 近江町旬彩
おみちょしゅんさい
MAP 付録P.5 E-4

鮮魚店直営、立席のお刺身イートイン

冬は香箱ガニの面造り、夏は生食岩ガキ、ノドグロのお刺身は炙りで。お刺身3種盛、日替わり小鉢など、北陸の旬を味わえる。

☎076-232-2758
営10:00～15:00(L.O。土曜9:00～) 休水・木曜

G 豆乳専門店 二六
とうにゅうせんもんてん ふたろく
MAP 付録P.12 B-3

バラエティに富んだ豆乳スイーツの数々

風味豊かな豆乳をよりおいしく味わえるよう、バラエティに富んだ豆乳製品を提供。豆乳ソフト430円も人気。

☎076-224-1028
営9:00～16:00
休水曜

寺町・にし茶屋街

てらまち・にしちゃやがい

歴史ある寺院が集まる寺町寺院群と石畳の通り。
趣のある町家が連なるにし茶屋街。
金沢の歴史や文化にふれられる散策が楽しめる。

街歩きのポイント

- 車の場合は、茶屋街入口のにし茶屋観光駐車場を利用
- この界隈で必見は妙立寺（忍者寺）。予約を忘れずに
- にし茶屋街から寺町通りに沿った寺巡りも一興

静かにたたずむ昼間のにし茶屋街

城下町の防御を請け負った寺院群や犀川向こうの静かな茶屋街を訪ねる

寺町はその名のとおり、約70もの寺院が集まる界隈。加賀藩3代藩主の前田利常（まえだとしつね）は城下町整備の際、かつて加賀を支配した一向一揆を警戒、浄土真宗寺院は城の膝元に置き、そのほかの宗派の寺院を町の周囲に配してその防御としたとされる。「忍者寺」で知られる妙立寺（みょうりゅうじ）、樹齢400年以上の大桜がある松月寺（しょうげつじ）、室生犀星（むろうさいせい）ゆかりの雨宝院（うほういん）などが有名。

一方、にし茶屋街は金沢三茶屋街のひとつで、ひがし茶屋街と同じく、文政3年（1820）、12代藩主前田斉広（なりなが）の時代に町割りされた。現在も数軒の茶屋と20人近くの芸妓を抱える茶屋街であり、夕暮れにはお座敷の賑わいが伝わってくる。夜とは対照的に、昼間は閑静な雰囲気が漂い、落ち着いた散策ができる。

多くの寺院が点在する寺町エリア。境内は自由に拝観できても堂内拝観ができる寺はさほど多くない。夕暮れになると辺りに梵鐘が鳴り響き、寺町の風情がよりいっそう色濃くなる

木虫籠きむすこ
屋内から外は見えるが、外から中は見えない茶屋独特の格子

にし茶屋街の通り
ショップや食事処などの店舗がほとんどなく、静かに散策ができる

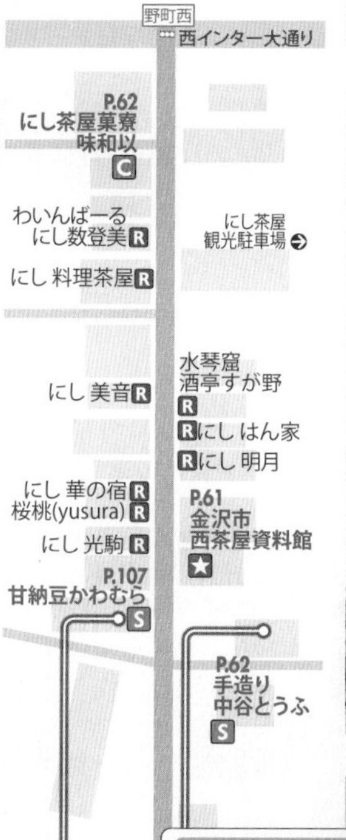

金沢市西茶屋資料館

かなざわしにしちゃやしりょうかん

MAP 付録P.10A-2

大正期の人気作家を紹介 ガイドさんが案内も

大正時代の流行作家で、青年期をにし茶屋街で過ごした島田清次郎を紹介。ボランティアガイドが常駐しており、周辺を無料で案内してくれることも。

☎076-247-8110 所金沢市野町2-25-18
開9:30～17:00 休無休 料無料
交広小路バス停下車、徒歩2～3分 Pなし

2階には朱塗りの壁など茶屋の座敷を再現したコーナーがある

犬矢来いぬやらい
町家の表部分の汚れを防ぐために設けられた竹製の垣根

看板
店名入りの暖簾や軒行燈などにも、茶屋街らしい風情が感じられる

西料亭組合

にしりょうていくみあい

芸妓の稽古場であり、西検番事務所とも呼ばれる。建物は国登録有形文化財。内部の見学は不可。

甘納豆かわむら

➡P.107

あまなっとうかわむら

大納言小豆やうずら豆など特定栽培された素材&無添加の甘納豆が常時15種類以上揃う。1袋303円～。

ひと足のばして

辻家庭園

つじけていえん

MAP 本書P.3D-2

加賀藩家老だった横山氏が明治後期～大正初期に造った迎賓館。当時の名庭師、7代目小川治兵衛の設計による英国風近代庭園を公開している。

☎076-201-1124 所金沢市寺町1-8-48
開11:00～18:00(冬期は～17:00)
土・日曜、祝日は変更あり 休火・水曜
料庭園見学500円 交寺町2丁目バス停下車、徒歩2分 Pあり

庭園を眺めながらランチやディナー(要予約)も楽しめる

落雁の名店がプロデュース
四季の趣を映すメニュー

にし茶屋菓寮 味和以
にしちゃやかりょう あじわい

↑カフェは店舗の奥。大きな窓から整然とした坪庭を眺められる

↑季節の上生菓子とお抹茶。上生菓子は年間15種ほど替わる

←自分で焼いて楽しめる、冬限定の能登大納言ぜんざい

MAP 付録P.10A-2

落雁などの銘菓を製造する、嘉永2年(1849)創業の「諸江屋」のショップ兼カフェ。季節替わりの上生菓子とお抹茶のほか、6〜9月の夏メニューでは宇治金時かき氷、10〜5月の冬メニューでは能登大納言ぜんざいが好評。

☎076-244-2424
所 金沢市野町2-26-1
営 10:00〜18:00 休 火曜(祝日の場合は営業) 交 広小路バス停下車、徒歩2〜3分 P あり

おすすめメニュー
上生菓子とお抹茶 880円
能登大納言ぜんざい 880円
宇治金時かき氷 880円

にし茶屋街のショップ&カフェ

まったりできるお店を訪ねて

目抜き通りには老舗和菓子店が営む和カフェや、豆乳アイスが好評の豆腐屋、路地裏にはリサイクル着物を扱うお店も。

芸妓さんにも人気
豆乳や豆腐入りのアイス

手造り中谷とうふ
てづくりなかたにとうふ

MAP 付録P.10A-2

創業50年ほど、さっぱりとした「とうふアイス」が人気。国産大豆100%と天然にがりで作る「昔とうふ」300円や北陸の大豆100%の厚揚げ250円も地元で評判。

↑にし茶屋街の奥まったところにあるこぢんまりとした店

☎076-241-3983
所 金沢市野町2-19-13
営 10:00〜17:00
休 日曜 交 広小路バス停下車、徒歩2〜3分 P あり

←ジェラートに絹ごし豆腐を練り込んだ「とうふアイス」400円

↓直径12cmもあるひろず270円。中には根菜などがぎっしり詰まっている

愛らしい和雑貨や
リサイクル着物に胸キュン

町屋空間 凜凜
まちやくうかん りんりん

MAP 付録P.2B-4

リノベーションした町家に、店主がセレクトしたリサイクル着物や和装小物、古布や加賀繍、縮緬などで作られたアクセサリーや和雑貨が並ぶ。どれも一点もの。2階の和カフェでは和菓子と加賀棒茶などを供する。

↑大通りの喧騒から遠のいた住宅街の中にある元お茶屋

☎090-4325-6775 所 金沢市増泉1-16-17 営 13:00〜18:00
休 月・火曜、日曜不定休(要確認、1・2月は予約営業) 交 広小路バス停下車、徒歩5〜6分 P あり

↑水引を用いたアクセサリーや着物生地を使った雑貨が並ぶ

↓市内有名茶舗・米沢茶店の抹茶を使用。和菓子付660円〜

忍者寺と呼ばれる理由を、見てナットク!

妙立寺(忍者寺)

（みょうりゅうじ　にんじゃでら）

外見は普通の寺院でありながらも、外敵から守るために内部には驚きのからくりがいっぱい。探検気分で出かけてみよう。

外観からは思いもつかない金沢防御のためのからくり屋敷

加賀藩祖の前田利家(まえだとしいえ)が建立した日蓮宗の祈願所を、3代藩主利常(としつね)が寛永20年（1643）、現在地に移転、幕府の攻撃に備える金沢城の出城とした。外観は2階建てに見えるが、内部は4階7層、23の部屋と29もの階段がある。随所に、侵入した敵をかく乱したり、撃退したりする巧妙な仕掛けが施されており、それらが通称「忍者寺」の由来。見学するには要予約のツアーへの参加が必要で、ガイドさんが詳しく案内してくれる。

MAP 付録P.10 B-3

☎076-241-0888　所金沢市野町1-2-12
開9:00～16:00で30分ごとにガイドツアーを実施、所要40分(電話での予約制、幼児不可)　休法要日
料1200円
交広小路バス停下車、徒歩3～4分　Pなし

賽銭箱

畳2畳分、深さ3mもの賽銭箱は、敵が侵入すると落とし穴に早変わり

武者溜まりの間

要人を警護する武士の控室。非常時に備えて5つの出入口がある

明かりとり階段

踏込み部に障子を張り、階段下から敵を察知して攻撃できるようにした

↑ガイドツアーでさまざまな仕掛けを見学。幼児は参加不可。低学年は保険証の提示が必要

謁見の間

加賀藩主参拝の際、用いられた格式高い座敷。前田家ゆかりの品を展示

落とし穴階段

当時は廊下が薄暗く、床板を外すと階段が現れ、落とし穴になるという仕掛け

井戸

金沢城へ通じる地下道が仕組まれているという井戸

物見台

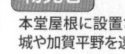

本堂屋根に設置された望楼。金沢城や加賀平野を遠望できた

隠し階段

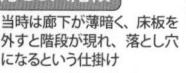

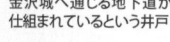

物置の引き戸を開け床板を外すと階段が。引き戸を閉めればロックがかかる

金沢の中心といえばやっぱりココ

香林坊・片町・竪町

こうりんぼう・かたまち・たてまち

北陸随一の繁華街で、ファッションビルやビジネスホテル、飲食店やバーなどのテナントが入ったビルが林立。大通りから一歩裏通りに入れば小さな飲食店がひしめく。

街歩きのポイント

- 雑貨やモダンクラフトのお店でとっておきの逸品を探す
- 郷土料理や海の幸、スイーツなどの金沢グルメを満喫する
- 裏通りにあるおしゃれなバーで金沢の夜を堪能したい

↑香林坊のバス停は交通の要

金沢市の中心街はまさに遊んで楽しい街の中心

金沢の繁華街は、金沢駅、武蔵町と香林坊・片町・竪町エリアの3つ。そのなかでもとりわけ多くの飲食店やデパート、ショップが集まるエリアがここ。北陸随一の繁華街として、隣県からも多くの人が訪れる。また、このエリアは各観光スポットへ移動する際の交通の要でもあり、金沢を訪れたら必ず一度は通るはず。地元金沢っ子の遊び場でもあり、見て、歩いて、買って、食べて、飲んでが一度に楽しめる界隈。歩いていると、古くて新しい城下町・金沢の新たな魅力にも出会える。

開放感あふれる空間でお買い物

香林坊アトリオ

こうりんぼうアトリオ

MAP 付録P.14B-1

隣接する大和百貨店と館内で自由に行き来できる、約25店が揃う専門店ゾーン。吹き抜けやからくり時計は必見。

☎076-220-1001　所金沢市香林坊1-1-1
営10:00〜19:00　休不定休　交香林坊バス停下車すぐ　Pあり

片町にある複合商業施設

片町きらら

かたまちきらら

MAP 付録P.14C-3

2015年にオープンした商業施設。ドラッグストア、100円ショップやレストランが集まり、結婚式場も併設している。

☎076-222-0805
所金沢市片町2-2-2　営休店舗により異なる
交片町バス停下車すぐ　Pなし

ショップ充実のオシャレビル

香林坊ラモーダ

こうりんぼうラモーダ

MAP 付録P.8B-3

セレクトショップやカフェなどのテナントが入る。ビルは東京の青山や代官山を彷彿させる洗練されたガラス張り。

☎076-260-3504(北國新聞社総務部)
所金沢市香林坊2-4-30　営休店舗により異なる
交香林坊バス停下車すぐ　Pなし

路地を一本入った別世界

プレーゴ

MAP 付録P.14A-2

まるでヨーロッパの一角にでもいるかのような石畳。冬季のイルミネーションも人気。

☎076-224-8112　所金沢市片町1-3-21
営休店舗により異なる
交香林坊バス停下車、徒歩3〜4分　Pなし

商業ビルが立ち並び、金沢の都会の顔を見せる香林坊の大通り

ここを拠点に動こう

香林坊
こうりんぼう

ファッションビルが立ち並ぶエリア。金沢21世紀美術館や兼六園、長町武家屋敷跡など、すべて香林坊から徒歩圏内。

商店街の歴史は日本一

片町
かたまち

ファッションビルや飲食店が並ぶ片町の大通り。一歩裏手には、小さな飲食店街が縦横無尽に連なる夜の繁華街がある。

昼と夜2つの顔を持ち、夜遅くまで賑わう

夜の繁華街に行こう!

木倉町、柿木畠、大工町の各通りなど片町の表通りから路地に入れば飲食店が密集している。気になる店をはしごしよう。

金沢のトレンド発信地

タテマチストリート

ファッションやおしゃれ雑貨、ブライダル関連のショップと、若者の心をつかむ店が軒を連ねるトレンドストリート。

金沢のファッションをけん引するスポット

わざわざ行く価値あり

新竪町商店街
しんたてまちしょうてんがい

アンティークやジュエリー、呉服、青果などちょっとディープな感じの商店街。知る人ぞ知るコアな人気スポット。

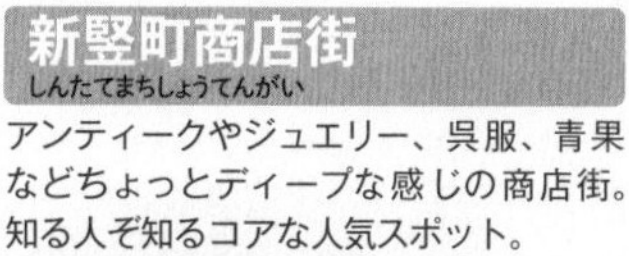

個性的な商店が魅力の昭和レトロな商店街

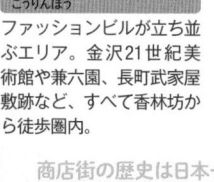

香林坊・片町・竪町の カフェ&ショップ ここにも

↻ふわりつるりとした新食感で、見た目もかわいいくるま麩のフレンチトースト

↻しら玉生麩など加賀麩を贅沢に盛り込んだ不室屋パフェ

予約 不可
予算 950円～

デパートで麩のスイーツを気軽に楽しもう

FUMUROYA CAFÉ 香林坊大和店

フムロヤ カフェ こうりんぼうだいわてん

MAP 付録P.8 C-3

デパートの大和香林坊店5階に入るカフェ。名物の自社製加賀麩を使った創作スイーツが好評で、麩をさまざまにアレンジした料理はどれも絶品。デパートでショッピングのあと、休憩がてら麩を味わうのもいい。

☎076-220-1452
所 金沢市香林坊1-1-1 大和香林坊店5F
営 10:00～19:00(LO18:00)
休 大和香林坊店に準ずる 交 香林坊バス停下車すぐ Ⓟあり(指定駐車場の割引あり)

↻窓際の席からはいしかわ四高記念公園の四季折々の景色が

おすすめメニュー
くるま麩のフレンチトースト 1380円
不室屋パフェ 1300円

昔懐かしい住宅が残る界隈 金沢ノスタルジーを味わう

ひらみぱん

予約 可
予算 Ⓛ2378円～

MAP 付録P.8 B-2

鉄工所だった建物を改装したノスタルジックな雰囲気の店。アンティークや地元作家のインテリアに囲まれて食事やお茶の時間を過ごすことができる。人気はフレンチをベースにしたランチ。店頭で販売されているパンも美味。

☎076-221-7831
所 金沢市長町1-6-11
営 8:00～18:00(LO15:30)
休 月曜
交 南町・尾山神社バス停下車、徒歩5～6分 Ⓟあり(1台)

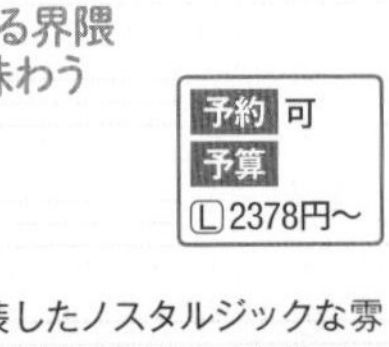

↻どこか懐かしさが感じられる店内

↻メインが選べるランチセット。近江町市場からの食材が添えられる

おすすめメニュー
ランチセット 2878円
デザートセット 1210円～

↻はちみつと生姜のヌガーグラッセとコーヒーでひと息つきたい

城下町のセンスあり

個性的なカフェや雑貨店、伝統工芸品店。
目で見て、味わって、触れて。五感で金沢を感じられるお店たち。

店名を記した看板や暖簾もどことなく着物風情を醸す外観

着物をリメイクして作られたポーチ

手前が名古屋帯、奥が袋帯。大正期〜最近のものまで幅広く取り扱う

着物の世界へ飛び込もう
お手ごろ価格で楽しめる

kimono 畳世

キモノたたみぜ

MAP 付録P.11 D-2

大人のレトロモダンをコンセプトに、アンティークやリサイクルの着物と帯、和小物を取り扱う。洋服感覚で楽しめる現代風コーディネートを意識し、女将自ら商品をセレクト。手ごろな価格の商品が多いのも魅力。

着物や着物の関連グッズが所狭しと並べられた店内

☎076-263-2632　所金沢市新竪町3-95　営10:00〜17:00　休火・水曜ほか不定休　交新竪町バス停下車、徒歩2分　Pなし

※2024年1月現在、土・日曜のみ営業中。最新情報は公式サイトでご確認ください

和テイストの金工細工に
センスがきらりと光る

KiKU

キク

MAP 付録P.11 D-3

店主は金工作家の竹俣勇壱氏。「本当によいもの」を求めて新竪町のこの店を訪れる客は少なくない。竹俣氏の作品をはじめ、氏自らセレクトした商品や各作家の作品を取り扱う。国内外のレストランでも使用されているカトラリーも人気。

大正時代の町家をリノベーションした店内

☎076-223-2319　所金沢市新竪町3-37　営11:00〜20:00　休水曜、火曜は予約制　交新竪町バス停下車、徒歩1〜4分　Pなし

日本の伝統的な和柄を使用したバングル

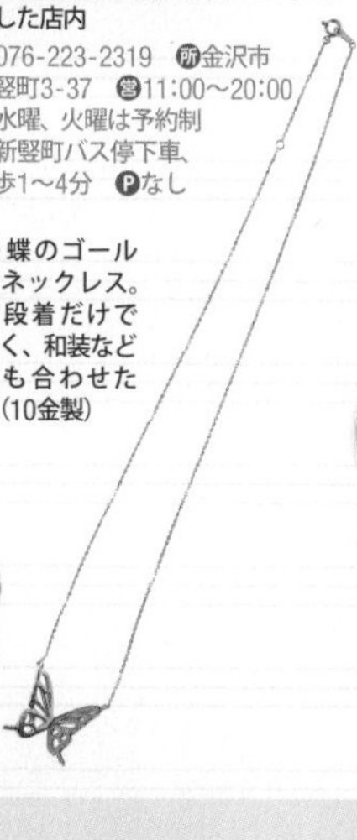

蝶のゴールドネックレス。普段着だけでなく、和装などにも合わせたい(10金製)

刺繍や雑貨が醸し出す
独特の世界観を味わう

taffeta

タフタ

MAP 付録P.11 D-3

オーナー自らが制作する刺繍作品のアトリエ兼ショップ。店内はカラフルでポップな色に包まれている。ブローチやイヤリングなどの刺繍アクセサリーをはじめ、オーナーの温かな世界観を表現したインポートものが必見。

オーナーの刺繍作品が多数展示される店内は独特の世界観

☎076-224-3334　所金沢市新竪町3-115　営12:00〜19:00　休水曜、第2火曜　交新竪町バス停下車、徒歩1〜4分　Pなし

金沢美大卒の小西よう子氏作の茶碗。モチーフが独創的でユニーク

オーナーが手刺繍で制作した、世界にたったひとつの片耳イヤリング

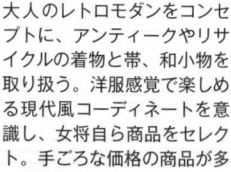

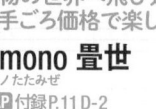

大人の店で楽しむ大人の時
バー初心者にもやさしい店

予約 可
予算 4000円〜

エスト高橋
エストたかはし

MAP 付録P.14A-2

内装にこだわった店内では大人の時間が流れる。スコットランドから樽で仕入れるシングルモルトをはじめ、150種類以上の酒が揃う。バー初心者は好みの香り、味をマスターに伝えれば、おすすめの一杯を出してくれる。

↑店内には陶やガラスのオブジェが飾られ、高級感が漂う

☎076-221-2712
所金沢市片町1-4-18トークビル4F
営19:00〜24:00 日曜、祝日15:00〜19:00 休水・木曜
交香林坊バス停下車、徒歩5分

↑グラスの種類の多さにも驚く。写真はモーゼルのアンティーク

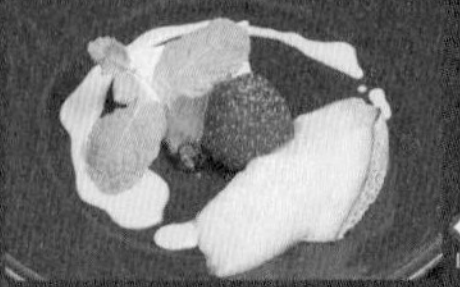

おすすめメニュー
デザートチーズ 1296円
豚の干し肉 1080円
チーズ各種 1620円〜

←フランス産デザートチーズ「ブリア・サヴァラン・アフィネ」

繁華街のナイトタイムを充実させてくれる
大人時間を楽しむバー

この界隈は夜遊びを楽しめるナイトスポットが点在。こだわりをもつバーが多い。
それぞれのオリジナルなバー世界に飛び込んで、時を忘れるまで金沢の夜を満喫！

本物の酒と泣かせるつまみ
金沢とともに育ったバー

予約 可
予算 3500円〜

広坂ハイボール
ひろさかハイボール

MAP 付録P.14C-2

元俳優志望のマスターがプロデュースするのは「本物の酒と泣かせるつまみ」。ハイボールブームが到来すると、本当においしいハイボールを提供してくれる。料理にもこだわるマスター手作りのおつまみもぜひ味わいたい。

↑カウンター前の大きな黒板が目を引く。くつろげそうな店内

↑自慢のオムレツ。創業時からバーとともに成長してきた一品

☎076-265-7474
所金沢市柿木畠4-9 2F
営18:00〜24:00 休月曜
交香林坊バス停下車、徒歩5〜8分

↓ヒロサカハイボール。店の人気No.1デュワーズを使ったハイボール

おすすめメニュー
ヒロサカハイボール 864円
バーのオムレツ 864円

大人の隠れ家とも
文壇バーともいわれる店

予約 可(10名以上は要)
予算 1600円〜

茶房 犀せい
さぼう さいせい

MAP 付録P.14A-1

元新聞記者のママを慕い、今も全国から文芸関係者やマスコミ人が訪れる。「旨い酒と手作り珈琲、怪しくもそれなりの食事」を標榜する店はどこか浪漫の香りがする。書棚にはさまざまな作家の本や映画のパンフレットが並ぶ。

↑店内の大きな本棚にはプロアマ問わず店を愛する客の作品が並ぶ

↑むぎごはんの茄子入りトマトソース仕立て。食前酒・コーヒー・温野菜付

☎076-232-3210
所金沢市片町1-3-29 営17:00〜23:30(LO23:00) 休日・月曜、祝日
交香林坊バス停下車、徒歩3分

↓おすすめのカリフォルニアワインをはじめ、各種アルコールが揃う

おすすめメニュー
むぎごはんの茄子入りトマトソース仕立て 2000円
カリフォルニアワイン(赤) 250㎖ 1700円

予約	可
予算	3500円〜

おすすめメニュー
雪tree 1404円
スモークサーモン 1296円

↑「雪tree」。全国大会で入賞した店長のオリジナルカクテル

予約	可
予算	3000円〜 ※チャージ料（おつまみ付）880円含む

おすすめメニュー
フィッシュ＆チップス 1375円
樽生ギネス 880円

↑希少なシングルモルトウイスキーを多数取り揃える

片町の路地裏の扉を開けば
広がる魅惑的な空間

BAR SPOON
バースプーン

MAP 付録P.14 C-4

店長は全国バーテンダー技能競技大会で入賞した実力派。お客とのコミュニケーションを通じてそのお客に合ったオリジナルカクテルを作ってくれる。シチュエーションや気分に合う自分だけの一杯がいただける。

☎076-262-5514
所 金沢市片町1-5-8 シャトウビル1F
営 18:00〜翌3:00
（日曜、祝日は〜翌2:00） 休 月曜
交 片町バス停下車、徒歩2〜3分

↑スモークサーモンをはじめ、カクテルに合うつまみが充実

↑バックバーに柱がないためどの席からでも酒が見渡せる

本場スコットランドの味を
金沢で堪能できる店

マクリハニッシュ

MAP 付録P.14 C-3

イギリスでは知る人ぞ知る有名ゴルフ場・マクリハニッシュが店名の由来。樽生のギネスやスコッチウイスキー、フィッシュ＆チップスなど本場スコットランドの味を楽しめるのはここならでは。

☎076-233-0072
所 金沢市木倉町2-4 西野ビル2F
営 18:30〜翌2:00
（金・土曜は〜翌3:00）
休 日曜（連休の場合は最終日）
交 香林坊バス停下車、徒歩5分

↑100年以上前のアンティークゴルフクラブを店内に装飾

↑仔羊のソーセージマッシュポテト1155円、イベリコ豚熟成サラミ715円

こだわりのビールとワイン
本格おつまみのお店

ゲデレー 木倉町
ゲデレーきぐらまち

MAP 付録P.8 B-4

白山市で洋食店を営む池田シェフの系列店。ベルギービールを常時100種類ほど取り揃え、世界中のワインもいただける。ベルギーの各ブルワリーから届く専用グラスを使用し、ビールの良さを引き出す工夫も心憎い。

☎076-260-8255
所 金沢市木倉町3-2 ウォールビル1F
営 19:00〜翌2:00
休 月曜
交 片町バス停下車、徒歩3〜7分

↑カウンター席で過ごすのも、ソファ席でくつろぐのもよし

↑牛肉のベルギービール煮込み。ビールのコクがたまらない

予約	可
予算	3000円〜 ※チャージ料600円含む

おすすめメニュー
エスカルゴのブルギニョン（ガーリックバター） 1280円
牛肉のベルギービール煮込み 1680円
生ハムの盛り合わせ 1380円

➜ベルギービールの種類の多さは圧巻。飲み比べるのも楽しい

歴史

織田信長の小姓が百万石大名になるまでの物語

前田家、加賀百万石への歩み

16世紀末から19世紀後半まで、約290年にわたって金沢の地で華やかな文化を咲かせた加賀藩。そのきらびやかな歴史のなかで生まれた伝統の味わいは、今も旅人たちの心に届く。

15～16世紀頃 戦国時代

一向一揆の担い手たちが大活躍

100年続いた農民時代

一向一揆の本拠地として浄土真宗の門徒、僧侶や農民たちが強固な組織をつくっていた

戦国時代、加賀国の守護であった富樫政親は、勢力拡大のために浄土真宗(一向宗)門徒の力を借りたが、しだいに対立。長享2年(1488)、加賀一向一揆が起こる。重い年貢にあえぐ門徒の農民ら20万人が政親の高尾城に攻め込み、政親は自害。以後、天正8年(1580)まで、浄土真宗の僧や農民たちによる共和制が敷かれた。

16世紀末～17世紀頃

繁栄は利家とまつから始まった

5代までに礎を築く

利家の金沢入城から絢爛たる加賀文化が生まれるまで

天文15年(1546)、現在の金沢城の地に、一向一揆の拠点として金沢御坊が建てられた。天正8年(1580)、織田信長の命により柴田勝家が御坊を制圧。佐久間盛政が入城するが、天正11年(1583)、加賀藩の藩祖・前田利家が豊臣秀吉から加賀40万石を与えられ、盛政に代わって入城した。

利家は正室まつとともに、のちの金沢城の整備や町づくりを進め、加賀百万石の土台を築いていく。利家の長男である2代藩主利長は、関ヶ原の戦いで小松城主の丹羽軍を撃破。この功績により、徳川家康から加賀、能登、越中の3国を賜り、120万石の大名に上りつめた。

3代藩主利常は、石高の増大や塩の専売制を実施して財政改革に着手。3歳で藩主となった孫、5代綱紀の後見人だった時期には、「改作法」という農政改革を行い、年貢収入を増加させ、藩の財政を長期にわたって安定させた。

成人後の5代綱紀は文芸や美術を愛好し、儒学者・国学者・本草学者を加賀に招き、文芸の高揚や和漢書の収集に努める。また、陶芸や蒔絵の振興にも尽力し、現在につながる絢爛たる加賀文化を築いていった。

関ヶ原の戦い後の前田家の領地

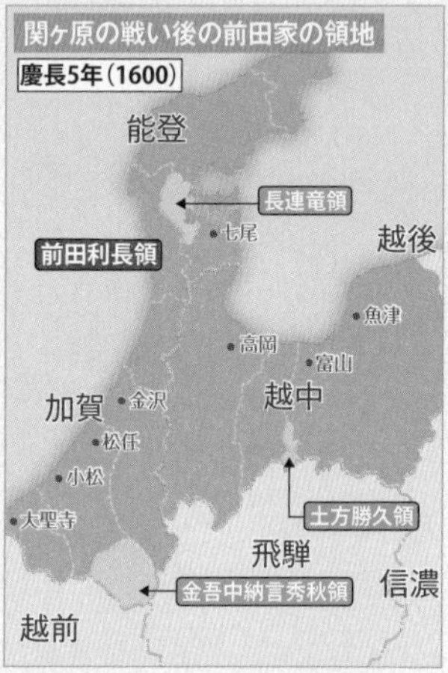

金沢城公園
かなざわじょうこうえん
➲ P.32
兼六園周辺
MAP 付録P.9 D-2
宝暦9年(1759)の火災で城のほとんどが焼失。のちに再建された石川門や橋爪門、五十間長屋が見学できる。

加賀の藩政の特徴　改作法の成功

加賀百万石の栄華には独自の政策が関係している。特に、財政収入を増やした「改作法」は藩政の基盤となった。改作法は、引退した3代藩主利常が、5代藩主の後見人をしていた17世紀半ばに実施。農民が農作業に従事しやすい貸借制度を設け、年貢を完納する環境を整備した。また、藩政初期から幕末まで、特定の樹木7種の伐採を禁じる「七木の制」を実行し、築城や修理時の材木を確保した。五箇山での塩硝の生産奨励と、それを原料とする火薬作りも、藩の財政を潤わせた。

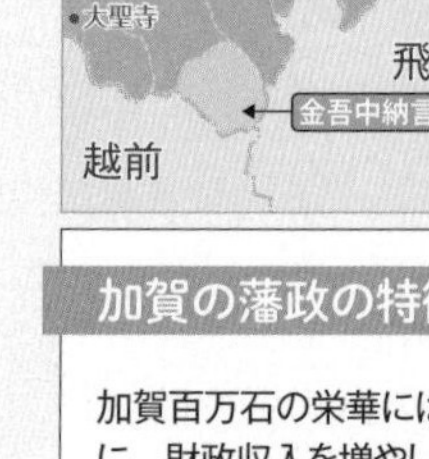

前田利常〈那谷寺蔵〉
3代藩主前田利常は利家の四男。13歳で元服し3代藩主となった。塩の専売制や改作法の改革を進め、美術工芸の振興に努めた賢主であった。鼻毛を伸ばして江戸城に出向いた「鼻毛の殿様」の逸話も残るが、幕府に目をつけられないよう、愚かな君主を演じたと伝わる。

加賀藩の草創期を支えた豪傑と女傑の夫婦

加賀国を築いた夫婦、利家とまつ

けんか好きで「かぶき者」と呼ばれた利家、戦国時代の女傑のひとりとされる正室まつは、仲が良い夫婦だった。2人は手をとりあい、加賀藩隆盛の礎を築いた。

実力と幸運に恵まれた武将、前田利家

利家の武将としての生涯は、14歳で織田信長に仕えたことから始まる。槍の名手であったことから「槍の又左」の異名をとり、けんか好きで短気なことから「かぶき者」とも呼ばれ、信長の兵のなかでも目立つ存在だった。22歳で従妹のまつと結婚。天正3年(1575)には30代半ばで信長から越前府中城を賜り、府中三人衆のひとりとして、北陸に縁を得た。

その後、信長の異母弟で茶坊主の拾阿弥を斬殺したことで出仕停止となるが、2年後に帰参。天正9年(1581)、信長から能登を拝領し、大名となった。信長の死後は、豊臣秀吉の重臣として戦いに臨み、五大老のひとりとして活躍する。慶長3年(1598)に秀吉が亡くなり、利家は天下人を目指すが、その翌年、病により60歳過ぎで急逝した。

前田利家〈宝円寺所蔵〉

加賀藩の藩祖。尾張国愛知郡（現在の名古屋市）で土豪の家の四男として誕生。織田信長、豊臣秀吉に仕え、数々の武功によって北陸の領地を拝領し、前田家興隆の礎を築いた。千利休に茶道を学び、キリシタン大名の高山右近を重用するなど、文芸活動にも力を入れた。院号は「高徳院」。

前田家を支えた女傑 利家の正室まつ

従兄の利家に嫁いだまつは、二人三脚で前田家の命運を切り開く。特に、まつが秀吉と正室ねね夫妻と仲が良かったことは、利家の出世に役立ったという。天正11年(1583)の賤ヶ岳の戦いでは、まつが秀吉と利家の間をとりもち、天正12年(1584)の末森城の戦いでは家臣を鼓舞し、利家の北陸での地位固めを手助けした。

利家没後は、徳川家康から謀反の嫌疑をかけられる。これを退けて前田家を守るため、慶長5年(1600)から15年間、人質として江戸屋敷で暮らした。68歳で金沢への帰郷が叶い、その3年後に亡くなった。

絹本著色芳春院〈桃雲寺所蔵〉

利家の正室、2代藩主利長の母。織田家の弓頭と利家の母の姉を父母として出生。12歳で従兄の利家に嫁ぎ、2男9女の11人の子をもうけた。戦国時代には前田家の台頭に尽くし、利家没後には加賀藩存続のために、自ら幕府の人質となる。71歳で金沢で没し、「芳春院」の院号を得た。

前田家系図

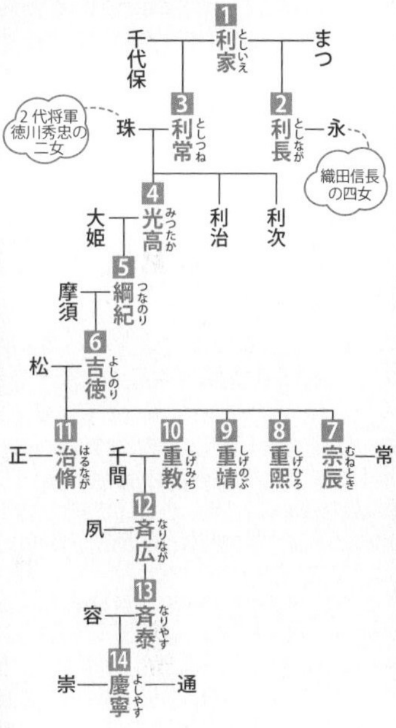

尾山神社 ➲ P.35

おやまじんじゃ

兼六園周辺 MAP 付録P.8 C-2

明治6年(1873)、旧加賀藩士らが藩主の居館「金谷御殿」跡に創建。前田利家・まつ夫妻が合祀される。神門や神苑など見どころが多い。

火事対策

金沢城のお堀を水濠に変えた
前田家の用水政策

大火をきっかけに急ピッチで進んだ用水事業
生活用水だけでなく、金沢の景観美ももたらした

金沢には55本の用水が張りめぐらされている。総延長約150kmにも及ぶ用水の整備は、加賀藩主・前田家によって進められた。なかでも代表的なのは、金沢城や兼六園周辺を流れる辰巳(たつみ)用水だ。寛永8年(1631)の大火によって金沢城や城下が焼失。3代藩主利常が城内に用水を引くことを切望し、測量技術などに秀でた町人・板屋兵四郎(いたやへいしろう)に命じて整備させた。2代利長の時代の大野庄用水、5代綱紀の長坂用水も、往時のままに残る。

3代藩主利常の命で板屋兵四郎が完成させた辰巳用水。城内の飲料水を供給するとともに、金沢城周辺の空堀を水濠にすることができた

名工たち

藩主の命により育まれた
伝統工芸の源流

京都から多くの名工を招き、美術工芸を奨励
文化政策は実は幕府への牽制だった

金沢が誇る伝統工芸は、代々の加賀藩主によって庇護・振興された歴史を持つ。加賀藩には武器の修理などを行う工房「御細工所(おさいくしょ)」があったが、3代藩主利常はその仕事を美術工芸品の制作にまで拡大。さらに5代藩主綱紀は京都や江戸から高名な絵師や蒔絵師などを招き、「細工人」と呼ばれる職人たちに高い技術を学ばせた。

前田家に招かれ、金沢に工房を構えた絵師や蒔絵師には久隅守景(くすみもりかげ)、俵屋宗雪(たわらやそうせつ)、清水九兵衛(きよみずきゅうべえ)など大芸術家たちの名が並ぶ。御細工所には絵細工、蒔絵細工、漆細工など24もの工芸分野があり、藩の主要産業として発展した。

前田家の工芸振興の裏には、諸大名の謀反に目を光らせる徳川幕府への牽制の意図があったとされる。その文化政策が、金沢を伝統工芸の都へと成熟させていった。

いしかわ生活工芸ミュージアム(石川県立伝統産業工芸館)
いしかわせいかつこうげいミュージアム(いしかわけんりつでんとうさんぎょうこうげいかん)
P.82
兼六園周辺 MAP 付録P.9 F-4
石川県の伝統工芸36業種の工芸品を展示。輪島塗、九谷焼、加賀友禅などの逸品を間近に見ることができる。

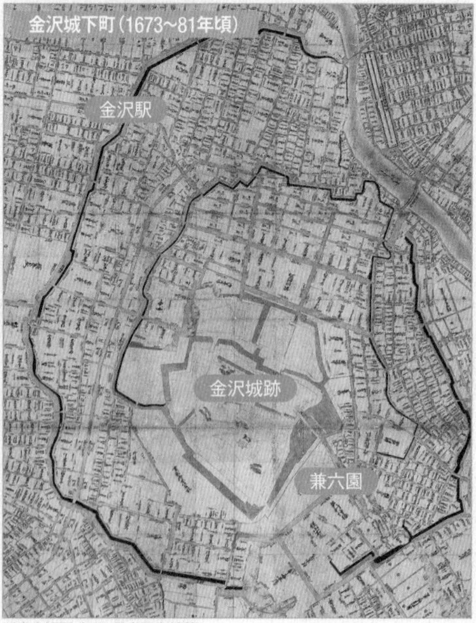

延宝金沢図〈石川県立図書館蔵〉

茶の湯

武士のたしなみとしての茶の湯

戦国時代の武将は、乱世を生き抜く慰めや客をもてなす作法として茶の湯を愛好した。その先駆者といえる織田信長や豊臣秀吉に仕えた加賀藩の藩祖・前田利家も、主君たちの影響から茶の湯を好み、千利休らを金沢に迎え、茶道文化を広めた。3代藩主利常は、千利休の子孫で裏千家の祖である千宗室仙叟(せんそうしつせんそう)を招き、指南を仰ぐ。この縁によって、金沢には裏千家が普及した。5代綱紀の時代には、茶の湯は加賀藩の武士のたしなみとなり、町人や職人などにも拡大した。

加賀藩のお家騒動。大槻伝蔵と真如院をめぐる陰謀の真実とは?

藩主の座をめぐる加賀騒動

江戸時代の三大お家騒動のひとつである加賀騒動は、18世紀に起こった陰謀。旧藩主の側室と大出世した男の不義密通、毒殺未遂事件など、一大スキャンダルとなった。

6代藩主が伝蔵を重用

18世紀初頭の加賀藩は、出費増大による財政難に苦しんでいた。享保8年(1723)に6代藩主吉徳が就任すると、下級武士出身の大槻伝蔵を財政改革のために起用。税制改革や倹約奨励などにより財政は持ち直したものの、保守派の前田土佐守直躬らの反発を招き、反伝蔵の動きが生まれた。18世紀半ばに吉徳が病死し、7代藩主宗辰の時代になると、伝蔵は後ろ盾を失い、越中五箇山に配流される。宗辰は1年半ほどで病死。8代藩主の座には重煕が就くが、伝蔵配流の約2カ月後、重煕と宗辰生母・浄珠院の毒殺未遂事件が起こった。

伝蔵のえん罪説

事件は吉徳の生母・真如院が企てたとされ、さらに真如院と伝蔵の密通が発覚。真如院の子を藩主にするための2人の陰謀説が浮上した。その後、伝蔵は五箇山で自害し、真如院は絞殺刑となる。一連の事件は「加賀騒動」として金沢の街を揺るがした。後代の史実考証により、加賀騒動の諸事件は、我が子を藩主にするための善良院(9代藩主重靖の母)と前田土佐守直躬の陰謀だったとする説が有力だ。

大槻伝蔵
加賀藩の足軽の家に生まれ、6代藩主吉徳に重用されて藩の財政改革を主導。家老格に上りつめたが不運な晩年となった〈石川県立歴史博物館所蔵〉

花街

取り締まり政策の一環だった

茶屋街の誕生

江戸時代開業の「ひがし」「にし」と明治初期にできた「主計町」が今も雅を競う

金沢には3つの茶屋街がある。そのうちの「ひがし」「にし」の開業は、12代藩主斉広の時代に遡る。当時、城下には遊郭があり、犯罪の温床ともなっていた。これを取り締まるため、斉広は文政3年(1820)に遊郭を公認し、「ひがし」と「にし」の街区に分けて整備。芸妓が芸を披露する茶屋としての開業を許可し、藩公認の2つの茶屋街が誕生した。

金沢城の北東にある「ひがし」は「女川」と呼ばれる浅野川と卯辰山麓の間にあり、出格子の造りの風雅なたたずまいを残す。城の南西にある「にし」は「男川」と呼ばれる犀川近くにあり、華やかな雰囲気だ。大正期の作家、島田清次郎が幼少期を過ごした場所としても知られる。

浅野川大橋の下流左岸にある「主計町」は明治2年(1869)に開業。町の名は、当地に屋敷を構えていた加賀藩士・富田主計にちなむ。川沿いにあり、花街の風情を添えている。

出格子と大戸の建物が並ぶ茶屋街は国の重要伝統的建造物群保存地区になっている

志摩 P.39

しま

ひがし茶屋街 MAP 付録P.13 E-3

文政年間創業のお茶屋。当時のままの建物を一般に公開しており、芸妓が舞や遊芸を披露したひかえの間や庭などが見学できる。お抹茶をいただける「寒村庵」もある。

琵琶床を備えた広い座敷など、客を迎える間は2階にあった

金沢 歴史年表

西暦	元号	藩主	事項
823	弘仁 14		加賀の国が独立
1488	長享 2		加賀一向一揆が起こる
1546	天文 15		金沢御堂創建
1580	天正 8		柴田勝家、金沢御堂を攻め落とす
			佐久間盛政が入城
1583	天正 11	前田利家	藩祖・前田利家が**金沢城** ➲P.32に入城
1588	天正 16		キリシタン大名として名高い高山右近が加賀藩に来る
			前田利家が加賀、能登で刀狩り
1593	文禄 2		藩内で金箔をつくることを命じた文書
1598	慶長 3	前田利長	前田利長が2代藩主となる
＊			関ヶ原の戦いの功で、加越能120万石の大名となる
1600	慶長 5		まつが徳川家の人質として江戸へ
1602	慶長 7		金沢城天守閣が落雷で焼失
1605	慶長 10	前田利常	前田利常が3代藩主となる
1614	慶長 19		大坂の陣
1620	元和 6		金沢城が焼失する
1624	寛永 元		加賀蒔絵が始まる
1631	寛永 8		寛永の大火
1632	寛永 9		板屋兵四郎が辰巳用水を完成させる
1639	寛永 16	前田光高	前田光高が4代藩主となる
1643	寛永 20		**妙立寺(忍者寺)** ➲P.63創建
1645	正保 2	前田綱紀	前田綱紀が5代藩主となる
1651	慶安 4		1657年までにかけて、前田利常、農地改革「改作仕法(改作法)」を行う
1689	元禄 2		松尾芭蕉が『おくのほそ道』の旅で金沢へ来る
＊			**近江町市場** ➲P.54の原型ができる
1723	享保 8	前田吉徳	前田吉徳が6代藩主となる
1745	延享 2	前田宗辰	前田宗辰が7代藩主となる
1746	延享 3		加賀騒動が起こる
1747	延享 4	前田重煕	前田重煕が8代藩主となる
1753	宝暦 3	前田重靖	前田重靖が9代藩主となる
1754	宝暦 4	前田重教	前田重教が10代藩主となる
1756	宝暦 6		金沢打ち壊し暴動が発生

➲高山右近(たかやまうこん)
摂津国のキリシタン大名だった高山右近は、「客将」として26年間を金沢で過ごした。豊臣秀吉のバテレン追放令の翌年の天正16年(1588)、利家に招かれ、金沢城修築や高岡城築城にあたり、加賀藩でのキリスト教の布教にも尽力した。〈石川県羽咋市志賀町の高山右近の碑〉

西暦	元号	藩主	事項
1759	宝暦 9		宝暦の大火
1771	明和 8	前田治脩	前田治脩が11代藩主となる
1774	安永 3		**夕顔亭** ➲P.29、**翠滝** ➲P.29を改修
1787	天明 7		二ノ丸菱櫓、石川門普請が完成する
1792	寛政 4		藩校・文学校の明倫堂、武学校の経武館設立
1802	享和 2	前田斉広	前田斉広が12代藩主となる
1808	文化 5		金箔製造が認められる
			二ノ丸御殿が全焼する
1820	文政 3		**ひがし茶屋街** ➲P.38、**にし茶屋街** ➲P.60が成立する
			志摩 ➲P.39が建てられる
1822	文政 5		竹沢御殿(のちの兼六園)を建てる
1858	安政 5		三十間長屋が完成する
1863	文久 3	前田斉泰	前田斉泰が13代藩主となる
			成巽閣 ➲P.34が造営される
1866	慶応 2	前田慶寧	前田慶寧が14代藩主となる
1867	慶応 3		卯辰山開拓に取り組む
			大政奉還
1869	明治 2		王政復古の大号令、版籍奉還
1871	明治 4		**主計町茶屋街** ➲P.50が成立
1872	明治 5		廃藩置県により金沢県が誕生
1873	明治 6		石川県に改まる
			ウィーンで開催の万国博覧会に参加
			尾山神社 ➲P.35が建立
1877	明治 10		長町に金沢製糸場(全国第2位の規模)
1881	明治 14		長町に銅器会社が設立される
1883	明治 16		福井県が分離
1887	明治 20		富山県が分離。現在の石川県が成立
1889	明治 22		市町村制施行で金沢市となる
1898	明治 31		金沢駅が開業
1900	明治 33		石川県出身の泉鏡花『高野聖』
1924	大正 13		旧石川県庁舎本館が完成
1985	昭和 60		**兼六園** ➲P.27が国の特別名勝に指定
1999	平成 11		旧町名の主計町が復活
2002	平成 14		NHK大河ドラマ『利家とまつ』が放送
2003	平成 15		**尾山神社** ➲P.35が国の有形登録文化財
2004	平成 16		**金沢21世紀美術館** ➲P.76が開館

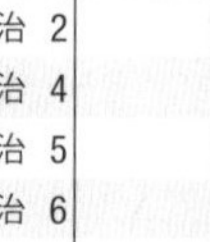
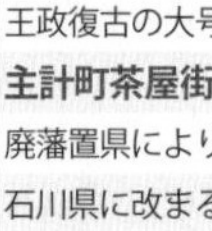
➲庭園において共存することが難しいとされる6つの景観(六勝)をすべて兼ね備えている

＊は年が特定できない事項

美と出会う

加賀百万石の伝統と創造の世界へ

古美術を鑑賞し、現代アートを
体感できる美の街。
長年かけて育まれた工芸や
文化にもふれてみたい。
数々の博物館や美術館で知的好奇心を
満たし、金沢の街に魅了された
文学者の足跡をたどるのも趣深い。

写真提供：金沢市

体感するアート 金沢21世紀美術館

伝統工芸の街である金沢に新たな個性を創出したのが金沢21世紀美術館。体験型の恒久展示作品や、公園のように出入りできる自由さなど次世代の美術館の在り方も提案する。

金沢21世紀美術館
かなざわにじゅういっせいきびじゅつかん

兼六園周辺 MAP 付録P.9 D-4

世界の現代アートと出会うミュージアム

世界の「いま」のアートを体感し、楽しめる美術館。金沢の新たな文化の創造と街の賑わい創出を目指して2004年に開館、2017年1月に入館者2000万人を達成した。円形の館内は無料の交流ゾーンと有料の展覧会ゾーンからなり、広さも形もさまざまな展示室を設置。9ある恒久展示作品(常設展示作品)のうち5作品が無料の交流ゾーンから鑑賞できる。「まちに開かれた公園のような美術館」という建築コンセプトに基づき、入口は5つ、自由に通り抜けできる開放感も好評。また、国内外のアーティストや美術館が主催する企画展は、海外からも注目されている。館内には、ミュージアムショップ、カフェレストラン、アートライブラリーも併設。

☎076-220-2800 所金沢市広坂1-2-1
開休ゾーンにより異なる 料一部有料
交広坂・21世紀美術館バス停下車、徒歩1～2分
Pあり

観光のポイント

- ゆっくり鑑賞するには、入館者の少ない朝や夕方がおすすめ
- 世界的にも評価の高い企画展は事前にチェック。ぜひ鑑賞を
- 美術館とはいえ交流ゾーンなどは撮影OK。カメラを忘れずに

レアンドロ・エルリッヒ『スイミング・プール』2004年

金沢21世紀美術館はこんなところです

現代美術館の成功事例として注目されるミュージアム。現代美術に無関心だった市民からも親しまれ、無料で入館できる金沢の新たな観光名所としてその人気は高まるばかりだ。

1 抜群の集客力

2004年の開館以来、年間約150万人という驚異的な入館者数を維持し、北陸新幹線開業の2018年度は258万人超え！ しかも、入館者の約7割を県外客が占める。

繁華街の香林坊や兼六園の徒歩圏内にあることも動員に拍車をかけている

2 愛称「まるびぃ」

「21美」と呼ばれることが多いが、愛称は円形の外観にちなみ「まるびぃ」。従来の美術館のイメージを払拭し、公園のように親しめる場という意味も込められている。

開放感豊かなガラス壁で、どこからでも入館できるよう5つの入口がある
撮影：渡邉修 提供：金沢21世紀美術館

3 無料で楽しめる

まるびぃの最大の魅力は、恒久展示作品を置く交流ゾーンに無料で入れること。これまで美術に無縁だった人たちも「アートの体感」を気軽に楽しむようになった。

恒久展示作品は鑑賞するだけではなく、触れたり遊んだりするものも

お役立ちinformation

アクセス

金沢駅東口 3、5、6、8番乗り場
↓ 北鉄バスで 10分／100円
まちバス、城下まち金沢周遊バスで20分／100～210円
広坂・21世紀美術館バス停
↓ 徒歩1～2分
金沢21世紀美術館

建築家ユニットSANAA

美術館の設計は、妹島和世（せじま かずよ）と西沢立衛（にしざわ りゅうえ）による建築家のユニットSANAA（サナア）。国内外の近代美術館を数多く設計し、2010年には建築界のノーベル賞とされるプリツカー賞を受賞。

©Takashi Okamoto

駐車場・駐輪場

駐車場は地下1階に「金沢市役所・美術館駐車場」があり、美術館と市役所の間の道路に面して出入庫口がある。駐車台数は319台、駐車可能車両は普通自動車・軽自動車で二輪車は駐車不可。利用時間は8:30～23:00、料金は最初の30分無料（ただし、平日17:45以降、土・日曜、祝日、年始は館内で基本料金割引サービスを受ける必要がある）、以降30分ごとに150円。また、駐輪場は市役所側の地上にあり、自転車を停めることができる。二輪車は近隣の駐輪場を利用。

レストラン＆ショップ

館内には本格的な洋食や喫茶を満喫できるカフェレストランFusion21があり、前菜ビュッフェが付くフュージョンランチが人気。また、2つのブースを持つミュージアムショップではオリジナルグッズを広く展開する。

展覧会ゾーンと交流ゾーン

館内は中央部に位置する展覧会ゾーンとその周囲に配された交流ゾーンとで構成されている。展覧会ゾーンは有料の企画展が開催される（チケットは総合案内で購入）。交流ゾーンは恒久展示作品（常設展示作品）の大部分を見ることができ、来館者の出会いを創出する。

展覧会ゾーン

開 10:00～18:00（金・土曜は～20:00）
休 月曜（祝日の場合は翌平日）
料 展覧会により異なる

交流ゾーン

開 9:00～22:00（ミュージアムショップ、カフェレストラン、アートライブラリーなどはそれぞれ異なる）
休 無休 料 無料 ※短縮営業の場合あり

託児室／キッズスタジオ

託児室は事前予約で生後3カ月～未就学児を一時預かりしてくれる。来館者以外でも利用可。料金は1時間500円～（曜日や託児年齢により異なる。 ☎076-220-2815）。キッズスタジオでは、土・日曜にワークショップが開催されている。

アートdeまちあるき

近隣の商店街では、金沢21世紀美術館と金沢能楽美術館のサポートショップとして来館者に多様なサービスを提供している。金沢21世紀美術館の展覧会や金沢能楽美術館の観覧券の半券、または金沢21世紀美術館友の会会員証を提示すればサービスを受けられる。

自分も作品の一部になれる体感型アートたち

美術館の恒久展示作品

展示室自体が作品であったり、作品の中に入り込めたり… 感動、高揚感、驚き、出会いに満ちている。

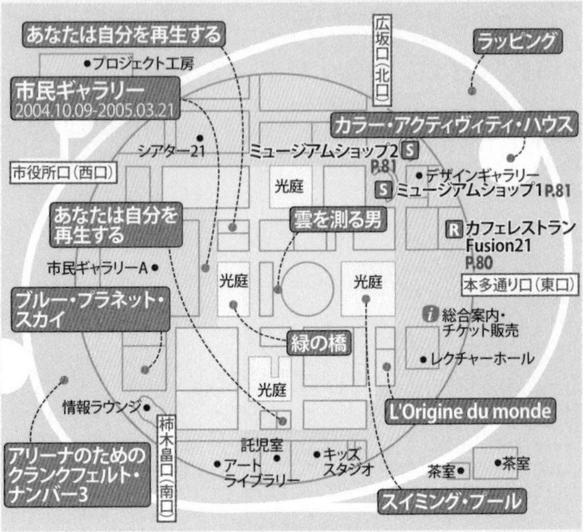

ガラスを通して地面にできる光模様もキレイ ©2010 Olafur Eliasson

オラファー・エリアソン『カラー・アクティヴィティ・ハウス』

2010年

色の変化や人との出会いを楽しむガラスのパビリオン

マゼンタ、シアン、イエローのガラスが渦巻き状に立つ屋外展示作品。中央へ向かっていくと周囲の景色や人が色に染まり変化する。日没後は中央の光源が点灯。

ヤン・ファーブル『雲を測る男』

1998年

映画の主人公、鳥類学者の最後の言葉から生まれた作品

美術館中央の屋上にあり、作者の身体から型どりして造られたブロンズ像。映画『終身犯』で研究の自由を奪われた青年が「雲を測って過ごす」と語った台詞がモチーフ。

作者は兄の死を思い、生と死をテーマに制作されたともいわれる

ピピロッティ・リスト『あなたは自分を再生する』

2004年

トイレという日常的な場に神秘の非日常をもたらす

誰もが必要とするトイレを神聖な場とし、30cm四方の祭壇を作ってクリスタルと美術館のオブジェを設置。体内の営みを称賛する映像や音楽が相まって神秘性を醸す。

オブジェに排泄物への感謝の言葉も投影されたユニークな作品

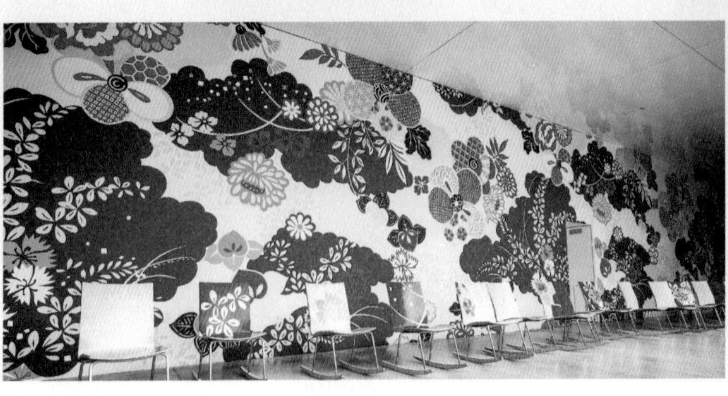

マイケル・リン『市民ギャラリー 2004.10.09-2005.03.21』

2004年

壁と一体化したデザインのチェアに座り作品になりきる

金沢の伝統工芸である加賀友禅から着想した花模様が幅27mの壁一面を埋め尽くした作品。手前には美術館の設計者、SANAAとコラボレーションしたチェアが並ぶ。

チェアに座って人と話したり、アートな気分に浸ったりできる色鮮やかなベストスポット

フロリアン・クラール『アリーナのためのクランクフェルト・ナンバー3』

2004年

自分の声が迷路をさまよい、誰かの声と巡り合う

美術館の建物周りに設置された12基のチューバのような管は、地中で2基ずつつながり、伝声管のように機能する。どの管同士がペアなのか探してみるのがおもしろい。

⊃声をかけたり、耳を澄ませたり童心に返って楽しもう

⊃ガラスの通路から緑の壁の中へと入っていく

パトリック・ブラン『緑の橋』

2004年

限定的環境でも植物は順応 植物学者ブランの理論を示す

ガラスの通路をまたいで作られた高さ約5mの植栽の壁。厚さわずか14cmのところに、金沢の気候に適した約100種類の植物が茂り、四季それぞれに花を咲かせる。

提供:金沢21世紀美術館

⊃円に吸い込まれるような不思議な感覚に

アニッシュ・カプーア『L' Origine du monde』

2004年

異次元の世界に誘うような謎めいた黒い楕円形

傾斜した壁面に巨大な黒い楕円形。穴なのか絵なのか、平らなのか膨らみなのか実態がつかめない。シンプルな表現が知覚を揺さぶる。作品名は世界の起源という意味。

ジェームズ・タレル『ブルー・プラネット・スカイ』

2004年

時の経つのを忘れる空間で刻々と移ろう空模様と過ごす

高さ約8.5mの部屋の天井中央には正方形の開口部。絶え間なく変化する空の様子、光におのずと釘付けになっていく。特に夕暮れから日没後は感動的なひととき。

⊃作者の名から「タレルの部屋」とも呼ばれる

レアンドロ・エルリッヒ『スイミング・プール』

2004年

水上と水中とを行き交う出会い、光、ときめき

プールをのぞくと水が満ち、中に人影を見つける。水中に水色の空間があり、そこから見上げると水と光の交錯する景色が望める。不思議な空間を体験しよう。

⊃水を挟んで見知らぬ人とも手を振り合う

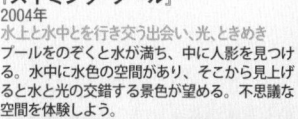

LAR/フェルナンド・ロメロ『ラッピング』

2005年

ジャングルジムのようでいて不規則なフォルム

美術館周りの芝生上に設置された作品で、子どもが中に入って遊ぶこともできるパビリオン。スチールパイプとメッシュを用いたことで軽やかな印象に。

⊃風船の内部から6つの突起が押し出されたような複雑な形をしている

撮影:渡邉修
提供:金沢21世紀美術館

カフェレストランで休憩

ランチもお茶もアートに

作品だけでなく、カフェレストランや休憩ゾーンなどいたるところがアート。ランチタイムやひと休みもスタイリッシュに。

豊富な前菜ビュッフェをアートに盛り付けてみる

カフェレストラン Fusion21

カフェレストラン フュージョン21

兼六園周辺 MAP 付録P.9 D-4

地元食材中心のランチやディナー、ティータイムにも使い勝手の良さ抜群。昼は、パスタまたはライスプレートからメイン1種を選び、加賀野菜の前菜ビュッフェが付くフュージョンランチが人気。

☎076-231-0201
営10:00～19:00(LO)
休月曜(祝日の場合は翌平日)

予約 可(ランチ) 要(ディナー)
予算 Ⓛ2650円～ Ⓓ4500円～

おすすめメニュー
フュージョンランチ 2650円
シェフズランチ 3400円
金沢パフェ 1400円

↑前菜は季節の素材を使った料理が約30種。内容は月替わり

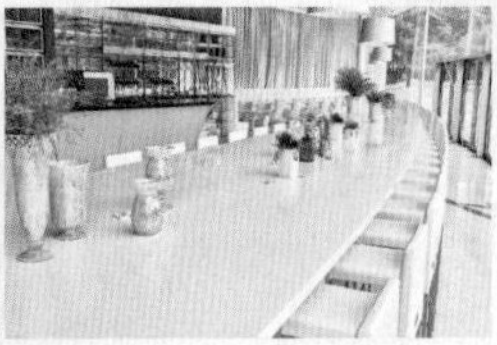

→白を基調とした内装。ゆとりあるテーブル配置で落ち着ける

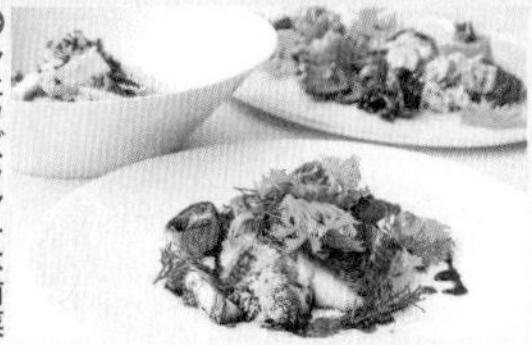

→シェフズランチは前菜プレートと、メインは魚か肉をチョイス

→美術館周りの広場に面し、全面ガラス張りで開放感たっぷり

美術館のココにも注目してみよう

展示作品以外にもアートなアイテムが多い!

美術館内や屋外にあるユニークな形のチェアを探してみよう。アートライブラリーは専門書や絵本など書籍が充実し、子どもも大人も利用できる。

光庭
館内4カ所にある採光スペース。展示室としても利用される。

アートライブラリー
美術を中心に幅広い分野の書籍を閲覧できる。映像鑑賞も可能。

油圧式エレベーター
1階と地下1階を結ぶ、油圧で昇降するスローなエレベーター。

ラビットチェア
SANAAデザイン、ウサギの耳をかたどった背もたれがキュート。

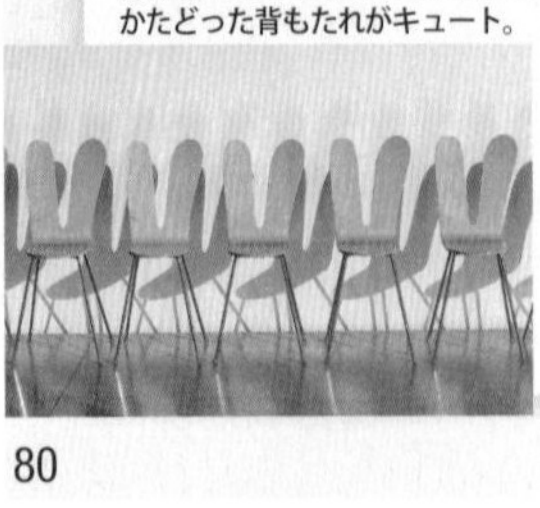

フラワーチェア
これもSANAAのデザイン。座り心地のよいクッション生地。

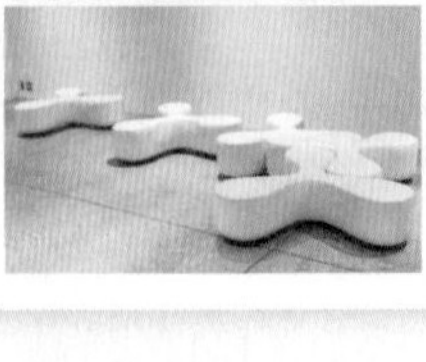

茶室
加賀藩ゆかりの茶室「松濤庵」と「山宇亭」が敷地内にある。

ドロップチェア
美術館建物周りの数カ所に配置。くぼんだ部分がお尻にフィット。

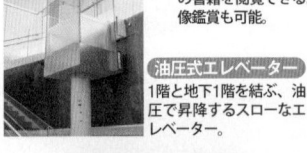

金沢21世紀美術館ならではのグッズをゲットしたい

おしゃれなアートグッズ

群を抜く品揃えのミュージアムショップ。金沢の伝統工芸や美術館ゆかりの品、アーティストグッズなど、目移り必至!

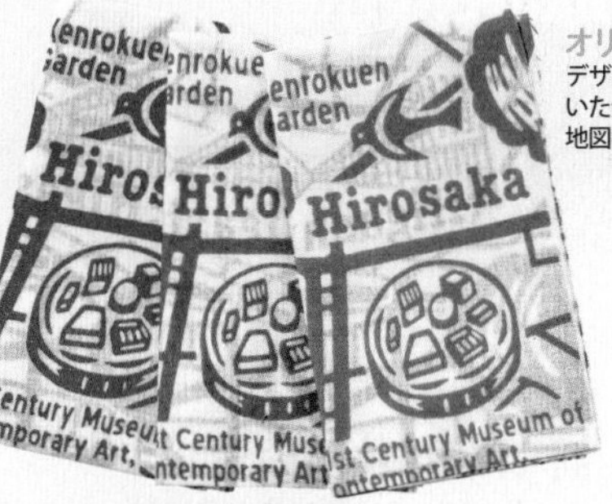

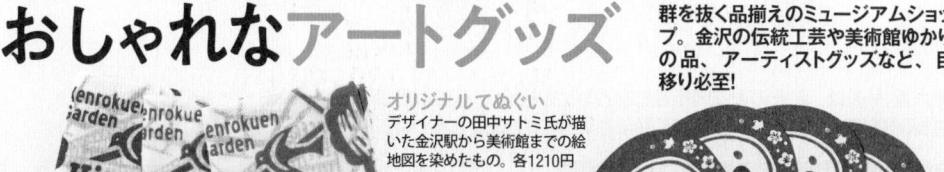

オリジナルてぬぐい
デザイナーの田中サトミ氏が描いた金沢駅から美術館までの絵地図を染めたもの。各1210円

ひめだるまカード
金沢の郷土玩具「加賀八幡起上り」を題材に田中サトミ氏がデザイン。1枚275円

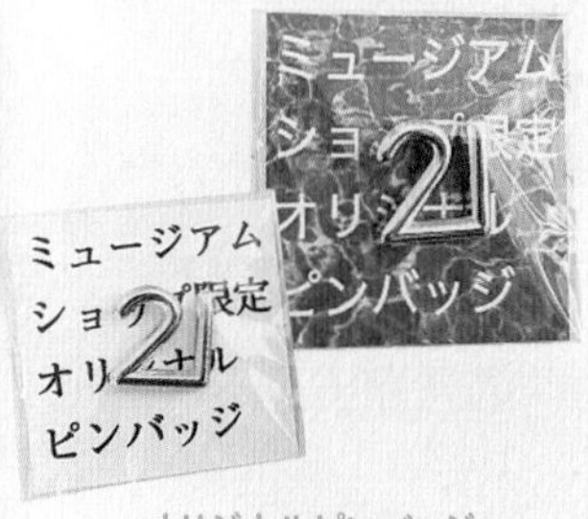

オリジナルピンバッジ
金沢21世紀美術館の「21」をモチーフに、1本の線で表現したシンプルなデザインのピンバッジ。各550円

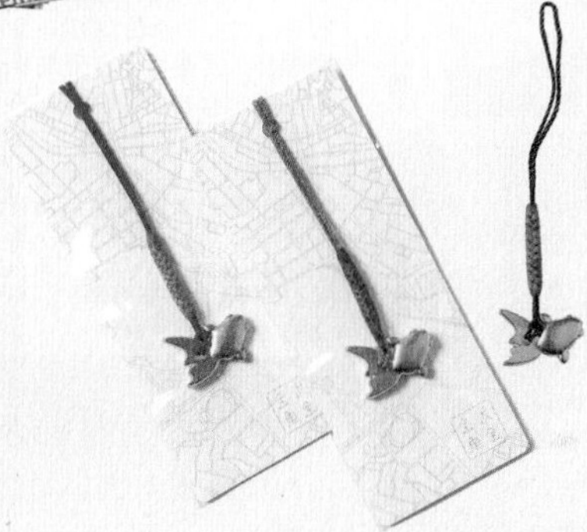

金沢金魚ストラップ
デザイナーの原嶋亮輔氏のデザイン。金沢らしさを金魚で表現したもの。各1100円

金蒔絵BOOK MARK
蒔絵の伝統技術とニューヨーク出身のデザイナーとのコラボによるしおり。各693円

オリジナルサコッシュ(昼・夜)
建築家ユニットSANAAが設計した美術館の、印象的な昼景と夜景の一部を切り取りプリント。各2200円

ミュージアムショップ1

日本のアートグッズが充実
デザイン性の高いグッズやアート関係の書籍を展開。
兼六園周辺 MAP 付録P.9D-4
☎076-236-6072
営10:00～18:30(金・土曜は～20:30)
休月曜(祝日の場合は翌平日)

ミュージアムショップ2

ユニークな催事に注目
開催中の展覧会関連グッズやアートブックが並ぶ。
兼六園周辺 MAP 付録P.9D-4
☎076-236-6072
営10:00～18:30(金・土曜は～20:30)
休月曜(祝日の場合は翌平日)

古美術から前衛芸術まで 藩政時代からの美と歴史

兼六園周辺は、金沢の歴史や伝統文化などを紹介する施設が集まる文化ゾーン。加賀藩前田家が能や茶の湯を庶民にも奨励した背景も学べる。

「石川の歴史と文化」をテーマにした展示で各地の祭りも紹介している

石川県立美術館

いしかわけんりつびじゅつかん

兼六園周辺 MAP 付録P.9 E-4

ここでしか見られない 石川県の美術品の宝庫

国宝「色絵雉香炉」をはじめとした名品を展示。古九谷や加賀藩伝来の文化財、石川ゆかりの絵画・彫刻・工芸など、古美術から現在まで、石川県ならではの美術工芸品を幅広く楽しめる。

☎076-231-7580 所金沢市出羽町2-1 開9:30〜18:00(入館は〜17:30) 休展示替え期間、年末年始 料展覧会によって異なる 交広坂・21世紀美術館バス停下車、徒歩5分 Pあり

兼六園の脇の坂を上りきったところにある美術館の建物

工芸部門では、九谷焼や輪島塗などの石川ゆかりの優品や、人間国宝の作品も展示

古美術部門では、色鮮やかな古九谷や茶道美術、刀剣などを紹介

石川県立 歴史博物館

いしかわけんりつれきしはくぶつかん

兼六園周辺 MAP 付録P.11 F-2

石川県の歴史について 知るならここを訪れたい

原始時代から近現代に至るまでの石川県の歴史や民俗について紹介。実物資料、ジオラマ、大型スクリーンによる映像、パネルなどでわかりやすく展示されている。

☎076-262-3236 所金沢市出羽町3-1 開9:00〜17:00(展示室への入室は〜16:30) 休展示替え・整理の期間、年末年始 料300円(特別展は別途) 交出羽町(金沢医療センター前)バス停下車、徒歩5分 Pあり

戦前は陸軍兵器庫だった赤レンガの建物は、国の重要文化財

加賀藩の参勤交代の行列を映像と人形で紹介するコーナーはユニーク

いしかわ生活工芸ミュージアム (石川県立伝統産業工芸館)

いしかわせいかつこうげいミュージアム (いしかわけんりつでんとうさんぎょうこうげいかん)

兼六園周辺 MAP 付録P.9 F-4

石川の伝統工芸36業種 すべてに魅せられる

常設展示には九谷焼や加賀友禅、輪島塗など県内の伝統工芸品が一堂に集まる。企画展は現代の暮らしに生きる、伝統工芸の今をさまざまな角度から展示。土・日曜、祝日には工芸士等による制作実演も開催。

兼六園・小立野口に隣接、直に兼六園へ出入りも可能

☎076-262-2020 所金沢市兼六町1-1 開9:00〜17:00(入館は〜16:45) 休第3木曜(12〜3月は毎週木曜) 料無料(2F見学260円) 交県立美術館・成巽閣バス停下車、徒歩2分 Pあり

金沢和傘や銅羅など希少伝統工芸を紹介するコーナー

写真提供:鈴木大拙館

加賀本多博物館
かがほんだはくぶつかん

兼六園周辺 MAP 付録P.11 F-2

藩の名士・加賀本多家のあゆみについて知る

5万石を与えられた加賀藩重臣、加賀本多家。初代当主本多政重からはじまる同家の歴史をたどり、甲冑や刀剣をはじめとする武具、調度品や古文書などの伝来品を鑑賞することができる。

☎076-261-0500
所金沢市出羽町3-1 開9:00～17:00(入館は～16:30) 休無休(12～2月は木曜)、展示替え期間 料400円 交広坂・21世紀美術館バス停下車、徒歩8分 Pあり

いしかわ赤れんがミュージアム内に石川県立歴史博物館と併設

武家博物館として加賀本多家伝来の貴重な品々を展示している

石垣や水景など金沢を象徴する景観から鈴木大拙の世界観を展開

鈴木大拙館
すずきだいせつかん

兼六園周辺 MAP 付録P.11 F-2

☎076-221-8011
所金沢市本多町3-4-20 開9:30～17:00(入館は～16:30) 休月曜(祝日の場合は翌平日)、展示替え期間 料310円 交本多町バス停下車、徒歩4分 Pなし
※2024年3月まで休館予定、要確認

仏教哲学者・鈴木大拙の軌跡に思いを馳せる

金沢が生んだ仏教哲学者・鈴木大拙の考えや足跡を広く国内外の人に伝え、大拙についての理解を深めるとともに来館者自らが思索する場として利用することを目的に開設された。

水鏡の庭と外部回廊・石積み

金沢市立 中村記念美術館
かなざわしりつなかむらきねんびじゅつかん

兼六園周辺 MAP 付録P.11 F-2

お茶道具と金沢ゆかりの工芸作品を鑑賞しよう

酒造家で茶道にも造詣が深かった実業家の中村栄俊氏が収集した茶道美術品を中心に、古九谷、加賀蒔絵、加賀象嵌などの工芸品から現代作家の作品までを所蔵する。

金沢の茶道文化と伝統工芸を紹介する美術館

☎076-221-0751 所金沢市本多町3-2-29 開9:30～17:00(入館は～16:30) 休月曜(祝日の場合は翌平日)、年末年始、展示替え期間 料310円 交本多町バス停下車、徒歩3分 Pあり

コレクションを中心に美術工芸作品の趣向を凝らした展覧会を企画・開催している

加賀宝生などに伝わる貴重な能装束や能面を展示

金沢能楽美術館
かなざわのうがくびじゅつかん

兼六園周辺 MAP 付録P.9 D-4

幽玄な能楽の歴史と魅力を体感

加賀宝生に伝わる貴重な能面や能装束を収蔵展示。「加賀宝生」は金沢の無形文化財に指定、「能楽」はユネスコ無形文化遺産に登録されている。能楽の歴史と文化をたどれる。

週末には、能面や能装束の着装体験ができる(当日予約制・有料)

☎076-220-2790
所金沢市広坂1-2-25
開10:00～18:00(入館は～17:30)
休月曜(祝日の場合は翌平日)、展示替え期間 料310円 交広坂・21世紀美術館バス停下車、徒歩1～2分 Pあり

風土に刺激された文才 文豪ゆかりの地を訪れる

2つの川が市街地を貫き、卯辰山の豊かな自然が四季を彩る。美しい自然を抱える金沢は、作家の感性を育てる環境が整い、多くの文豪を輩出してきた。

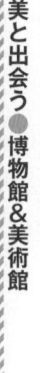

金沢文芸館
かなざわぶんげいかん

尾張町 MAP 付録P.13 E-2

橋場交差点に面してそびえ立つ洋風建築で、国登録有形文化財

金沢の文芸活動の拠点 五木寛之文庫も見どころ

金沢の文芸活動の発信基地として創作への活力と意欲の湧き立つ空間、人々の交流の場、学びの場を提供することを目指した館。金沢にゆかりの深い作家、五木寛之文庫を常設している。

☎076-263-2444 所金沢市尾張町1-7-10 開10:00～18:00(入館は～17:30) 休火曜(祝日の場合は翌平日) 料100円 交橋場町バス停下車、徒歩3分 Pなし

レトロな雰囲気がステキな館内1階の交流サロン。作品や映像を見ることができる

泉鏡花記念館
いずみきょうかきねんかん

主計町茶屋街周辺 MAP 付録P.13 E-2

鏡花が生まれ育った時代の面影が今も残る生家跡地の建物

浪漫と幻想の作家 泉鏡花の世界にふれる

原稿・書簡・俳句などの自筆資料のほか、関連の絵画資料など約2000点を所蔵。鏡花の生涯やその独特の美意識にふれることができる。「鏡花本」と称される美麗な初版本は必見。

☎076-222-1025 所金沢市下新町2-3 開9:30～17:00(入館は～16:30) 休火曜(祝日の場合は翌平日)、展示替え期間 料310円 交橋場町バス停下車、徒歩2～3分 Pあり

作品やゆかりの品々を展示。鏡花の軌跡をたどることができる

室生犀星記念館
むろおさいせいきねんかん

にし茶屋街周辺 MAP 付録P.10 A-1

室生犀星の生家跡に建つ。犀川にほど近い近代的な建物

旅情豊かな犀川を愛した 詩人室生犀星を知る

室生犀星の生家跡に建つ記念館。犀星の初版本の表紙を並べた壁面展示など、犀星の生き方やその文学世界の魅力を余すところなく紹介。犀星本人の朗読音声も聴くことができる。

☎076-245-1108 所金沢市千日町3-22 開9:30～17:00(入館は～16:30) 休火曜(祝日の場合は翌平日)、展示替え期間 料310円 交片町バス停下車、徒歩6分 Pあり(4台)

犀星の自筆原稿や書簡、遺品などを多数展示

徳田秋聲記念館
とくだしゅうせいきねんかん

ひがし茶屋街周辺 MAP 付録P.7 E-3

浅野川に架かる梅ノ橋のたもと、秋聲ゆかりの場所に建つ

自然主義文学の大家 徳田秋聲の世界を紹介

金沢三文豪のひとり、徳田秋聲の遺品・直筆原稿・筆跡・初版本などを収蔵し、秋聲文学の豊穣な世界に親しむことができる。ミュージアムショップではオリジナル文庫の販売も。

☎076-251-4300 所金沢市東山1-19-1 開9:30～17:00(受付は～16:30) 休火曜、展示替え期間 料310円 交橋場町バス停下車、徒歩3～6分 Pあり

秋聲の代表作に登場する女性を和紙人形とともに映像展示するシアター

食べる

加賀が誇る伝統食材と
技を磨いた職人がもたらす料理。
華麗な器や美しい盛り付けは、
まさに食の芸術。
古くより親しまれてきた味を生かした
新しい味覚に、和の文化を感じさせる
甘味や可憐なスイーツも絶品。

代々受け継ぐ
至極の一皿を
いただく幸せ

金沢の名料亭で極上の味を堪能

懐石料理という贅沢美食4選

加賀藩主前田家は代々食にこだわってきた。豊かな食材に加え腕のいい料理人も育ち、伝統の加賀料理が完成していったといわれる。百万石の美を併せ持つ美しい料理を満喫したい。

夜会席の一例 1万2000円～
加賀藩に献上した料理のひとつ、野鳥料理(要予約・写真はキジ)。手前は治部煮椀でともに加賀伝統料理

予約 要
予算 Ⓛ6000円～ Ⓓ1万2000円～

大友楼

おおともろう

香林坊周辺 MAP 付録P.8 C-1

加賀藩時代からの伝統を守り続ける味としつらえ

3代目加賀藩主の頃より御膳所を務めてきた名門料亭。7代目当主である大友氏は、金沢独特の甘い辛いなどのメリハリのきいた味にこだわり、地元の食材や器を使って加賀料理の伝統を今に伝えている。

藩政時代の面影を残す木造2階建ての趣のある建物

☎076-221-0305
所金沢市尾山町2-27
営11:30～14:00 17:30～21:00 休無休
交南町・尾山神社バス停下車、徒歩1～3分 Pなし

昼会席の一例 2万円～
(サービス料・室料込)
八寸やお造り、治部煮などが付く会席料理。大正時代に建てられた木造建築も風情たっぷり

予約 要
予算 Ⓛ2万円～ Ⓓ2万7500円～

つば甚

つばじん

寺町 MAP 付録P.10 C-3

歴史に名を残す客人が来訪 絶大な人気の名料亭

宝暦2年(1752)創業の老舗料亭で、犀川を見下ろすロケーション。藩政時代には加賀藩の重鎮が、明治から大正期は伊藤博文や芥川龍之介が訪れている。繊細で伝統的な加賀料理を堪能できる。

寺町の高台に建ち、犀川と金沢市街地を一望できる

☎076-241-2181
所金沢市寺町5-1-8 営11:00～14:00 17:00～21:00
休無休 交広小路バス停下車、徒歩3～6分 Pあり

現在2代目という、金沢では若い料亭。店先を流れる犀川や苔むす庭園など老舗にもひけをとらない

昼会席 瀬音 5000円
お手ごろな昼会席。デザートのくずきりは、金沢の料亭界で初めて取り入れたという穂濤の名物

予約 要
予算 Ⓛ5000円～ Ⓓ1万2000円～

穂濤
ほなみ

寺町 MAP 付録P.10 C-3

明治後期建築の邸宅で季節感あふれる加賀料理を

瀟洒な門構えで玄関までのアプローチが奥ゆかしい

金沢市をゆったり流れる犀川河畔に建つ。九谷焼や大樋焼などの年代物の器もあれば現代作家の器も使う。料理は伝統の味に忠実で、山野草の植栽が野趣あふれる庭園に面した個室での食事も楽しめる。

☎076-243-2288
所金沢市清川町3-11
営11:30～13:00(LO) 17:30～19:00(LO) 休不定休 交片町／広小路バス停下車、徒歩6～10分 Pあり

明治23年（1890）創業、料亭旅館の金城楼。その日の客に合わせて掛軸や花が用意される

昼懐石 1万6500円～
（サービス料・席料込）
季節によって料理の内容は替わるが治部煮は通年提供している。輪島塗や九谷焼の器も目で味わえる

予約 要(3日前まで)
予算 Ⓛ1万6500円～ Ⓓ2万2000円～

金城楼
きんじょうろう

橋場町 MAP 付録P.7 D-3

金沢の伝統的な料亭文化を守る老舗の風格と美意識

料亭にふさわしい日本建築の伝統美に彩られる建物

金沢を代表する料亭として知られ、庭園を囲むように部屋が配されている。治部煮や鯛の唐蒸し、ゴリ料理などの加賀料理に定評があり、料理と合うように、北陸中心に揃えた地酒も見逃せない。

☎076-221-8188
所金沢市橋場町2-23
営11:00～21:00 休無休
交橋場町バス停下車、徒歩1～2分 Pあり

おすすめメニュー
加賀コース 5500円
のど黒一匹焼き 2530円～
豚の角煮 880円

↑お刺身盛り合わせ1650円～、金沢で必食ののど黒一匹焼きなど

治部煮やお麸料理が代表する郷土料理

加賀城下が醸した伝承の滋味を堪能

高級料亭の加賀料理も金沢の郷土料理がベース。春夏秋冬、豊かな山海の幸をふんだんに使った料理にほっこり。

↓昼の会席弁当2200円、夜会席5500円～。写真は昼会席の恋路4860円の一例

おすすめメニュー
昼のミニ会席「羽衣」3080円
夜の会席「殿様」5500円
のど黒会席（4～10月）8800円

↑店主から季節の食材やおすすめ料理の話を聞けるカウンター席

予約 可
予算 5000円～

石川の選り抜きの幸をリーズナブルに供する

割烹 一十百
かっぽう かずとも

片町 MAP 付録P.8 A-4

春は山菜、夏は岩ガキや鮎、冬はズワイガニやフグなど、地元でも希少な食材を中心に、定食、コース料理、一品料理などそれぞれのメニューも豊富。「手取川」「天狗舞」「菊姫」など地酒も吟味されたものが揃っている。

☎076-221-8057
所 金沢市片町2-26-16
営 17:00～22:30 休 日曜、祝日不定休
交 片町バス停下車、徒歩5分 P なし

金沢らしい旬素材を使い良心的値段でおもてなし

加賀料理 大名茶家
かがりょうり だいみょうぢゃや

金沢駅周辺 MAP 付録P.12 C-2

地元の食材をふんだんに使い、魚介は市場だけでなく漁師から仕入れるほど鮮度を重視。季節の会席料理は予算に応じてコースが選べるほか、代表的な加賀料理の鴨治部煮や加賀蓮根はす蒸しなどの単品料理も充実している。

☎076-231-5121
所 金沢市此花町7-5-1
営 11:30～13:45(LO) 17:00～21:00(LO)
休 不定休 交 JR金沢駅から徒歩2分
P なし

↓千両箱や十手などの骨董品が配された、落ち着いた和の空間

予約 可
予算 L 2000円～ D 5000円～

国産材料でていねいに手作り
「麩」を主役にした料理の数々

宮田・鈴庵

みやた・すずあん

予約 要
予算 3240円～

ひがし茶屋街周辺 MAP 付録P.6 C-1

国産小麦を使い、加賀麩をひとつひとつ手作りする老舗・加賀麸司 宮田に併設する食事処。麩のおいしい食べ方を伝えるため工夫した麩料理はどれも素晴らしい。料理は3850円、4950円、6050円の3つのコースが用意されている。

↑城下町金沢の座敷らしい群青壁の和室。椅子席の洋室もある

☎076-252-6262
所金沢市東山3-16-8 営11:30～13:00 13:15～14:45 休水曜、毎月最終日曜 交彦三北バス停下車、徒歩3分 Pあり

おすすめメニュー
生麩のお刺身(コース料理の1品)
生麩フライ田楽(コース料理の1品)
車麩の巣ごもり(コース料理の1品)

↑車麩に卵黄を入れた車麩の巣ごもり、生麩のお刺身など

朝獲れ地魚や能登の米など
とびきり素材に徹する

季節料理と和み酒 十二の月

きせつりょうりとなごみざけ じゅうにのつき

予約 可
予算 5000円～

片町 MAP 付録P.14 B-4

食材は主に近江町市場で主人自らが目利きし、鮮魚だけでなく加賀野菜の創意あふれる料理に定評がある。能登の天日塩、魚醤やコシヒカリなど素材すべてを吟味。地酒や地元の梅酒、ワインなどお酒の種類も充実。

↑カウンター席、個室座敷などシーンに合わせて席をチョイスしたい

☎076-223-6969
所金沢市片町2-23-12
営17:00～22:00(LO) 金・土曜は～23:00(LO) 休日曜(連休の場合は月曜) 交片町バス停下車、徒歩3～7分 Pなし

↓品質を吟味した冬のコース一例

おすすめメニュー
加賀百万石コース(要予約) 7000円
お刺身盛り合わせ(2人前) 2780円
能登牛炙り肉寿司 500円

冬は加能ガニが大好評
地物を存分に味わえる

味処 高崎

あじどころ たかさき

予約 可
予算 2万円～

長町 MAP 付録P.8 B-3

ノドグロ、ガスエビ、加賀野菜など地元食材を選り抜き、素材本来の味を生かすシンプルな料理を供する割烹。値段もお手ごろで地元の信頼も厚い。11月上旬～3月の加能ガニの時期は予約が取りにくいほどの人気店。

↑カウンター、小上がり、座敷がある。1階には生け簀も設置している

☎076-231-0116
所金沢市長町1-2-22
営17:00～22:00
休日曜(連休の場合は最終日)
交香林坊バス停下車、徒歩3～5分 Pなし

おすすめメニュー
加能ガニ(11月7日～3月20日) 時価
のど黒焼 2640円
カニクリームコロッケ 793円

↑白ガスエビの刺身2112円前後、加賀料理の鴨治部煮1291円など

日本海がもたらす至福の味

うまい海鮮料理で四季を知る旅

能登沖は暖流と寒流が交差する絶好の漁場。エサに恵まれ魚種も多い。食卓には獲れたての旬の素材が並ぶ。調理も精進に余念がない。

↓北陸の魚介を造りや煮付け、揚げ物など多様に楽しめる

浅野川と城下町を眼下に
日本海の魚介を味わう

おすすめメニュー
月会席 7150円
友禅会席 9350円

松魚亭
しょうぎょてい

ひがし茶屋街周辺 MAP 付録P.7 F-3

金沢市街の北西、卯辰山中腹にあり、金沢の街並みを一望できる。魚介は主に石川や富山の近海魚を揃え、高級魚から庶民的な魚まで幅広い。加賀料理や会席料理がおすすめ。

☎076-252-2271
所金沢市観音町3-4-45 営11:30〜14:00 17:00〜22:00(日曜、祝日は〜21:30) 休年末年始 交兼六元町バス停下車、徒歩12分 Pあり

予約 可
予算 Ⓛ3300円〜 Ⓓ7150円〜

↑金沢の名旅館浅田屋グループの一軒。風格を感じさせる店構え

浜焼や刺身桶など
豪快料理で盛り上がる

川端鮮魚店

かわばたせんぎょてん

片町 MAP 付録P.14 B-3

漁港近くの酒場のような雰囲気と相まって週末は大いに賑わう。名物の「七輪浜焼き」は客自身が炭火で貝類や干物を焼く。磯の香りがたまらない一品。

☎076-222-3757
所 金沢市片町2-2-20 木谷ビル2F
営 17:00～魚がなくなるまで
休 大しけの日 交 片町バス停下車、徒歩3分
P なし

トロ箱を利用したテーブルや大漁旗などユニークな内装

おすすめメニュー
七輪浜焼き 貝類セット 1980円～
のどぐろ塩焼き 2800円～

予約 可
予算 3500円～

刺身8種盛りはSサイズ3600円。この日は甘エビ、ブリなど

地元が太鼓判を押す品々
常に賑わう最強の居酒屋

いたる 本店

いたる ほんてん

香林坊 MAP 付録P.14 C-2

気風のよい大将と活きのよい魚に惹かれる客でいつも活気がある。富山の新湊や能登の宇出津など漁港直送の魚介や地産野菜を使用、素材そのものを味わう酒肴や創意を凝らした逸品が目白押し。厳選地酒は30種以上。

☎076-221-4194
所 金沢市柿木畠3-8
営 17:30～22:30(LO) 休 日曜(連休の場合は最終日) 交 香林坊バス停下車、徒歩5～8分 P なし

おすすめはスタッフたちとの会話も弾むカウンター席

日本海おさしみの桶盛り(2人前)は魚介5種。内容は日替わり

ノドグロの焼き魚。大根おろしとすだちでさっぱりと味わう

おすすめメニュー
日本海おさしみの桶盛り(2人前) 2600円
ノドグロの酒蒸し 時価

予約 可
予算 5000円～

料理、盛り付け、空間も
異彩を放つ、新感覚和食

割烹 たけし

かっぽう たけし

片町 MAP 付録P.14 A-3

「しゃれた空間でおいしいものを」という店主の思いからスタイリッシュな店構えに。食材は鮮度を重視。地物中心で、日本料理の基本を踏まえつつ、常に進化する料理が評判。コース料理5400円～、単品料理も豊富。

☎076-234-2121
所 金沢市片町2-32-4 営 11:30～14:30(要予約) 17:30～22:00(LO)
休 日曜(連休の場合は月曜)
交 片町バス停下車、徒歩5～9分
P あり

おすすめメニュー
お刺身盛り合わせ 1760円～
のど黒塩焼き 1980円

能登牛認定店にも選ばれているローストビーフは絶品

和食界の風雲児、桂木たけし氏とスタッフ。割烹着の色にも注目

予約 昼は要 夜は可
予算 Ⓛ3000円～ Ⓓ6000円～

大人気のかにづくし会席は1万8700円から。すべてのかにづくし会席に香箱ガニが付く

幸兵衛寿司
こうべえずし

予約 可
予算 Ⓛ4000円～ Ⓓ6000円～

橋場町 MAP 付録P.7 D-4

職人気質の仕込みと気遣いでもてなす

職人2代の家族ぐるみのおもてなしにほっとくつろげる。魚介は地物を中心に毎朝吟味し、シャリは昆布だしを煮立てて米を放り込む地獄炊きでふっくら。ウニ、トロなど上物8貫の「松にぎり」3960円など値段設定も控えめ。

☎076-264-1553
所金沢市橋場町1-6 営11:30～13:30(LO) 17:00～22:00(LO) 土・日曜、祝日11:30～21:00(LO) 休水曜
交橋場町バス停下車、徒歩2～5分 Pあり

甘エビ、ノドグロ、バイ貝など百万石の鮨10貫3960円。昼は味噌汁付

おすすめメニュー
百万石の鮨 3960円
松にぎり 3960円

木目が美しいカウンターは落ち着いた雰囲気

食材と食通の舌に支えられた境地

匠の技が光る 名店の極上寿司

寿司消費量が全国トップクラスの金沢では店舗も多数。魚介の良さだけに頼らず、食通のために職人たちは腕をふるう。北陸でしか口にできない魚も見逃せない。

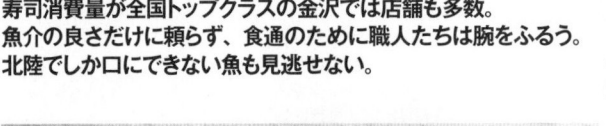

鮨 みつ川
すしみつかわ

予約 要
予算 Ⓛ8800円～ Ⓓ1万9800円～

ひがし茶屋街
MAP 付録P.13 E-4

丹念な江戸前仕込みで食通を唸らせる名店

店主は銀座の有名店やドイツの日本料理店など異色の経験の持ち主で、その握りは下ごしらえに時間を惜しまない江戸前風。大葉やすだちなどを使った妙技にも定評があり、味のバランスも口どけも申し分ない。

☎076-253-5005
所金沢市東山1-16-2
営12:00～14:00 17:30～22:00
休水曜 交橋場町バス停下車、徒歩4～7分 Pなし

地魚を中心とする握り。昼の握り8800円

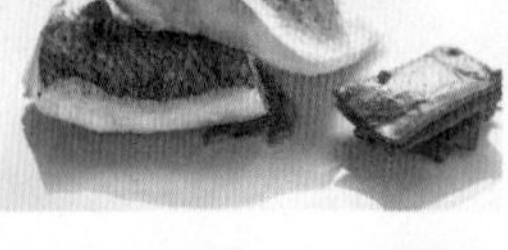
ふっくら焼き上げたかますの塩焼き。自家製の昆布の佃煮添え

おすすめメニュー
昼の握り 8800円
かわはぎの握り（おまかせの一品）
かますの塩焼き（夜のおまかせの一品）

ひがし茶屋街の路地の奥まった場所にある、城下町情緒漂う店構え

隠れ家のような雰囲気。客に目が行き届くカウンター席のみ

回っていてもさすがの金沢品質

ハイレベルな回転寿司

石川県は回転寿司機器の製造シェアがほぼ100%。しかも金沢は回転寿司店の激戦区。どの店も魚介や素材の仕入れ、職人仕事などでしのぎを削る。

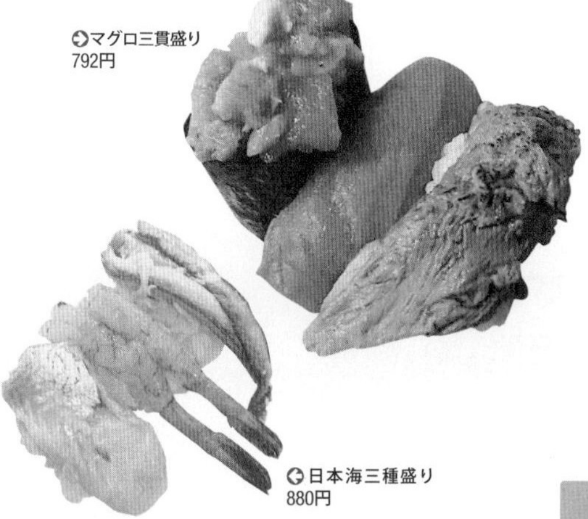

➡マグロ三貫盛り 792円

⬅日本海三種盛り 880円

かいてん寿し大倉

かいてんすしおおくら

近江町市場 MAP 付録P.12A-4

本マグロやノドグロなど高級魚介もお値打ち感抜群

終日、客が絶えない市場の人気店。本社が魚卸商のため上質な本マグロが格安。寿司職人が見定めた朝獲れ地物やノドグロなどの高級魚もお値打ち感が卓抜。平日には上握り10貫1250円などサービスランチもある。

☎076-231-3317
所金沢市下堤町38-6 営10:30〜18:00(LO)
休無休 交武蔵ヶ辻・近江町市場バス停下車、徒歩1〜3分
Pなし

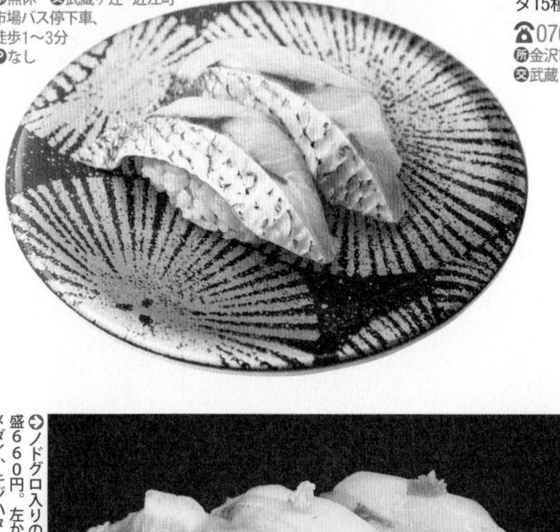

⬇ノドグロ2貫920円。皮目を軽く炙り魚の旨みを引き出してある

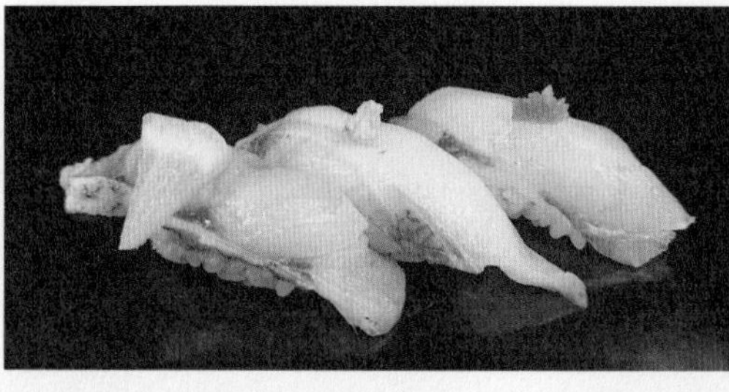

➡ノドグロ入りの朝捕れ三種盛660円。左からノドグロ、メダイ、キジハタ

廻る近江町市場寿し 本店

まわるおうみちょういちばずし ほんてん

近江町市場 MAP 付録P.12C-3

季節の北陸魚介が勢揃い! メガ盛りの海鮮丼にも注目

近江町市場内にある行列店。寒ブリやノドグロ、甘エビ、白エビなど北陸の魚介を中心に多種のネタを扱い、その日の仕入れは黒板でチェック。ノドグロやボタンエビなど厚切りネタ15種がのる大名丼(あら汁付き)も好評。

☎076-261-9330
所金沢市下近江町28-1 営8:00〜20:00 休無休
交武蔵ヶ辻・近江町市場バス停下車、徒歩1〜3分 Pなし

廻る富山湾 すし玉 金沢駅店

まわるとやまわん すしたま かなざわえきてん

金沢駅 MAP 付録P.12A-1

毎朝水揚げされる新鮮地魚を豪華な3種盛りで堪能できる

金沢港や七尾湾で水揚げされる新鮮な魚を毎朝仕入れ、能登のコシヒカリや天然塩、白山麓は鶴来の醤油など素材も厳選している。北陸ならではのノドグロ、ガスエビ、白エビはもちろん、他県では珍しい白身魚も豊富に揃う。

☎076-235-3238
所金沢市木ノ新保町1-1 金沢百番街あんと西2F 営11:00〜21:30(LO21:00)
休無休 交JR金沢駅構内 Pなし

地元で評判の人気イタリアン&フレンチ

⇧明るく広々とした開放的な店内。ゆっくりくつろげそう

加賀野菜や地魚で新感覚のお皿たち

加賀れんこんや金時草などの加賀野菜や地元漁港で揚がる魚介を取り入れた、金沢ならではのフレンチ＆イタリアン。グルメの達人が選ぶ人気店をご紹介。

⇩旬の食材を組み合わせた、サンマと平茸と里芋のトマトソース990円

⇦五郎島金時やサバなどの地元食材が入る前菜の盛り合わせ1320円

イタリア料理

地元民に愛されてきた
リーズナブルで本格的な味

トラットリア・タマヤ

香林坊周辺 MAP 付録P.8 C-1

金沢では老舗のイタリアン。玉谷シェフはイタリア大使館での勤務経験もある実力派で、本物のイタリアンをカジュアルに味わえる店として親しまれてきた。近江町に近いため、新鮮な魚介や野菜を朝仕入れるのがモットー。

☎076-232-5520
所金沢市尾山町3-2 笹井ビル2F
営11:30〜14:00(LO) 17:30〜21:00(LO)
休土・日曜、祝日 交南町・尾山神社バス停下車、徒歩1〜3分 Pなし

予約 可
予算 Ⓛ800円〜 Ⓓ3300円〜

おすすめメニュー
ランチセット 1200円
夜のコースA 3300円
前菜の盛り合わせ 1320円

フランス料理

河畔に立つ古民家で味わう老舗フレンチの豊かな美食

ラ・ネネグース

片町 MAP 付録P.14 A-4

犀川の流れを背に建つ、明治32年のクラシカルな町家を改装。食材を知り尽くしたシェフが選んだ地元の有機野菜や地魚のほか、国内外の旬の食材を使用するフレンチは繊細かつヘルシー。食材がもつ本来の旨みを逃さず味わえる。

☎076-243-6651
所 金沢市千日町1-16
営 17:30～21:00、ランチは金～日曜、祝日のみで11:30～14:00頃
休 月曜(祝日の場合は営業)
交 片町バス停下車、徒歩6分　P なし

予約 要
予算 Ⓛ6500円～ Ⓓ1万3000円～

天気が良ければ窓が開け放たれ、川音も聞こえる

大戸や格子戸が風情を醸す町家をリノベーション

手前は、輪島港産平目と加賀れんこんのシャンピニオンソース

グリーンアスパラのブラマンジェ 地物海老を添えて

おすすめメニュー
ランチコース 5800円～
ディナーコース 1万1000円～(税別)

フランス料理

和の要素を取り入れた独自アイデアの気鋭店

tawara

タワラ

長町 MAP 付録P.8 B-3

フランスと京都で修業したシェフは、旬の野菜やハーブを自ら農家まで出向き、質を確かめて仕入れるこだわりよう。料理に和食のだしを取り入れたり、地元作家の和皿に盛り付けるなど随所に工夫を凝らす。昼夜ともコース1種のみ。

☎076-210-5570
所 金沢市片町2-10-19 ロイヤルプラザ片町1F　営 12:00～15:00 18:00～22:00(12・18・19時の予約制)　休 日曜、月・木曜、祝日の昼　交 香林坊バス停下車、徒歩6分　P なし

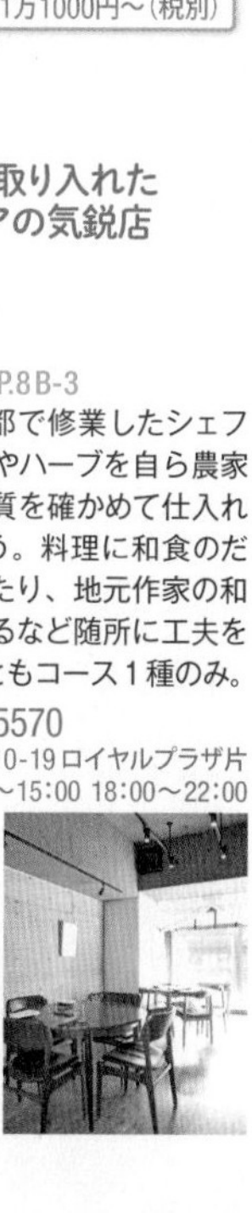

用水が流れる通りを眺めるテーブル席とカウンター席がある

予約 要(前日までに)
予算 Ⓛ380円～ Ⓓ1万780円～

おすすめメニュー
ランチコース 7000円
ディナーコース 1万2000円

手前は、ヒラメのカダイフ包み 甘エビとトマトのソース

Lセットカレー(中) 1250円
一番人気はハンバーグ、ロースカツ、ウインナーがのる食べ応え抜群のLセット。(中)はご飯サイズを示す

金沢市民が親しむ味をいただきます

地元でおなじみ 金沢ソウルフード

「財布にやさしくておいしいものを」という人にはローカルフードがマスト。金沢カレー、金沢おでん、とり野菜みそ、ハントンライスなど、地元っ子が足繁く通う定番のお店をご紹介。

ターバンカレー 金沢本店

ターバンカレー かなざわほんてん

香林坊 MAP 付録P.14B-1

さわやかな辛さの濃厚ルーにやみつき

濃厚なルーとカツ、キャベツが特徴の金沢カレー。昭和46年(1971)創業のターバンはその代表格で、20種以上のスパイスを使ったピリ辛のルーが人気のヒミツ。

☎076-265-6617
所金沢市広坂1-1-48 ウナシンビル1F
営11:00〜15:00 17:30〜20:00(LO19:30) 土・日曜、祝日11:00〜20:00(LO19:30)
休無休 交香林坊バス停下車、徒歩3〜4分 Pなし

8番らーめん 犀川大橋店

はちばんらーめん さいがわおおはしてん

片町 MAP 付録P.14B-4

ハチバンの名で親しまれるラーメン店

昭和42年(1967)に石川で開業、今や国内外にチェーン店は270店舗以上、県内だけでも約50店舗。良質な小麦で作る太麺、たっぷりのシャキシャキ炒め野菜が特徴。ラーメンの種類や餃子とのセットなどメニューも豊富。

☎076-232-1238
所金沢市片町2-21-12 KDビル1F 営11:00〜翌5:30(LO) 日曜、祝日は〜翌2:30(LO)
休無休 交片町バス停下車、徒歩1〜4分 Pなし

野菜らーめん 726円
8番を代表する商品。味は塩・味噌・醤油・バター風味の4種類。餃子との8番セットは979円(22時以降は55円増し)

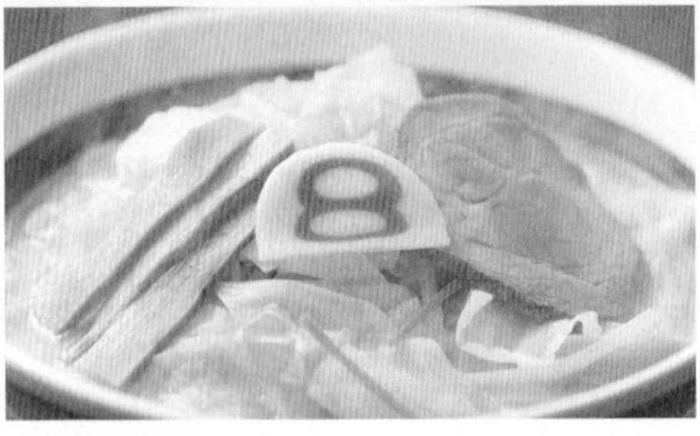

第7ギョーザの店

だいななギョーザのみせ

もりの里 MAP 本書P.3D-2

噛み応えのある独特の皮が好評

食べ応えと安さで幅広い層に人気の餃子専門店。看板メニューの「ホワイト餃子」は蒸した餃子を揚げ焼きにし、もっちりとした厚い皮が香ばしく独特の食感。焼き餃子、蒸し餃子、定食もあり、400〜900円程度。

☎076-261-0825
所金沢市もりの里1-259
営11:00〜21:00(LO)
休水曜(祝日の場合は翌日)
交若松バス停下車、徒歩5分 Pあり

ホワイト餃子 10個 650円
香辛料を効かせたひき肉と野菜たっぷりのホワイト餃子。吸い物とご飯が付くホワイト餃子定食716円

赤玉 本店

あかだま ほんてん

片町 MAP 付録P.14 B-4

金沢ダネとだしの旨みあふれるおでん

金沢には通年営業のおでん専門店が多数。創業約90年の赤玉は「金澤おでん」の代名詞。加賀野菜、加賀麩、魚介などさまざまなタネ約40種を揃え、ていねいに仕込まれた関西風秘伝だしがまろやかで滋味深い。

☎076-223-3330

所金沢市片町2-21-2 営12:00～22:00(LO)(2階は～LO22:30) 日曜12:00～21:00(LO) 休月曜(祝日の場合は翌日)、土・日曜・祝日の15:00～16:00 交片町バス停下車、徒歩1～3分 Pなし

1

2

3

1 車麩 260円 2 バイ貝 時価 3 カニ面 時価

車麩はだしをたっぷり含む。11月上旬～12月のみのズワイガニのメスを使うカニ面は1日の数も限定

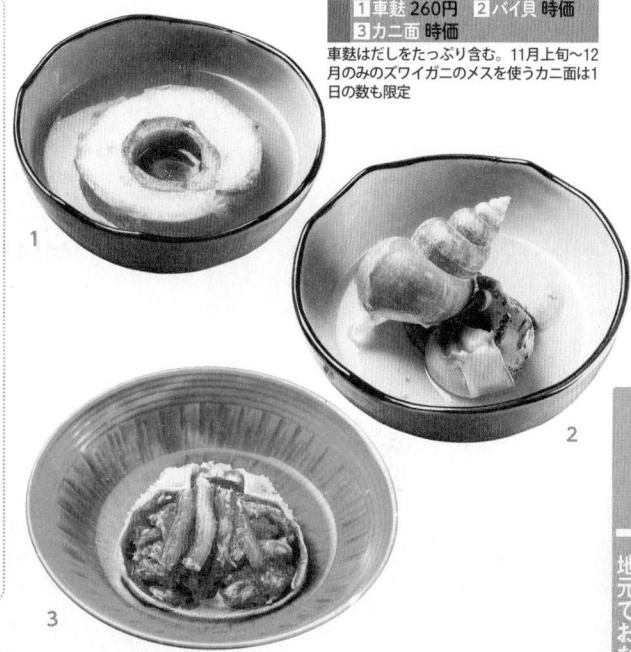

グリルオーツカ

片町 MAP 付録P.8 B-4

金沢の洋食といえばハントンライス

オムライスにフライをのせ、ソースをかけるのが「ハントンライス」。創業約60年のオーツカのハントンライスはタルタルソースが決め手で、客の半分が注文するヒットメニュー。手間をかけたクリームスープもぜひ。

☎076-221-2646

所金沢市片町2-9-15

営11:00～15:30 17:00～19:50 休水曜(祝日の場合は営業、代休あり) 交香林坊バス停下車、徒歩4分 Pなし

ハントンライス 930円

ふわとろ玉子の上に、自家製タルタルソースとケチャップ、魚介のフライがのる

↑一番人気のクリームあんみつは、トッピング満載

おすすめメニュー
クリームあんみつ 850円
紅茶あんみつ 800円
抹茶ぜんざい 750円

住宅街の一角にたたずむ
穴場的な甘味処

甘味処 金花糖

あまみどころ きんかとう
長町 MAP 付録P.8A-2

予算 800円〜

長町の奥まった場所に位置する甘味処。丹波大納言小豆と和三盆にこだわった自家製小倉餡が評判で、さらに白玉や寒天、アイスまでほぼすべてを手作りしている。甘味が大好きな女将さんだからこそ本物志向。フルーツも季節のフレッシュフルーツを使用している。

☎076-221-2087
所金沢市長町3-8-12 営12:00〜夕暮れどき 休火・水曜(祝日の場合は営業) 交香林坊バス停下車、徒歩10〜15分 Pあり

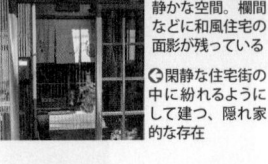

↑民家を再生した静かな空間。欄間などに和風住宅の面影が残っている

←閑静な住宅街の中に紛れるようにして建つ、隠れ家的な存在

味も見た目も食材も、抜群の甘味

加賀の古風な和スイーツ

茶の湯が盛んな金沢は和菓子が発達。小豆や和三盆、抹茶などに加え、漆器や焼物などの器も多彩。しっとり落ち着いた甘味をゆったり味わえる。

↓手前は熊本産わらび粉を使う本蕨もち(加賀棒茶付)、奥は吉野産本葛粉使用の本葛きり

おすすめメニュー
本蕨もち(加賀棒茶付) 1000円
本葛きり(加賀棒茶付) 850円

予算 850円〜

↑昔ながらの飲食店街、柿木畠通りに面する

↑大きな一枚板のテーブルの向こうには、かつての城の石垣が見える

全国各地の厳選素材で作る
極上の甘味が味わえる

つぼみ

香林坊 MAP 付録P.14C-2

金沢21世紀美術館の近く、辰巳用水や石垣を借景にした和モダンなカフェ。国産の本わらび粉や本葛粉、宮古島産の黒糖など選りすぐりの素材を取り寄せている。本蕨もちや本葛きり(ともに加賀棒茶付)のほか、季節限定の五郎島金時芋ぜんざい、夏季の氷などがある。

☎076-232-3388
所金沢市柿木畠3-1 営11:00〜18:00 休水曜 交香林坊バス停下車、徒歩5〜8分 Pなし

漆器専門店の4階にある
眺めの良い和喫茶

甘味処 漆の実

かんみどころうるしのみ

香林坊 MAP 付録P.14 C-1

老舗漆器店・能作の4階にあり、地元伝統工芸の漆器で甘味を味わえる。能登大納言小豆をじっくり炊いて仕上げる餡や注文を受けてから作る白玉など、上質の甘味が好評だ。人気は白玉入り抹茶クリームぜんざいで、厳選された抹茶の味わいが小豆餡とよく合う。

☎076-263-8121

所金沢市広坂1-1-60

営11:00〜17:45 休水曜(祝日の場合は営業)、8月は不定休 交香林坊バス停下車、徒歩5分 Pあり

ビル4階にあり、店内の1階からエレベーターで行ける

予算 800円〜

甘味もお茶もスプーンも漆の器で供される抹茶クリームぜんざい

おすすめメニュー
抹茶クリームぜんざい 840円
和菓子抹茶付 800円

注文でしか食べることができない吉はしの生菓子が付く抹茶セット

店内からは緑濃い、いしかわ四高記念公園が見下ろせる

全国のお茶を扱う老舗茶舗
お茶を使ったスイーツが美味

野田屋茶店

のだやちゃてん

竪町 MAP 付録P.11 D-2

安政6年(1859)創業の茶店に、中庭を眺める喫茶スペースが併設。自家焙煎のお茶を使う加賀棒茶などのお茶をはじめ、抹茶ソフトや抹茶アフォガードなどの甘味が楽しめる。まかないパフェは、白玉や寒天、コーンフレークが入り、上にかかるほうじ茶パウダーが芳ばしい人気のスイーツ。

☎076-221-0982

所金沢市竪町3 営9:30〜18:30

休無休 交片町バス停下車、徒歩7分

Pなし

予算 300円〜

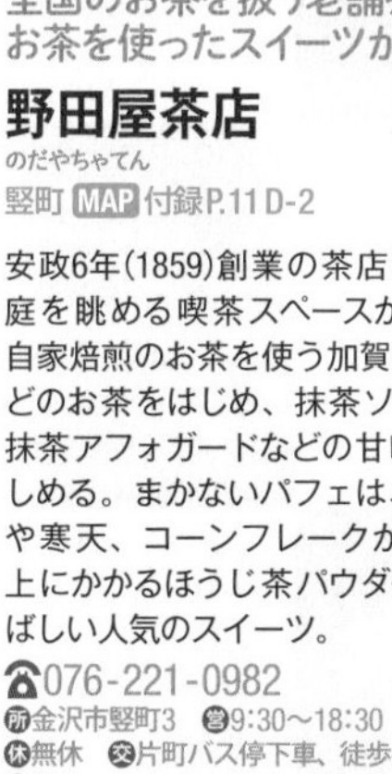

ファッションショップが並ぶタテマチストリートの南側にある

中庭が見える店内で、気軽にお茶スイーツを味わいたい

点てた抹茶と小豆餡、白玉、金箔がのる温かい抹茶ぜんざい640円

おすすめメニュー
まかないパフェ 820円
抹茶アフォガード 500円

抹茶白玉やソフトクリームにほうじ茶パウダーをかけたまかないパフェ

和文化の街にもおいしい洋菓子がいっぱい

金沢の洋スイーツ

金沢というと和菓子のイメージが強いが、洋菓子も負けていない。有名パティシエのケーキから金沢発全国展開のスイーツまで。観光途中のティータイムにぜひ。

↑←ミルクとダークの2種類のチョコレートケーキ、デュオ ショコラ（上）。ムースショコラとオレンジのクリームブリュレのラファロ（左）

金沢の人気ショコラトリー
種類豊富なチョコが魅力的

ル・ボン・ド・ショコラ・サンニコラ

香林坊 MAP 付録P.8 B-3

金沢の代表的ショコラトリー。ボンボンチョコはカカオ豆の種類や配合の異なるものが約30種類、ケーキも約20種類が揃う。焼き菓子が豊富なのも魅力。カフェではケーキやショコラショーなどもいただける。

おすすめスイーツ
ラファロ 540円
デュオ ショコラ 540円

☎076-264-8669
所金沢市香林坊2-12-24
営11:00～19:00（火曜は～18:00）
休水曜、第3火曜　交香林坊バス停下車、徒歩2～6分　Pなし

↑シックで落ち着いた店内に、チョコやケーキが並ぶ

金沢初のタルト専門店で
素材の味が生きるタルトを

Du Bon Temps

デュ ボン タン

近江町市場周辺 MAP 付録P.5 E-4

↑カフェスペースもあるので、その場で食べることも可

厳選された旬のフルーツをふんだんに使い、素材の味を生かした金沢初のタルト専門店。サクッとしたパイ生地など常時10種ほどが揃う。アイボリーが基調色のカフェスペースは、かわいくてどこか懐かしい安らぎ空間。

☎076-282-9948
所金沢市袋町1-1 かなざわはこまち1F
営10:00～19:00　休不定休
交武蔵ヶ辻・近江町市場バス停下車すぐ
Pあり

おすすめスイーツ
ベリーベリータルト 756円
季節のフルーツタルト 702円

→旬のフルーツと生クリーム＆カスタードクリームの季節のフルーツタルト

↘甘酸っぱいベリーとマスカルポーネチーズ入りのベリーベリータルト

石川県出身のパティシエ

辻口博啓（つじぐちひろのぶ）さんのスイーツ

国内外を問わず大活躍中のパティシエ辻口博啓氏は、石川県七尾市で和菓子屋の長男として誕生。その後洋菓子に興味を持ち、フランスで修業。世界的なコンクールでの優勝経験を持つ。

LE MUSÉE DE H KANAZAWA

ル ミュゼ ドゥ アッシュ カナザワ

兼六園周辺 MAP 付録P.9 E-4

石川県立美術館にある辻口氏プロデュースのカフェ。大きな窓から眺める風景と季節ごとの旬の果実や北陸の地元素材を使用したスイーツをカフェスペースでゆっくりと味わえる。

☎076-204-6100
所金沢市出羽町2-1 石川県立美術館1F　営10:00～18:00（LO17:00）　休不定休　交県立美術館・成巽閣バス停下車、徒歩2分　Pあり

↑玄米ビスキュイとレモングラスの香りをショコラムースで包み込んだ、ショコラの香りとまろやかな口溶けのミュゼ

一日の締めくくりに、大人の杯を傾ける

和風バーで至福の一杯

ひがし茶屋街や古くからの住宅街には、城下町風情を生かした和風のバーが点在。昔ながらの木造の建物でいただく一杯は格別。日常の喧騒を忘れ、落ち着いた時間を過ごせそう。

茶房&Bar ゴーシュ

さぼう＆バーゴーシュ

ひがし茶屋街 MAP 付録P.13 E-4

和の空間で洋酒をいただく幻想的な世界の味わい

畳と座布団の和の空間のなかで洋酒をいただくギャップが幻想的な雰囲気を生む。カウンター越しに庭を眺めながら物思いにふけるもよし、ブランデーを傾けながら語り合うもよし。東山らしいスタイルで粋な風情を楽しみたい。

☎076-251-7566
所金沢市東山1-16-5 営11:00(バータイムは19:00)～翌1:00(日曜は～24:00)
休火曜 交橋場町バス停下車、徒歩4～7分

予約 可
予算 3000円～
※チャージ料700円含む

洋酒全般を取り扱う。ショットバーとして楽しむのが粋

カウンター奥のガラスに雪のように舞う桜の花びらの絵が幻想的

築約140年の建物。茶屋の趣深い建物の中でいただく洋酒は格別

抹茶やビターなどの生チョコレート。各種軽食やつまみを取り揃える

おすすめメニュー
生チョコレート 800円

照葉

てりは

ひがし茶屋街 MAP 付録P.13 F-4

元芸妓の女将の店でおいしいワインはいかが?

元芸妓で現役のお茶屋の女将が営むバー。食後の二軒目として夜のひがし茶屋街の風情を感じるのにおすすめ。女将手作りのおつまみも美味。ガッツリ系からちょこっとつまみたい人まで種類が豊富なのもうれしい。

☎076-253-3791
所金沢市東山1-24-7 営19:00～23:00(LO)
休平日の昼、日曜・祝日の夜 交橋場町バス停下車、徒歩6～9分

予約 バーのみ可
予算 Ⓛ980円～ Ⓓ4000円～
※チャージ1200円

ワインに合う自家製ローストポーク(左)、自家製スペアリブの煮込み(右)

ボトルワインは6000円前後の手ごろな価格帯のものが多い

一般の人に茶屋の雰囲気を楽しんでもらえるよう茶屋の建物を改装

おすすめメニュー
自家製ローストポーク 918円
グラスワイン 950円

アートなショップ&カフェが待っています

ユニークカフェでほっこり

金沢では近年、町家を利用したカフェや、雑貨ギャラリーにカフェを併設した店が増えている。本格的な自家製スイーツを出す店も多く、甘い＆憩いの時間を過ごすことができる。

金魚鉢ソーダは6～9月の期間限定メニュー

カラダと財布にやさしい、アメリカンなお菓子が充実

CAFE DUMBO
カフェダンボ

香林坊 MAP 付録P.8 B-2

☎076-255-6966
所金沢市香林坊2-11-6
営12:00～18:00 休日・月曜
交香林坊バス停下車、徒歩2～6分 Pなし

コーヒーと自家製お菓子が楽しめる小さなカフェ。"ニューヨーク的"をコンセプトに雰囲気のよい店内でくつろげる。国産小麦使用や無添加などヘルシーさに配慮した自家製ケーキは約10種を用意。

1.アメリカン雑貨が飾られた1階には作りたて焼き菓子がいっぱい
2.濃厚な味わいのNYチーズケーキ550円とドリップコーヒー500円

ひがし茶屋街で大正時代にタイムスリップ

大正浪漫喫茶 金魚庵
たいしょうろまんきっさきんぎょあん

ひがし茶屋街 MAP 付録P.13 F-3

☎076-256-5642
所金沢市東山1-10-4
営11:00～17:00(食事14:00LO)
休第2・4水曜
交武蔵ヶ辻・近江町市場バス停下車、徒歩2～5分 Pなし

店内に足を踏み入れると、調度品からメニューにいたるまで大正時代をイメージしたものであふれている。室生犀星の『蜜のあわれ』に登場する金魚が店名の由来で、店内を見渡すとさまざまな金魚が隠れているので見つけてみたい。

1.喧騒を離れ、静かに時間旅行を楽しみたい
2.ビー玉に見立てた丸いゼリーがかわいいハイカラポンチ800円

北欧デザインに囲まれて手作りスイーツににっこり

KUPPI
クッピ

寺町周辺 MAP 付録P.10 B-2

☎076-241-3043
所金沢市野町1-1-5パレス桜通り1F 営11:00～17:30
休水曜 交広小路バス停下車、徒歩3～5分 Pなし

北欧の1950～60年代のヴィンテージ食器と雑貨を扱うショップを併設する小さなカフェ。女性オーナーが作る季節のケーキや菓子がパティシエ顔負けと評判。店内は温かな空気に包まれ、いつまでもくつろいでいたくなる。

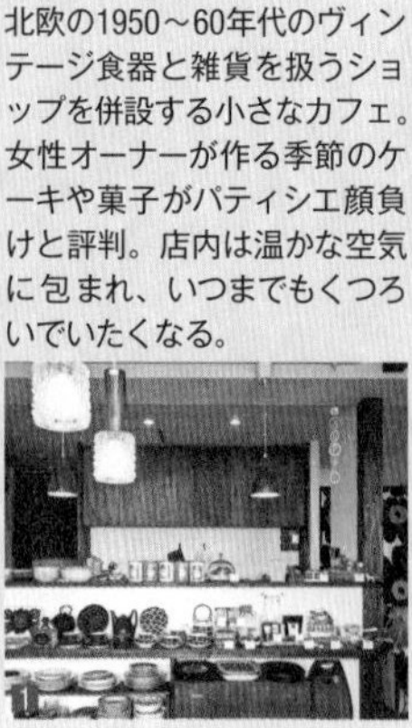

1.北欧家具を配した店内。窓際席からは犀川や医王山が望める
2.シナモンロール300円。シナモンと粗挽きカルダモンの香り

地元女子たちに人気、リーズナブルなスイーツ

UCCカフェプラザ ピノ
ユーシーシーカフェプラザ ピノ

片町 MAP 付録P.8 B-4

☎076-223-4199
所金沢市片町2-7-6
営11:30～20:30
休水曜(祝日の場合は営業)
交香林坊バス停下車、徒歩3～4分 Pなし

オムライスなどの洋食メニュー、パフェやワッフルなどボリュームたっぷりのスイーツはどれもリーズナブルで、常に女性客で賑わう。人気は、数種類のプチパフェとプチワッフルから各1種を選べるよくばりデザート。

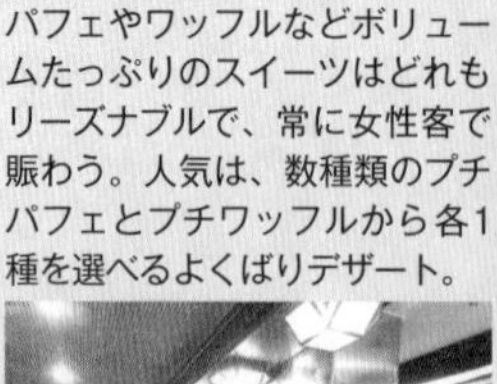
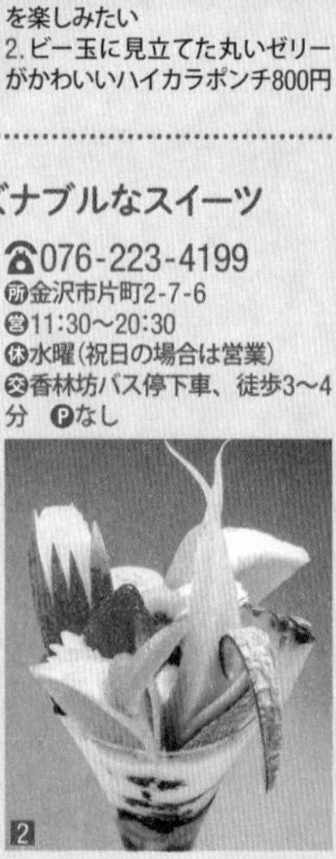
1.レンガの壁など昭和の頃の喫茶店といったレトロな雰囲気
2.7種ものフルーツが入るボリューム満点のデラックスパフェ1010円

買う

巧みな手仕事が
生み出す逸品に
魅せられて

藩政時代から連綿と
受け継がれてきた技の数々。
可憐で味わい深い和菓子、
きらびやかな工芸品に、
金沢でしか見られないような
希少な一品も。伝統を取り入れた
モダンなアイテムにも注目。

写真提供：金沢市

古き良き技が奏でる美しい味とかたち

城下で味わいたい 老舗の和菓子

京都、松江と並び金沢は日本三大銘菓の街。なかには藩政時代から続く老舗もある。茶道が盛んなうえ、日常的にも和菓子を嗜む土地柄なのだ。

↑石川屋本舗のくるみ松風5個648円。クルミ入りで味噌風味のカステラ菓子

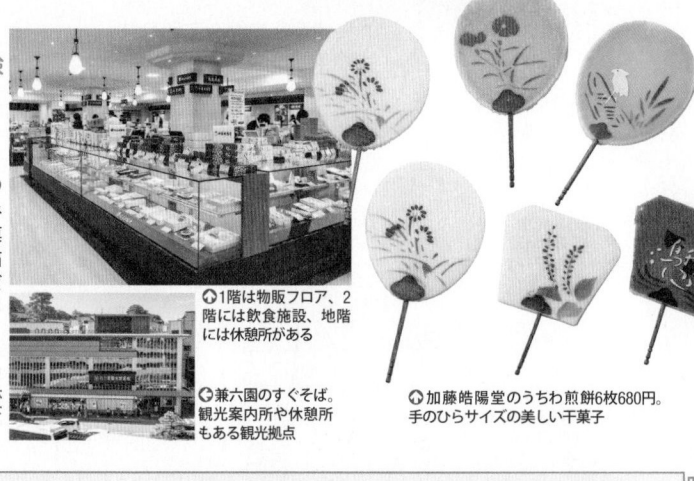

一度はやってみたい！
人気沸騰の和菓子づくり体験

石川県観光物産館

いしかわけんかんこうぶっさんかん

兼六園周辺 MAP 付録P.9 F-2

和菓子、工芸品、地酒など石川の名産品がすべて見られるのでおみやげ探しに便利。館内では、和菓子手づくり、砂彫りガラス、金箔貼り、加賀八幡起上り手描きなどが体験でき、特に和菓子手づくり体験は大人気。

☎076-222-7788 所金沢市兼六町2-20
営10:00〜17:50(時期、曜日、天候により変更あり) 休冬期の火曜、その他臨時休館あり 交兼六園下・金沢城公園バス停下車、徒歩1〜2分 Pあり

↑1階は物販フロア、2階には飲食施設、地階には休憩所がある

←兼六園のすぐそば。観光案内所や休憩所もある観光拠点

↑加藤晧陽堂のうちわ煎餅6枚680円。手のひらサイズの美しい干菓子

金沢ならではの体験をしてみたい

和菓子手づくり体験

金沢市内の有名和菓子店の職人さんがていねいに指導してくれる。自分で作った上生菓子3個と職人からのおみやげ1個をお持ち帰り。

料金 1700円(1階物販フロアで使える500円の商品券付)
開催日 土・日曜、祝日の10:00〜15:00(最終受付14:30)
※平日13:00〜1回のみ開催。HPや電話にて要確認
所要時間 約40分 予約 要

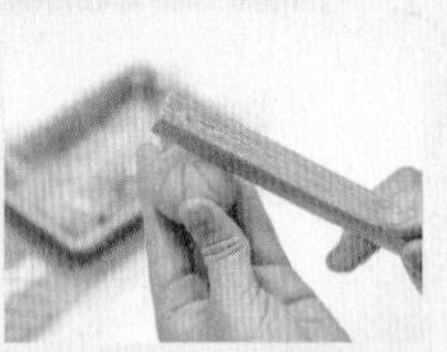

練りきり餡でこし餡を包んで形を整える。三角べらを手前から中心に動かして筋を入れ、装飾用の餡をつけて1つ目完成

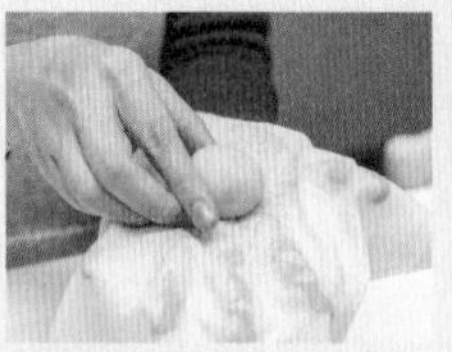

広げた練りきりに緑の練りきりをつけて葉を表現。これでこし餡を包んで丸め、茶巾で絞り跡をつけ、小豆をのせて完成

練りきり2種を広げて張り合わせ、裏ごししてそぼろ状にする。丸めたつぶ餡に、鳥の巣をイメージしてそぼろをつけて完成

この日の上生菓子のテーマは秋。1つ目は姫菊(左上)、2つ目が玉菊(右上)、3つ目がもみじ(下)。おみやげのお菓子も1個付く

金沢の伝統と情緒を感じる
雅な落雁や創作菓子たち

落雁 諸江屋 本店

らくがん もろえや ほんてん

寺町周辺 MAP 付録P.10A-3

嘉永2年(1849)創業、北陸の代表的な寺社の御用達を務める落雁の名店。ロングセラーの「花うさぎ」や室町時代の菓子を復元した生落雁「方丈菓子」など伝統的な落雁のほか、洋の素材を取り入れた創作菓子もある。

☎076-245-2854
所金沢市野町1-3-59　営9:00～18:00
休木曜　交広小路バス停下車、徒歩2～4分　Pあり

◎店の一角には、御用を預かる寺院名を記した木簡が並ぶ

◎築約80年の建物。隣接の落雁文庫では菓子の木型を展示している

◎紅白を合わせて包んだ鈴形の丸い落雁、加賀手まり25包入り1296円

◎加賀藩献上の抹茶を使って臼形に仕上げた濃楽落雁6個入り713円

藩政期以来の歴史を誇る
加賀和菓子文化の継承者

森八 本店

もりはち ほんてん

尾張町周辺 MAP 付録P.7D-4

江戸時代初期の寛永2年(1625)創業、日本三名菓のひとつ「長生殿」で名高く、加賀の歴史や文化をモチーフにした菓子も多い。店内には菓子木型千数百点を展示する美術館を併設、落雁手作り体験(要予約)もできる。

☎076-262-6251
所金沢市大手町10-15
営9:00～18:00　休無休
交橋場町バス停下車、徒歩1～3分
Pあり

◎2階にある金沢菓子木型美術館は入館200円、17時閉館

◎格子風の外壁やつやのある黒瓦など金沢の商家をイメージ

◎上質の和三盆を使い、390年余変わらない製法で作り続ける長生殿

◎能登産の貴重な宝達葛を用いた宝達葛くずきり、3本入り1340円

毎日、丹念に作られる
餡が自慢のお茶うけ

和菓子村上 本店

わがしむらかみ ほんてん

長町 MAP 付録P.8A-3

明治の創業より毎日、職人がていねいに作る餡。本店では菓子を1個から購入できる。餡と求肥餅を焼皮で包んだ黒糖ふくさ餅や、餡をくるんだ求肥にごまをまぶした垣穂など、お茶うけに最適の和菓子が揃う。

☎076-264-4223
所金沢市長町2-3-32
営9:15～17:30(夏期は～18:00)
休無休　交香林坊バス停下車、徒歩7～10分　Pなし

◎店内の甘味処では金箔小豆ソフトなどが味わえる

◎長町武家屋敷跡の一角にあり、観光の合間に買い物ができる

◎きなこ餡を求肥で包んだ垣穂1個130円。黒ごまと金ごまの2種

◎秋限定の栗餡入りの栗ふくさ餅、黒糖ふくさ餅、ともに1個216円

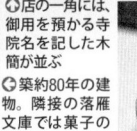

金沢の〝口福〟を持ち帰る
名店の和菓子をおみやげにする

金沢には、目にも舌にも麗しい和菓子がたくさん! 繊細な技術で作られたアートのようなお菓子たちは、どれも喜ばれること間違いなし。ハイクオリティなものばかりを編集部が独自にセレクト。

愛香菓
アーモンドとシナモンの口どけがよい菓子。コーヒー、紅茶に合う
●金沢うら田

じろあめ
無添加甘味料にもなる水あめ状の飴。
●あめの俵屋 本店

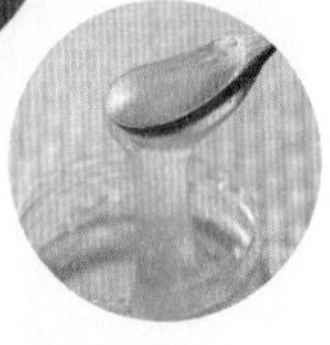

きんつば
豆の粒をつぶさないようにひとつひとつていねいに仕上げた薄皮のきんつば
●中田屋 東山本店

柴舟(籠入り)
柴を積んだ舟が川を下る姿をイメージした菓子。生姜砂糖のぴりっとした味わい
●柴舟小出

伝統の味にトレンドを添えて

金沢うら田
かなざわうらた

泉野町 MAP 本書P.3D-2

旬の素材にこだわり、ていねいに作り上げられた菓子は見た目にも味にも定評がある。季節限定商品も人気。

☎076-245-1188 所金沢市泉野町4-8-21
営9:00〜18:00(日曜は〜17:00) 休水曜
交泉野4丁目バス停下車、徒歩3分 Pあり(4台)

自然の甘みがほっこりやさしい

あめの俵屋 本店
あめのたわらや ほんてん

ひがし茶屋街周辺 MAP 付録P.6C-1

天保元年(1830)創業の金沢で最も古い飴屋。良質の米と大麦を原料とした飴は栄養価が高く体にやさしい。

☎076-252-2079 所金沢市小橋2-4
営9:00〜17:30(日曜は〜17:00) 休不定休
交小橋町バス停下車、徒歩2分 Pあり

素材にこだわる老舗和菓子店

中田屋 東山本店
なかたや ひがしやまほんてん

ひがし茶屋街周辺 MAP 付録P.7E-2

中田屋といえば「きんつば」。北海道産大納言小豆、丹波寒天など素材にこだわる金沢の定番。

☎076-252-1048 所金沢市東山3-4-30
営9:00〜17:00 休不定休
交橋場町バス停下車、徒歩3〜6分 Pなし

金沢の伝統菓子「柴舟」の名店

柴舟小出
しばふねこいで

金沢駅 MAP 付録P.12A-2

大正6年(1917)創業の老舗で、金沢の伝統銘菓「柴舟」が有名。美しい季節の和菓子も人気がある。

☎076-260-3754 所金沢市木ノ新保町1-1 百番街あんと内 営8:30〜20:00 休不定休
交JR金沢駅直通 Pあり

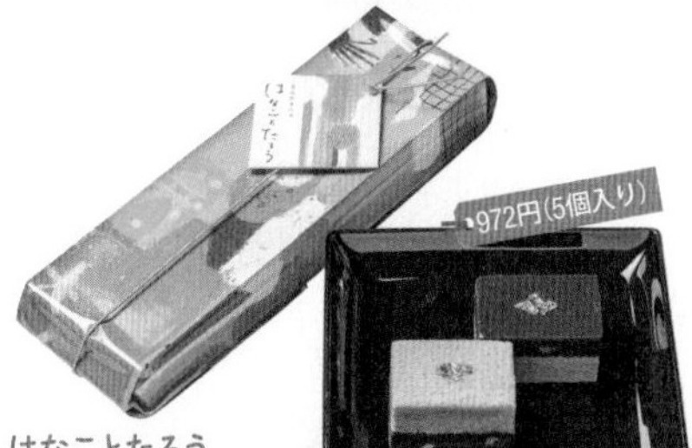

972円(5個入り)

はなことたろう
チョコようかんと抹茶カステラの2層。ポイントは上にのった輝く金箔
●茶菓工房たろう 鬼川店

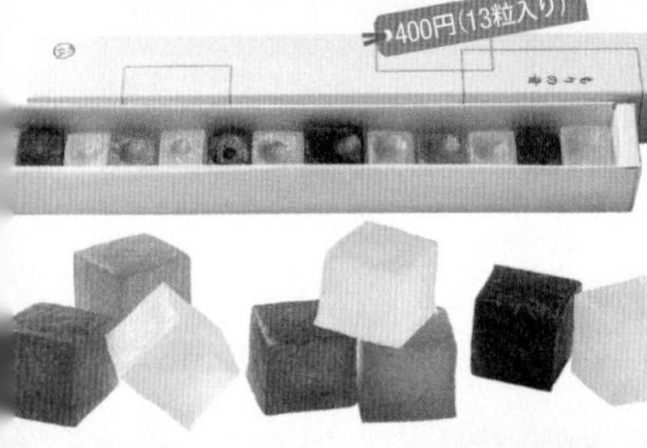

400円(13粒入り)

もりの音
良質な寒天をていねいに乾燥させたお菓子。カリッとした食感とやわらかな弾力が美味
●茶菓工房たろう 鬼川店

518円(小1個)

焼まん
代々店に伝わる大判の酒まんじゅう。加賀八幡起上りや兼六園の灯籠などの焼印が目印
●越山甘清堂 本店

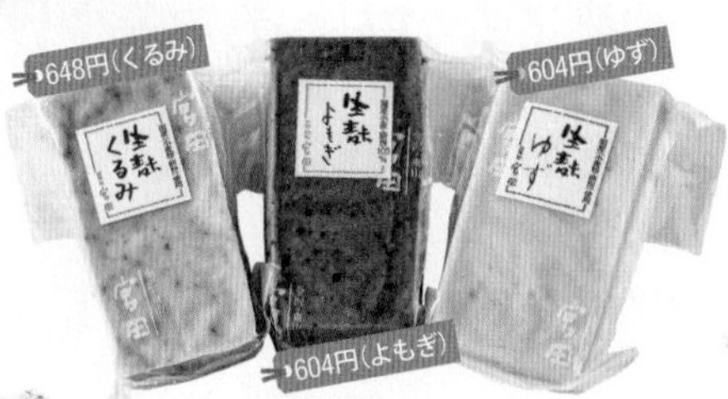

648円(くるみ) 604円(よもぎ) 604円(ゆず)

生麩
もっちりした生麩はそのまま切って刺身でも食べられる。デザートにも
●加賀麩司 宮田

1296円(16個入り)

紙ふうせん
丸いもなかに、ブドウ、レモン、ワイン、黒糖風味の和風ゼリーが入る
●菓匠 髙木屋

390円(大納言) 390円(大浜だいず) 390円(うずら豆)

1500円(130g入り)

豆壺(美濃焼)
美濃焼の壺に大納言、白花美人、金時豆の3種の甘納豆が入る。季節によって壺の色は変更される
●甘納豆かわむら

甘納豆(各80g)
大納言は一番人気。金沢のイメージキャラクターひゃくまんさん柄の商品も
●甘納豆かわむら

スタイリッシュな現代風和菓子

茶菓工房たろう 鬼川店

さかこうぼうたろう おにかわてん

長町 MAP 付録P.8A-3

定番のようかんやもなかに加え、斬新な創作和菓子も人気。オシャレなデザインのパッケージが目にもおいしい。

☎076-223-2838 所金沢市長町1-3-32
営8:45～17:30 休なし
交香林坊バス停下車、徒歩7～10分 Pあり

明治以来、餡にこだわり続ける

越山甘清堂 本店

こしやまかんせいどう ほんてん

尾張町 MAP 付録P.13D-2

地元の伝統、文化を大切にしたものづくりを続けながら新しい和菓子の創作にも積極的に取り組み、発酵あんの商品展開を進めている。

☎076-221-0336 所金沢市尾張町2-11-18
営9:00～17:30 休水曜(祝日の場合は営業)
交尾張町バス停下車、徒歩1分 Pあり

あらゆる麩が手に入る麩専門店

加賀麩司 宮田

かがふどころ みやた

ひがし茶屋街周辺 MAP 付録P.6C-1

国産小麦の原料にこだわる麩専門店で明治から続く老舗。麩の調理法についてのアドバイスを聞くこともできる。

☎076-252-0071 所金沢市東山3-16-7
営9:30～16:30 休水曜
交小橋／小橋町バス停下車、徒歩5分 Pあり

洋を取り入れた和菓子が大人気

菓匠 髙木屋

かしょう たかぎや

本多町 MAP 付録P.3D-4

大正14年(1925)創業。素材の持ち味を生かし和菓子本来のおいしさを追求。あんず餅、大納言最中などが美味。

☎076-231-2201 所金沢市本多町1-3-9
営9:00～17:30(火曜は～15:00、日曜は～17:00)
休水曜 交思案橋バス停下車、徒歩3分 Pあり

多種多様な甘納豆に目移り必至

甘納豆かわむら

あまなっとうかわむら

にし茶屋街 MAP 付録P.10A-2

添加物を使わない15～17種類の甘納豆を販売。定番の大納言から季節限定商品などラインナップは幅広い。

☎076-282-7000 所金沢市野町2-24-7
営9:30～18:00(日曜、祝日は～17:00) 休第1火曜 交広小路バス停下車、徒歩2～3分 Pあり

甘党でない人へのおみやげはこれ!
食都の金沢です。美味なる名品

加賀藩時代、前田家は京や江戸の料理人を招いた。確立された料理はレベルの高さが保たれ、さまざまな調味料や飲料、珍味などを育ててきた。いつもと違うおみやげを持ち帰りたい人は必見。

A 髙木糀商店
たかぎこうじしょうてん
ひがし茶屋街 MAP 付録P.13 E-3

昔ながらの糀室を利用する糀店

建物は江戸末期に建てられたもの。地下にある糀室でじっくりと時間をかけて、味噌などを醸造している。

☎076-252-7461 所金沢市東山1-9-3
営9:00～19:00 休無休
交橋場町バス停下車、徒歩5～8分 Pあり

B 中六商店
なかろくしょうてん
尾張町 MAP 付録P.6 B-3

プロの料理人にも愛される味噌

文化10年(1813)創業。現7代目が伝統を守り、味噌や醤油を製造。土蔵を改装した店舗も趣がある。

☎076-221-0154 所金沢市尾張町2-2-25
営9:30～18:00 休火曜 交武蔵ヶ辻・近江町市場バス停下車、徒歩2～5分 Pあり

C 醤油処 直江屋源兵衛
しょうゆどころ なおえやげんべえ
大野町 MAP 本書P.3 D-2

昔の食を現代に生かす老舗の醤油蔵

金沢港そばの大野・金石地区は醤油の一大産地。文政8年(1825)創業の同店はドレッシングなど新しい分野にも挑戦。

☎076-268-1300 所金沢市大野町4-16
営10:00～17:00 休水曜(祝日の場合は営業)
交JR金沢駅から車で17分 Pあり

D 上林金沢茶舗
かんばやしかなざわちゃほ
主計町茶屋街周辺 MAP 付録P.13 D-2

石川ならではのお茶の専門店

加賀棒茶をはじめ、県内産の茶葉を使用した加賀の紅茶、能登の紅茶などオリジナル茶葉を販売している。

☎076-231-0390 所金沢市下新町1-7
営9:30～17:30 休月1回日曜不定休
交尾張町バス停下車、徒歩1～2分 Pあり

E 松風園茶舗
しょうふうえんちゃほ
長土塀 MAP 付録P.2 B-2

香ばしい加賀棒茶をおみやげに

加賀棒茶を自家焙煎する日本茶専門店。浅煎り、深煎り、ティーバッグ等各種取り揃える。

☎076-261-5879 所金沢市長土塀1-18-36
営11:00～17:00 休日曜、祝日
交長土塀バス停下車、徒歩3分 Pあり

調味料

金沢は米麹を使用した味噌や醤油造りが盛ん。ひと味違うおみやげをどうぞ

A 塩糀
沖縄のシママースで作った塩糀。プロの料理人にもファンが多い。250g、648円

B 金沢中六みそ
大豆、米麹などを時間をかけてゆっくりと熟成させる昔ながらの製法で造られる2年熟成味噌。500g、400円

C 加賀野菜 金時草ドレッシング
赤紫色の金時草を使うためドレッシングはきれいなピンク色であっさりした味わい。200㎖、594円

お茶

日本茶でのもてなしが根強く残る金沢。日常に楽しめるお茶をお手元に

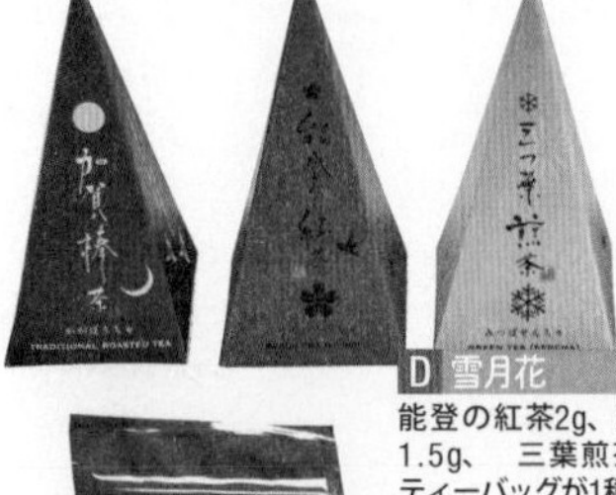

D 雪月花
能登の紅茶2g、加賀棒茶1.5g、　三葉煎茶2.5gのティーバッグが1種ずつ入った1箱6個入りセット972円

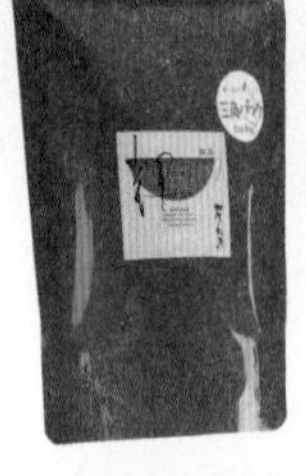

D 加賀の紅茶 輝
石川県加賀市打越で栽培された茶葉を使用。甘い香りが特徴の地紅茶。ティーバッグ3g×10個入り、864円

E 加賀棒茶 深煎り松乃棒
一番茶棒をじっくり深煎り焙煎。コクがありまろやかな味わい。100g、540円

ご飯のおとも

コシヒカリの名産地石川。ご飯に合うように工夫された珍味が多い

G 磯くるみ
くるみ、小魚、小エビをあわせ白ごまをふって仕上げた人気の佃煮。やや甘めで食べやすいおいしさ。100g、540円(変更の場合あり)

F 甘えび塩辛
新鮮な甘エビを塩辛に。塩麹を入れるためまろやかで深みのある味わいに。1瓶165g、2484円

G 器茶漬けじゃこ椎茸
もなか皮の中にお茶漬け専用の具が入る。ご飯の上で割りお湯を注ぐだけで完成。1個249円(変更の場合あり)

お酒

米、水、気候など酒造りに適した石川には、左党も唸る地酒がある

I 蔵元限定 純米大吟醸「金澤」
酒米の最高峰「山田錦」のみを使用し、伝統の技で丹念に仕込んだ限定酒。華やかな吟醸香と豊かな味わいが楽しめる。720mℓ、3630円

I 鏡花 GOLD
金沢の文豪、泉鏡花にちなんだ酒。華やかな香りと軽やかな味わい。370mℓ、2200円

H 酒の大沢 為
酒の大沢オリジナル。新鮮な魚介や加賀野菜など地元食材に合うように醸造。720mℓ、2420円

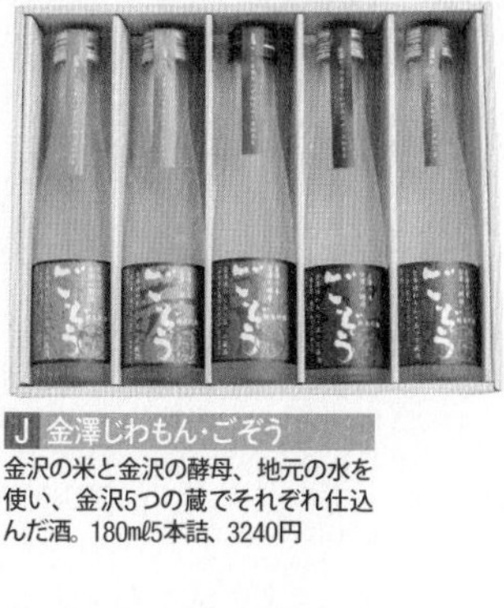

J 金澤じわもん・ごぞう
金沢の米と金沢の酵母、地元の水を使い、金沢5つの蔵でそれぞれ仕込んだ酒。180mℓ5本詰、3240円

F 金澤 北珍 肴の匠
かなざわ ほくちん こうのしょう
金沢駅 MAP 付録P.12A-2

酒の肴にご飯に合う逸品
魚醤を隠し味に使ういしり一夜干しをはじめ、甘エビやホタルイカ、ノドグロなどの魚介を加工した珍味が揃う。
☎076-260-3738(金沢百番街店)
所金沢市木ノ新保1-1　営8:30～20:00
休無休　交JR金沢駅構内　Pなし

G 佃の佃煮 本店
つくだのつくだに ほんてん
主計町茶屋街周辺 MAP 付録P.13E-2

素材を生かした佃煮の名店の味
金沢の佃煮といえばこの店。佃煮の専門店で、水あめ、砂糖、醤油で味付け。少し甘めの佃煮が人気。
☎076-262-0003　所金沢市下新町6-18
営9:00～17:00　休日曜　交橋場町バス停下車、徒歩2～3分　Pあり

H 酒の大沢
さけのおおざわ
近江町市場 MAP 付録P.12B-4

地酒購入のアドバイスをしてくれる
近江町市場で1軒しかない酒販店で、創業以来約100年。北陸3県の地酒を300種以上揃えている。
☎076-232-3636　所金沢市近江町30-1
営8:30～17:00 日曜、祝日9:30～15:00
休無休　交武蔵ヶ辻・近江町市場バス停下車、徒歩2～5分　Pなし

I SAKE SHOP 福光屋 金沢店
サケ ショップ ふくみつや かなざわてん
石引 MAP 付録P.3E-4

ていねいに仕込んだ純米造りの日本酒
寛永2年(1625)創業の老舗の造り酒屋。すべての日本酒を純米造りにしている。日本酒コスメもあり。
☎076-223-1117　所金沢市石引2-8-3
営10:00～18:00　休無休
交小立野バス停下車、徒歩1分　Pあり

J 杉原酒店
すぎはらさけてん
金沢駅周辺 MAP 付録P.4A-1

金沢の地域限定酒を購入できる
創業から約100年。石川県内の会員限定酒など、地酒とワインを常時400本ほど取り揃えている。
☎076-263-6501　所金沢市広岡2-7-1
営9:30～19:30　休水曜
交JR金沢駅西口から徒歩5分　Pあり

重厚な九谷五彩から自由な意匠まで多様多彩

豪華絢爛な工芸品 九谷焼を求める

17世紀半ばに発祥し50年後に途絶えた「古九谷」、
19世紀に再び興った「再興九谷」。
九谷五彩の伝統文様からモダンデザインまで、現代九谷の作風は幅広い。

「九谷焼」のこと

発祥は17世紀中期、大聖寺藩の九谷村(現在の山中温泉九谷村)。一時期途絶えたが、江戸時代後期に再興された。緑・黄・紫・紺青・赤の九谷五彩とガラス釉が特徴。

職人さんが彩色してくれる
世界にひとつのマイ茶碗

九谷光仙窯

くたにこうせんがま

にし茶屋街周辺 MAP 付録P.2 B-4

明治3年(1870)創業、金沢市では唯一、器の成形から上絵付けまで全工程を手がける九谷焼の窯元。食器を中心とする九谷焼商品を購入でき、絵付け体験(要予約)のほか、工房の見学もできる。

☎076-241-0902
所 金沢市野町5-3-3
営 9:00～17:00
休 第3木曜 交 野町バス停下車、徒歩5分
P あり

商品の中心は、茶器、酒器、皿など花鳥風月を描いた伝統的な食器

現天皇陛下(当時は皇太子)をお迎えしたこともある由緒ある窯元

コーヒーカップ、花唐草4400円(左)、青鷺草5280円(右)

吉田屋唐草の酒器セット1万6280円。吉田屋とは赤を使わない青手のこと

とびきりの陶芸みやげを作ろう

九谷焼絵付け体験

無地の食器から好きなモノを選んで自由に絵を描けば、あとは職人さんにおまかせして、仕上がりを楽しみに待とう。空席があれば、当日予約もできる。

料金 1650～5500円(器の種類により異なる)
受付時間 9:30～15:30
所要時間 約1時間 予約 要

酒杯、湯呑み、飯碗、皿など大小さまざまな食器約15種類から好みの器を選ぶ。ある程度大きいほうが絵を描きやすい

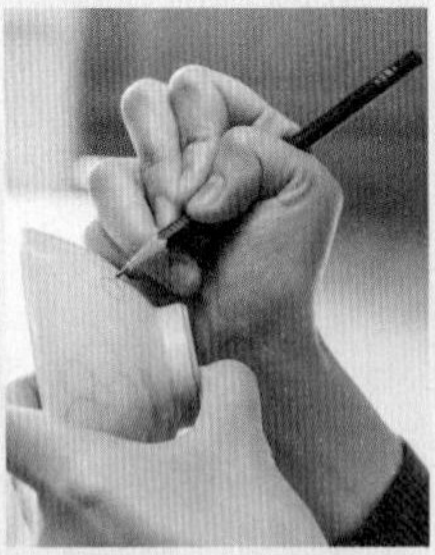

どんな絵柄にするか考える。素地(白い器)に鉛筆で下描きしてから絵具で線描きをする。鉛筆は失敗しても消えるので大丈夫

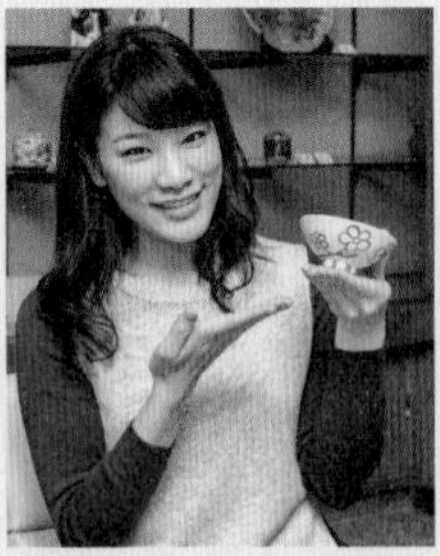

線描きができあがったら、色見本を見ながらどの部分にどの色をつけるか彩色を指定する。すべておまかせでもOK

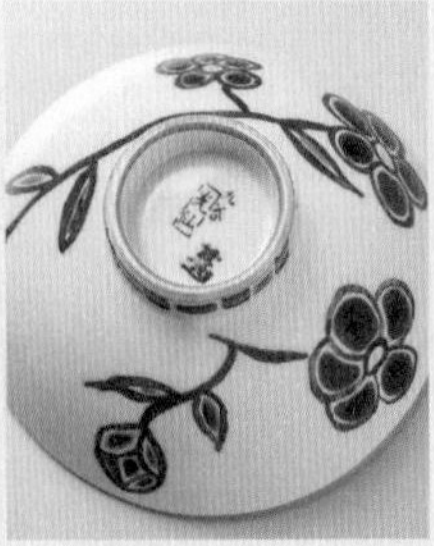

九谷五彩を含む和絵具で焼き上がったオリジナルデザインの本格的なマイ茶碗。約2カ月後に届けてくれる(送料別途)

↑錦手輪花形割絵小皿。明治期、有田焼の図柄を買い取り九谷で焼成

↗→九谷色絵替り小皿。愛らしい色使いが特徴の現代作家作品

アンティークから現代のアートまで金沢の和の美

東山あいおい

ひがしやまあいおい

ひがし茶屋街 MAP 付録P.13 E-4

☎076-255-0222
所金沢市東山1-16-6
営10:30～16:30 休水・木曜
交橋場町バス停下車、徒歩5～8分 Pなし

金沢らしい伝統工芸品を中心に、古美術商40年の経験で厳選したアンティークや地元現代作家作品を揃えている。価格帯は1000円台から高価なものまで幅広い。観光みやげではなく、本物志向の方におすすめ。

←閑静な路地の東山一番町通りにあった茶屋をリノベーション

↑九谷焼、加賀蒔絵、友禅のアンティークなど多彩な品揃え

暮らしに美を添える器を古色の屋敷空間で選ぶ

九谷焼 鏑木商舗

くたにやき かぶらきしょうほ

長町 MAP 付録P.8 B-3

☎076-221-6666 所金沢市長町1-3-16 営9:00～21:00(日・水曜、連休最終日は～18:00) 休不定休 交香林坊バス停下車、徒歩6～9分 Pなし

文化2年(1805)創業。館内には明治期の九谷アンティークの展示室、ショップ、食事処がある。九谷の古典文様を生かしたワイングラスやモダンな色合いの器など、現代の暮らしに華やぎや遊び心をもたらす品々が並ぶ。

↑長町の一角にある武家屋敷を改装。風格を感じさせる門構え

↑日本庭園を望む店内は、著名作家から若手作家まで多彩な品揃え

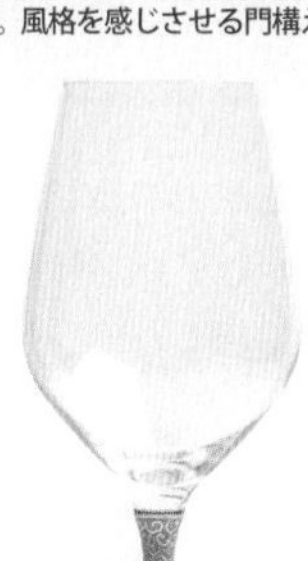

→鏑木ワイングラス。ステムの柄は50種以上

↑→糠川孝之氏の波千鳥フリーカップ(右)、フィッシャーとくじらマグカップ(上)。色使いが斬新

「用の美」を追求した伝統柄から若手作品まで

九谷焼 諸江屋

くたにやき もろえや

片町 MAP 付録P.14 A-1

☎076-263-7331 所金沢市片町1-3-22 営9:00～19:00 休水曜 交香林坊バス停下車、徒歩3分 Pなし

江戸末期の文久2年(1862)に創業。日常になじみやすい現代作家作品から青手や赤絵などの伝統文様の器まで多種多彩な品が揃う。繊細な染め付けと優美な絵柄で女性に支持されている中井理節氏の器も豊富。

↑1階は普段使いの器、2階は人間国宝など有名作家のギャラリーになっている

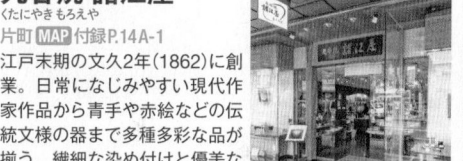

↑食器、酒器、装飾品、置物、アクセサリーなどさまざまな品が並ぶ

↑万年青、宝尽くしなど伝統柄の九谷焼醤油スプレー1本2530円～

←大志窯のマグ。白粒、青粒鳥唐草文各5005円

折々の花鳥風月を繊細、華麗に描く世界

加賀友禅・加賀繍を手に入れたい

絵画調や虫食いやぼかしの技法、防染の糸目糊を特徴とする加賀友禅。室町時代から続く優雅な手刺繍の加賀繍。和装品をはじめ、多様な商品が展開されている。

「加賀友禅」のこと

約500年前、加賀の「梅染」を起源とし、江戸中期、京都出身の宮崎友禅斎が友禅糊や意匠など基礎を確立。写実的な草花模様や友禅五彩を基調とする多彩調が特徴。

明治期から続く工房で職人の技に魅了される

茜やアーカイブギャラリー

あかねやアーカイブギャラリー

長町 MAP 付録P.11 D-1

創業120年を超える歴史ある加賀友禅の工房「茜や」がギャラリーをオープン。職人の技術や模様の意味、心意気など、伝統の中に息づく文化を展示や体験を通して感じることができる。

☎076-223-8555
所 金沢市里見町53-1
営 10:00～17:00 休 月～金曜
料 入館無料 交 香林坊バス停下車、徒歩9～12分 P あり

↑さまざまな体験プログラムで加賀友禅の世界を堪能

↑古い町家の街並みが続く里見町の路地に立つ

↑歴史、文化、職人の技など、加賀友禅の極意にふれられるミュージアム

加賀友禅の染色技法にふれる

手描き加賀友禅体験

職人の極意を知る貴重な体験。華やかながら落ち着きも感じられる加賀友禅の魅力を体験を通して深掘りできる。

料金 こぶろしき1枚3500円
所要時間 60～90分
予約 要

工程の見学だけでは知ることのできない「職人の極意」をちょっとだけ体得できる。

いつものランチが華やぐ「お弁当小風呂敷」に。おみやげやプレゼントとしても最適。

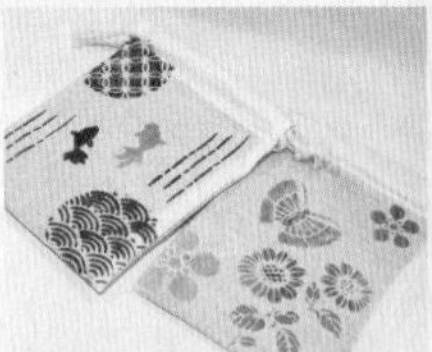

料金 きんちゃく型染め体験
1枚1000円
所要時間 30～60分
予約 要

料金 きんちゃく染め分け体験
1枚1000円
所要時間 40～60分
予約 要

料金 マイバッグ型染め体験 (S)1枚1800円
(M)1枚2200円
所要時間 40～60分
予約 要

※各体験定員10名
HPの体験プログラム申込フォームから要予約

美しい着物ライフを提案
友禅柄の和小物も充実

加賀友禅の店 ゑり華

かがゆうぜんのみせ えりはな

竪町 MAP 付録P.11 D-1

明治33年(1900)創業、金沢を代表する加賀友禅専門店。友禅作家による手描きの逸品着物から、和装小物や和雑貨を多数取り扱う。店内には加賀お国染ミュージアム(入館料300円)も併設されている。

☎076-261-9188
所金沢市竪町34 営10:00～18:30 休水曜、ほか不定休(昼休みあり) 交片町バス停下車、徒歩5分 Pなし

金沢の若者の流行発信エリア、タテマチストリートにある

彩り美しく若々しいデザインのBag「SACHIKO」8万6400円

加賀繍の精緻で伝統の技法を駆使した包み袱紗1枚2万1600円

繊細な手描きの技が光る加賀友禅 小風呂敷1枚2万7500円

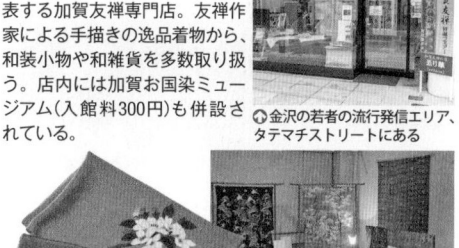

加賀お国染ミュージアムでは常設展示のほか企画展示も行う

オリジナル柄の型染め友禅で作られた加賀友禅巾着1個1760円

華やかで奥ゆかしい
絹糸の妙技がきらめく

加賀繍 IMAI

かがぬい イマイ

三口新町 MAP 本書P.3 D-2

江戸時代には藩主の陣羽織や奥方の着物に使われた加賀繍。糸を重ねて立体性を出す肉入れ繍、グラデーションをつけるぼかし繍が特徴。IMAIではアクセサリーやバッグなど加賀繍を現代風にアレンジした一点ものが揃う。

☎076-231-7595
所金沢市三口新町3-4-19
営10:00～17:00 休不定休
交三口新町バス停下車、徒歩2分
Pあり

ブローチやヘアゴムなど小物から着物や帯など高級和装品まで多彩

加賀繍の体験(2～3時間2500円～、要予約)も行っている

上品な友禅や天然本酒袋の
バッグをプロデュース

加賀友禅 袋もんや 木倉や

かがゆうぜん ふくろもんや きぐらや

尾張町 MAP 付録P.6 C-3

天正7年(1579)創業の袋物屋。袱紗や巾着など上品な手描き加賀友禅の和小物や、酒袋生地を柿渋で染めた天然本酒袋のバッグなどを企画制作する。近年は、前田家伝来名物裂の文様入り遊禅ベアが女子に大好評。

☎076-231-5377 所金沢市尾張町2-6-30
営10:00～17:00 休無休
交尾張町バス停下車、徒歩1～2分 Pあり

バッグを中心に多彩な和小物が揃う。店舗奥には中庭があり、ひと息つける

江戸時代には加賀藩御用商人を務めたこともある歴史ある店

友禅柄の扇子1本3850円は各種の柄が揃う。カバンに忍ばせて

華やかな文様の牛革&絹の加賀友禅手さげBag2万7500円

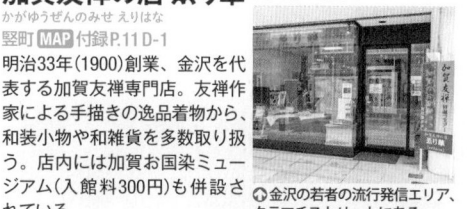

いかにも百万石らしい、きらめきみやげ

金沢箔(かなざわはく)を使ったかがやきアイテム

16世紀末には箔を製造していたという金沢は現在、全国生産量の99%以上を占める一大産地。工芸品だけでなく、アクセサリー、コスメなどのアイテムが揃う。

「金沢箔」のこと

前田利家が文禄2年(1593)に箔の製造を命じた文書があることから、それ以前から職人がいたと推定される。金沢は箔作りに適した気候と水質に恵まれていたため発展した。

1万分の1㎜を体感し
オリジナルグッズを制作

今井金箔 本店

いまいきんぱくほんてん

幸町 MAP 付録P.11 F-3

明治31年(1898)創業、優れたクオリティの金箔を製造し、販売までを一貫して行う。ショップには食器、ステーショナリー、装飾品、コスメ、食品など多種の品揃え。豊富なアイテムが用意されている箔貼り体験も好評。

☎076-223-8989　所金沢市幸町7-3　営10:00〜17:00　休日・月曜、祝日　交幸町バス停下車、徒歩3分　Pあり

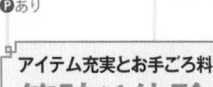

店内の一角には純金箔と純金露玉で作られた井戸「金箔霊泉」がある

光り輝く金の井戸の周りでは、ソフトに金箔を貼る体験(880円)が人気

加賀てまりをイメージしたかわいいお吸い物「お吸い物もなか　こてまり」4個入り1782円

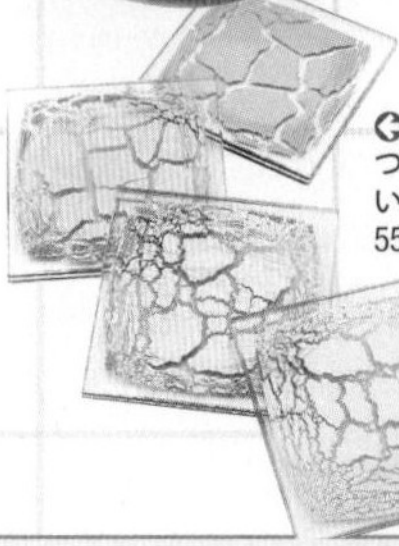

偶然が生み出す、世界に一つしかない独特の模様が美しい「箔ガラスコースター」各5500円

アイテム充実とお手ごろ料金

箔貼り体験

金箔の薄さ1万分の1㎜が体感できる体験。ステンレスボトルやマイバッグなど、さまざまなアイテムとデザインから好みの物を選ぼう。

料金 770〜2750円(アイテムにより異なる)　体験時間 10:00〜、13:00〜、15:00〜
所要時間 約1時間　予約 要

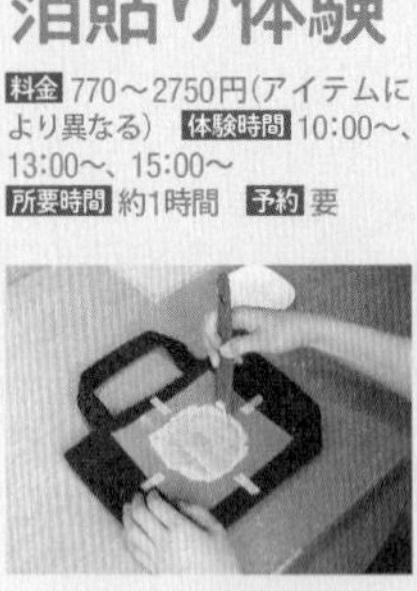

アイテム(今回はマイバッグ)を選ぶ。着物柄「加賀小紋」のシートに糊をつける。

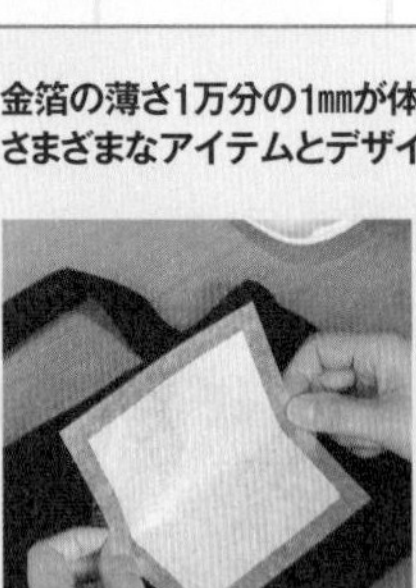

糊をおいたところに薄紙に移した金箔を貼り付ける。

約10分乾燥させた後、箔をやさしく払い落とす。

世界に一つだけのオリジナルアイテムのできあがり。

金の潤いパワーに着目した
コスメなど箔文化を拡大

箔一 東山店

はくいち ひがしやまてん

ひがし茶屋街 MAP 付録P.13 E-4

昭和51年(1976)、金箔打紙製法によるあぶらとり紙を日本で初めて開発した箔一のショップ。金箔コスメ「KINKA」は、金箔が保湿力をサポートしてくれる人気コスメ。ほかにもさまざまな金箔製品を企画・販売している。

☎076-253-0891 所金沢市東山1-15-4 営9:00～18:00 休無休 交橋場町バス停下車、徒歩3～6分 Pなし

◯元銭湯の東湯をリノベーション。黒と白のコントラストが特徴

◯1階には金沢箔製品が並ぶ。金箔ソフト891円はSNSでも話題

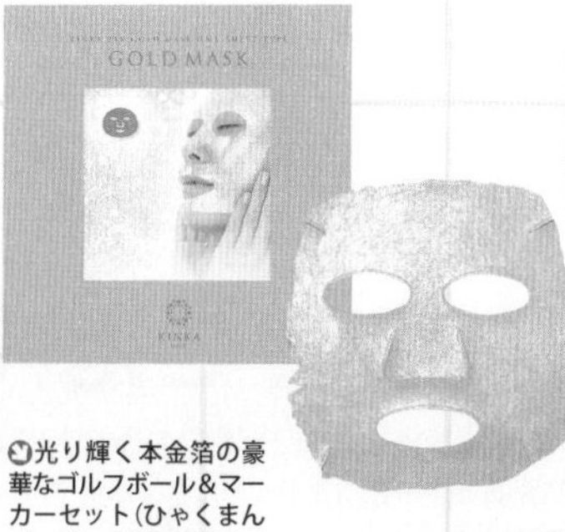

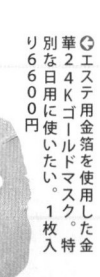

◯エステ用金箔を使用した金華24Kゴールドマスク。特別な日用に使いたい。1枚入り6600円

◯光り輝く本金箔の豪華なゴルフボール&マーカーセット(ひゃくまんバージョン)5500円

キラキラ雑貨や記念品など
ユニークな品揃え

金箔工芸 田じま

きんぱくこうげい たじま

近江町市場周辺 MAP 付録P.5 D-4

明治30年(1897)から続く金箔問屋。小花シリーズなどの工芸小物、石川の観光地を描いた金箔しおりなどの記念品、正月用金箔杯などの縁起物などユニークな品揃え。2階では金箔貼り体験(1500円～、要予約、所要約30分～)も実施している。

☎076-201-8486 所金沢市武蔵町11-1 営10:00～16:00 休火曜(祝日は営業) 交武蔵ヶ辻・近江町市場バス停下車、徒歩2分 Pなし

◯歴史をテーマとする金箔製品や縁起物などが個性的

◯近江町市場のすぐそばにあり、観光の合間に気軽に立ち寄れる

◯小さめの二段重・宝づくし3300円はアクセサリー入れとしても重宝しそう

◯ロングセラーの愛らしいプチミラー(カバー付き)、加賀梅鉢文様2200円

純金プラチナ箔を用いた
高感度なアイテムが魅力

箔座ひかり蔵

はくざひかりぐら

ひがし茶屋街 MAP 付録P.13 E-3

金とプラチナを合金・製箔した世界初の純金プラチナ箔を用いたオリジナル商品が揃う。デザイン性に優れたアクセサリー類を中心に、バッグ、インテリア、器など、女子心をくすぐるアイテムがいっぱい。

☎076-251-8930 所金沢市東山1-13-18 営9:30～18:00(冬期は～17:30) 休無休 交橋場町バス停下車、徒歩4～7分 Pなし

◯店舗奥には外壁を純金プラチナ箔、内壁を24Kの純金箔で仕上げた黄金の蔵がある

◯ひがし茶屋街の目抜き通りに面した茶屋建築を利用した店舗

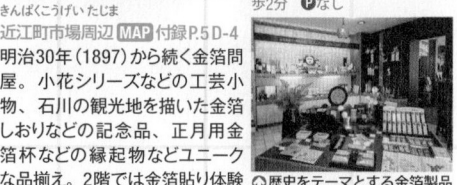

◯純金プラチナ箔の2色のドットを配したグログランバッグ箱型墨1万1550円

代表的な伝統工芸は加賀百万石の遺産

繊細で華麗な 漆器の美を感じる

世界にもその名を知られる高級漆器の輪島塗をはじめ、山中漆器や加賀蒔絵など漆器の産地としても有名。家庭で日常使いできる手ごろなものから、アンティークまでチョイス!

「漆器」のこと

石川県には3種の漆芸がある。輪島塗は120以上の手作業による堅牢さを、金沢漆器は豪華で高度な蒔絵の加飾を、山中漆器はろくろを使った挽物の技法を特徴とする。

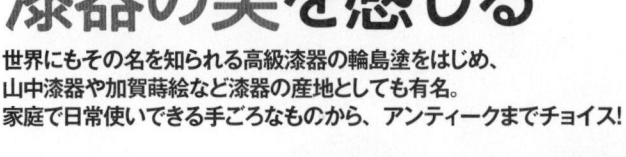

燕三条のステンレスと漆を混ぜて着色したパール漆ステンレスカップ

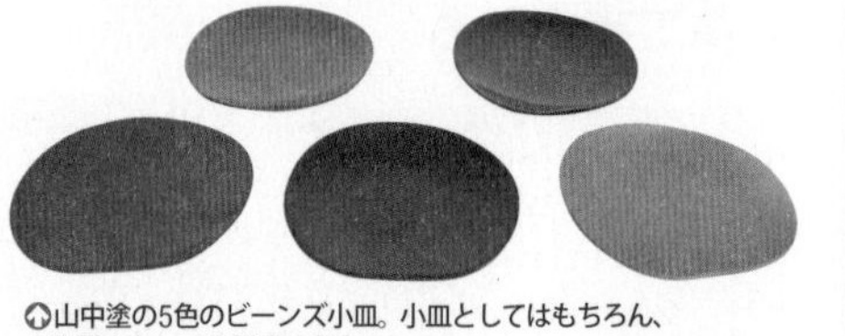

山中塗の5色のビーンズ小皿。小皿としてはもちろん、小物置きとしても利用できる

能作

のさく

香林坊 MAP 付録P.14 C-1

伝統ある漆器のぬくもりを肌で感じさせてくれる店

安永9年(1780)創業の老舗漆器店。1階には暮らしのなかで気軽に使いたい漆器やおみやげとして喜ばれる漆器が並ぶ。上階には、暮らしにゆとりを与えてくれそうな県内漆器メーカーや作家ものの高級漆器が揃う。

☎076-263-8121 所金沢市広坂1-1-60 営10:00〜18:00 休水曜(祝日の場合は営業、8月は不定休) 交香林坊バス停下車、徒歩5分 Pあり

手ごろな価格帯の品から高級品まで幅広い漆器を取り揃えた店内

金沢市役所の通り沿いにある伝統を感じさせる看板が目印

創作漆器わこう

そうさくしっきわこう

金沢駅 MAP 付録P.12 A-2

エキナカで見つける城下町ならではの逸品

日常に使いやすいアイテムを比較的手ごろな値段で提供。おみやげ用に1000円前後で手に入る食器や小箱などが並ぶ。漆芸カードケースや漆芸ボールペン、輪島塗のアクセサリー類など、自分へのご褒美や旅の記念にも最適な品が並ぶ。

☎076-260-3775 所金沢市木ノ新保町1-1 金沢百番街あんと 営8:30〜20:00 休無休 交JR金沢駅構内 Pあり

電車内への持ち込みに便利な小さな漆器類が多数揃う

JR金沢駅構内、金沢百番街あんとの一角にある漆器店

カラフルでデザインも美しい漆カップ。内側は白漆

石田漆器店

いしだしっきてん

片町 MAP 付録P.14 B-4

老舗漆器店で目と心に潤いを与える一品を

雑居ビルやホテル、商業ビルが並ぶ片町の大通り沿いにある

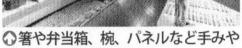

箸や弁当箱、椀、パネルなど手みやげに最適な漆器が揃う1階

明治2年(1869)創業の漆器専門店。輪島塗、山中漆器、加賀蒔絵など石川県の伝統工芸品を中心に扱っており、商品の品揃えが豊富なのが魅力。店内には箸やアクセサリー、銘々皿、椀などおみやげにもぴったりな工芸品が並ぶ。

☎076-261-2364 所金沢市片町1-7-21 石田ビル 営10:00〜18:00 休水曜 交片町バス停下車、徒歩1分 Pあり

輪島塗に松竹梅文様の加賀蒔絵を施した絢爛豪華な切手盆

地は溜め塗で、仕上げに秋草文様の加賀蒔絵が施された半月銘々皿

喜八工房 金沢東山店

きはちこうぼう かなざわひがしやまてん

ひがし茶屋街 MAP 付録P.13 F-3

金沢の山中塗発信基地 伝統工芸が世界に羽ばたく

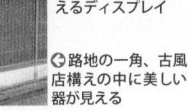

ひとつひとつの漆器の存在感と美しさが映えるディスプレイ

路地の一角、古風な店構えの中に美しい漆器が見える

木地挽きろくろの高い技術を有する石川県加賀市の伝統工芸、山中漆器。その良さを、世界にも発信していきたいというオーナーが営む。薄い仕上がりの漆器は洗練されたフォルムで、商品の約9割が山中漆器のろくろ挽きの器。

☎076-251-1151 所金沢市東山1-26-7 営11:00〜17:00 休不定休 交橋場町バス停下車、徒歩5〜8分 Pなし

糸目筋が山中塗らしい、欅の糸筋椀

江戸時代の蕎麦猪口をモダンにアレンジ、栃のフリーカップ黒と朱

アンティーク山屋

アンティークやまや

ひがし茶屋街 MAP 付録P.13 E-3

茶屋街でアンティーク探し 運命の品に出会えるかも

英国製のティーカップ7560円〜ほか、バカラのグラスもある

ひがし茶屋街の200年近く経つお茶屋を利用した建物

できるだけ実用で使えるものを、という商品セレクトのポリシーから、高価な品でも実用的なものが多いアンティークショップ。輪島塗や九谷焼など日本の骨董から、英国製磁器、絵画やアクセサリーまで幅広く扱う。

☎076-251-2515 所金沢市東山1-13-20 営11:00〜17:00 休木・金曜 交橋場町バス停下車、徒歩4〜7分 Pなし

輪島塗の骨董品で蒔絵吸物椀。上品で大人な花唐草文が美しい

高台付の気品ある盃台。菓子皿としてや、アクセサリーを置いてもいい

愛らしくモダン、希少な伝統の品

工芸王国金沢の名品セレクション

伝統工芸が盛んな金沢には36の工芸業種があり、伝統を受け継ぐ職人が少ない希少な工芸品もある。そのなかでも、ぜひおみやげに持ち帰りたいおすすめの工芸品をピックアップ。

A まんまる夏火鉢 3万8500円
桐の丸太をくりぬいて作る火鉢。ふた付きでころんとした形がかわいい

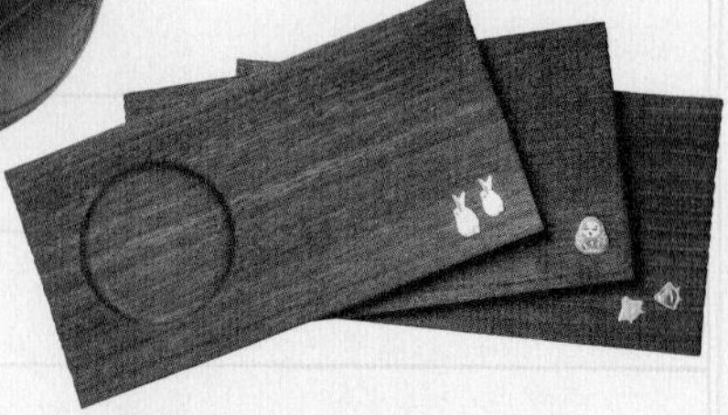

A ちょこっとトレー 5500円
蒔絵入り。左にカップを、右に菓子などを置いて来客にどうぞ。無地のトレー1980円もある

B ゆびぬきストラップ5775円
ミニゆびぬきと加賀藩前田家の家紋でもある梅の鈴がセットになっている

B 金沢てまり 1万1550円
大胆な色使いとシャープな幾何学模様。加賀てまりの柄は数百あり、どれも優美

C 犬張子 1980円
犬は元気で成長が良い、お産が軽いなどといわれ、魔除けとしても飾られてきた

C 加賀八幡起上り 1体1650円
女の子が生まれたら出産祝いや初節句に贈る縁起物。健やかな成長を願う

A 岩本清商店
いわもときよししょうてん
近江町市場周辺 MAP 付録P.5 E-2

奥深い良質な桐工芸品が揃う

焼いた木肌が美しく、日用の調度品として古くから重宝されてきた桐工芸。創業100年を超える同店では、伝統の技術で作る現代家庭に合った新たな工芸品を生み出している。

☎076-231-5421
所 金沢市瓢箪町3-2
営 10:00〜18:30
休 火曜
交 明成小学校前バス停下車すぐ
P なし

B 加賀てまり 毬屋
かがてまり まりや
香林坊周辺 MAP 付録P.8 C-2

雅な幾何学模様の美に魅了される

カラフルな糸を使う加賀てまりは鮮やかで美しい幾何学模様が特徴。絹糸でかがる加賀ゆびぬきはアクセサリーとしてもOK。加賀ゆびぬきづくり体験2900円〜もできる。

☎076-231-7660
所 金沢市南町5-7
営 9:30〜18:00
休 火・水曜
交 南町・尾山神社バス停下車、徒歩2〜3分
P なし

C 中島めんや
なかしまめんや
近江町市場周辺 MAP 付録P.12 A-4

かわいらしい郷土人形に出会える

文久2年(1862)創業の加賀人形と郷土玩具の専門店。武芸に励む元気な男の子を表した加賀人形や魔除け・厄払いになる加賀獅子頭などがある。加賀八幡起上り絵付け体験880円も可。

☎076-232-1818
所 金沢市青草町88 近江町いちば館地下
営 9:00〜18:00
休 火曜
交 武蔵ヶ辻・近江町市場バス停下車、徒歩1〜3分 P なし

D 水引イヤリング 花（小）
ホールド　各4400円
シンプルな小さめの花モチーフの水引細工イヤリング（ピアスもあり）。控えめな小ぶりなデザインのホールドタイプなのでさまざまなシーンに合わせやすい

D 水引箸置き（一輪梅）各550円
おめでたい席などで季節を問わず私用できる梅の箸置き。軽い水洗いも可能

E 針山 各2200円
古布を使用して作られたコロンとした形がかわいい針山

D 水引キーホルダー・キーフック 花 4400円
水引の基本の結びである「あわじ結び」を応用して作られた花モチーフの水引細工

F ホロホロ鳥のピアス
1対4860円
軽やかな印象で幅広い年齢層に。パーティなどの華やかな演出にも合いそう

E 桐のお針箱 5280円
加賀お細工物の桐箱に希少伝統工芸品の目細針が入っている。中村由紀子氏作

F カワセミのヘア&ブローチ
各6480円
カワセミの美しく輝くような空色の羽根を使い、可憐な花の形に仕上げている

D OMO5 金沢片町 by 星野リゾート
オモ5 かなざわかたまち バイ ほしのリゾート
香林坊周辺 MAP 付録P.14 A-2

水引細工発祥の老舗のアイテムを
100年を超える歴史をもつ、水引細工発祥の老舗「津田水引折型」でていねいにひとつひとつ手作り制作する、水引アクセサリーブランド「knot（ノット）」のアイテムをホテル1階ロビーで購入できる。

☎050-3134-8095（OMO予約センター）
所 金沢市片町1-4-23 OMO5金沢片町by星野リゾート(P.22)1階　営休 ホテルに準ずる　交 香林坊バス停下車、徒歩4分　P あり

E 金沢・クラフト広坂
かなざわ クラフトひろさか
兼六園周辺 MAP 付録P.9 D-4

和の手仕事品を身近に感じられる
加賀繍や加賀毛針、二俣和紙、加賀象嵌など、金沢の希少な伝統工芸品のほか若手工芸作家のコーナーも充実し、さまざまな品々を展示販売。職人の手仕事で作られる貴重な工芸品をおみやげにどうぞ。

☎076-265-3320
所 金沢市広坂1-2-25
営 10:00～18:00
休 月曜（祝日の場合は翌日）
交 広坂・21世紀美術館バス停下車、徒歩1～2分　P なし

F 目細八郎兵衛商店
めぼそはちろうべえしょうてん
近江町市場周辺 MAP 付録P.5 E-3

鮮やかで繊細なアクセサリー
江戸時代に、武士の鍛錬のために鮎釣りを奨励した加賀藩。その鮎毛針の技術を生かして作られるフェザーアクセサリーが評判。加賀毛針ブローチづくり体験2000円も可能。

☎076-231-6371
所 金沢市安江町11-35
営 9:30～17:30
休 火曜
交 武蔵ヶ辻・近江町市場バス停下車、徒歩2～5分　P あり

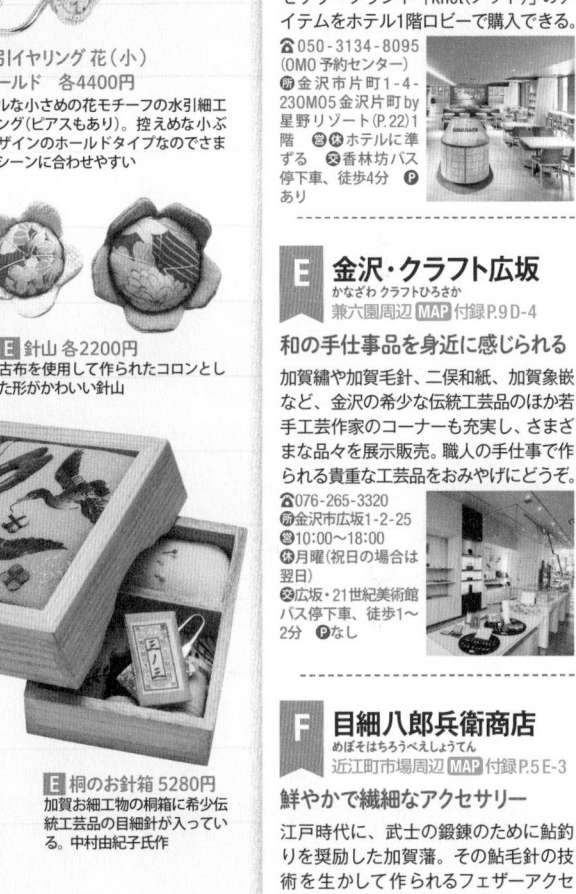

金沢発 モダンクラフト

日常生活に取り入れて、伝統工芸を身近に感じたい

斬新なアイデアやユニークな感性で伝統工芸をアレンジしたモダン工芸品の数々。アートに親しむ店主のセンスで選ばれたセレクト雑貨を、若い世代を中心に人気上昇中のショップからチョイス。

土蔵ギャラリーでじっくり選ぶ

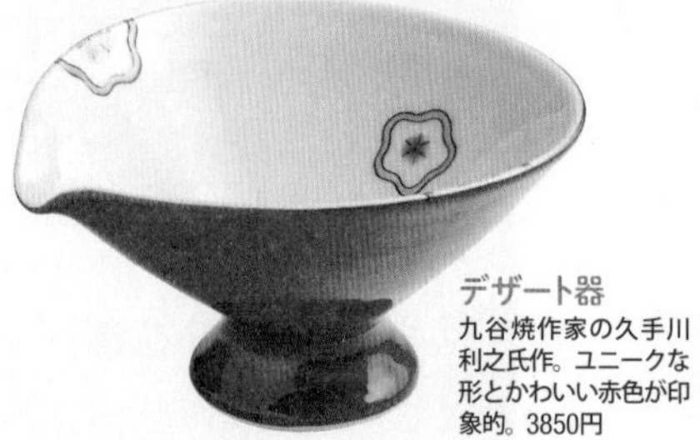

デザート器
九谷焼作家の久手川利之氏作。ユニークな形とかわいい赤色が印象的。3850円

星魚小皿
九谷焼作家の真鍋千恵子氏の今にも泳ぎだしそうなキュートな金魚。1枚2750円

くらふと&ぎゃらりぃ OKURA

くらふと&ぎゃらりぃオクラ

香林坊 MAP 付録P.8 B-2

静かな路地裏にある、土蔵を改装したギャラリー兼ショップ。九谷焼や山中漆器、ガラス工芸を中心に、石川県ゆかりの作家約20名の作品を展示販売。キュートな九谷焼に出会える。

☎076-263-3062
所 金沢市香林坊2-10-6
営 11:00〜17:00
休 火・木曜(祝日の場合は営業)
交 香林坊バス停下車、徒歩5〜8分
P あり

CRAFT A

クラフトエー

近江町市場周辺 MAP 付録P.5 E-4

「普段の暮らしが楽しくなる」を商品セレクトのモットーとするこの店は、「作り手の思いを使い手に手渡しする」担い手として石川県の作家をはじめ全国のクラフト商品を販売している。

☎076-260-2495 所 金沢市武蔵町15-1金沢エムザ6F
営 10:00〜18:30 休 不定休
※金沢エムザに準ずる
交 武蔵ヶ辻・近江町市場バス停下車、徒歩1〜3分 P あり

錫(すず)のコップ
角居康宏氏作。鍛金の手法で作られているため軽い。マイ猪口として持ち歩く人も。(上)5184円、(下)6480円

暮らしを楽しくしてくれる

飯碗
石原進一氏作。九谷の既成概念を覆す斬新でポップなデザイン。4400円

大切にしたいモノが見つかる

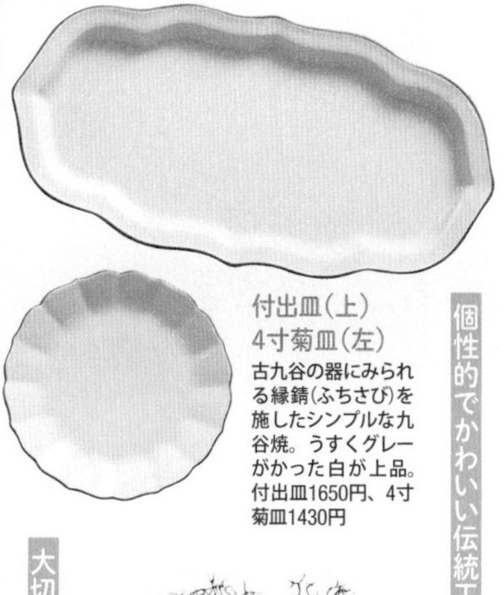

付出皿(上)
4寸菊皿(左)

古九谷の器にみられる縁錆(ふちさび)を施したシンプルな九谷焼。うすくグレーがかった白が上品。付出皿1650円、4寸菊皿1430円

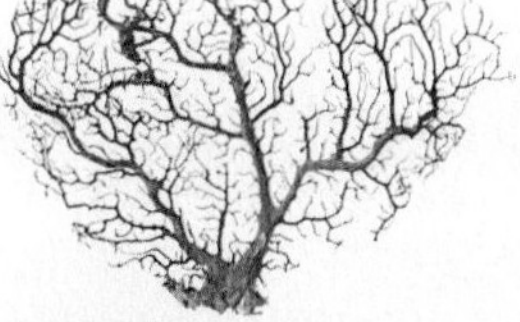

ウミウチワ

ウミマツとも呼ばれる珊瑚。壁にピンをさして引っ掛けるだけで自然のもつ美しさが部屋のアクセントになる。4180円

個性的でかわいい伝統工芸品

ペンギン小皿

1枚ずつペンギンの柄が異なる小皿は、庄田春海氏のペンギンシリーズ(価格は要確認)

飯碗

日下華子氏のツバメをモチーフにしたシリーズ。子どもにも喜ばれそう。2970円

自分好みの雑貨を見つけよう

コーヒーミル

コーヒー好きの人は一点もののマイコーヒーミルが見つかるかも

ブローチ

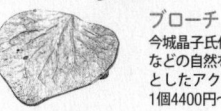

今城晶子氏作。葉っぱなどの自然をモチーフとしたアクセサリー。1個4400円～

Cazahana

カザハナ

尾張町 MAP 付録P.7 D-3

「これからも大切にしていきたいもの」に価値を見いだし、心地よい生活にフィットするプロダクトを提案。人とモノが出会うコミュニティの場として新しい流れを生み出している。

☎076-225-8807 所金沢市尾張町1-8-1 BNFM1F 営11:00～19:00(日曜、祝日は～18:00) 休木曜 交橋場町バス停下車、徒歩2分 Pなし

artra

アルトラ

近江町市場周辺 MAP 付録P.5 E-4

卯辰山工芸工房、金沢美大、九谷焼研究所出身者など、地元にゆかりのある作家の作品を扱う。日常にも取り入れやすいデザインで、手ごろな値段の商品が多いのも魅力。

☎076-231-6698 所金沢市下堤町7 アルトラビル2F 営11:00～17:00 休火曜不定休 交武蔵ヶ辻・近江町市場バス停下車、徒歩1～4分 Pなし

collabon

コラボン

近江町市場周辺 MAP 付録P.5 E-3

ほんわかと温かな雰囲気の店内には一点ものの雑貨やアクセサリーが並ぶ。いつ訪れても必ず新しい発見があるのが人気の理由。じっくり店内を見てまわれば好みの一品に出会えるかも。

☎076-265-6273 所金沢市安江町1-14 営11:00～18:00 休火・木曜 交武蔵ヶ辻・近江町市場バス停下車、徒歩2～5分 Pなし

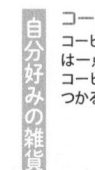

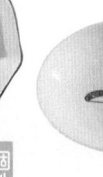

HOTELS

泊まる

古風こそ今どきのおしゃれ宿です

古都の風情、和で憩う

加賀百万石の文化が息づく金沢には、
伝統と風格にあふれる和の宿が多い。
北陸の海の幸や加賀野菜を使った料理も楽しみだ。

全室離れの客室はプライベート感が高く、ゆったり落ち着いて過ごせる

山乃尾

やまのお

ひがし茶屋街 MAP 付録P.13 F-4

最上のもてなしと料理で金沢の伝統と粋に酔う

創業明治23年（1890）の料理旅館。美食家・魯山人が通い、賞賛したことでも知られる。四季折々の最高の食材を伝統の加賀料理に仕立て、「一客一亭」の真心でもてなす。客室はすべて離れの造りで、意匠や調度品も秀逸だ。

☎076-252-5171
所金沢市東山1-31-25 交橋場町バス停下車、徒歩10～13分 Pあり
in15:00 out11:00 室7室 予算1泊2食付4万3470円～（サービス料込み）

↑浅野川近くに緑あふれる広い敷地を持ち、門をくぐると幽玄の世界が待つ

↑風情のある朱壁が特徴の弥生の間。ひがし茶屋街を見下ろせる贅沢な客室

↑料理は茶会の伝統を受け継ぐもの。加賀の旬の食材を用いた料理が最上の器で饗される

←一皿ごとに驚きと喜びを味わえる料理を満喫

町屋金沢 菊乃や

まちやかなざわ きくのや

主計町茶屋街 MAP 付録P.13 E-1

↑金沢の伝統と暮らしを伝える家屋で古都の日常生活を体験できる

町家を利用した宿で暮らすような時間を満喫

金沢の三大茶屋街のひとつ、主計町の町家を改修した体験型宿泊施設。風情漂う町家1軒を1日単位でまるごと借りられ、古都に住む気分を味わえる。お茶や生け花などの習い事体験、お茶屋遊びのアレンジも用意(別料金・予約制)。

☎076-287-0834
所金沢市主計町3-22
交橋場町バス停下車、徒歩2～5分
Pあり(有料・要予約)
in15:00 out11:00 室1棟
予算1泊素泊まり2万1000円

↑木格子を用いた伝統的なしつらえや中庭の情緒に心が安らぐ

←台所には調理器具や食器が揃い自炊が可能。仕出しの手配もOK

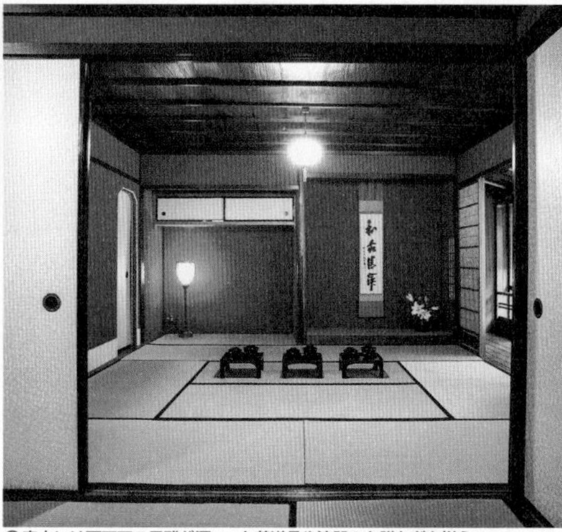

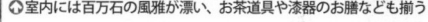

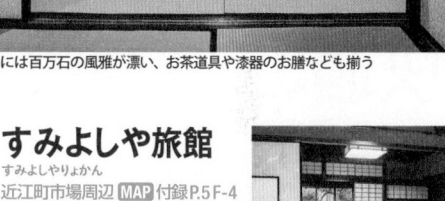

↑室内には百万石の風雅が漂い、お茶道具や漆器のお膳なども揃う

由屋るる犀々

ゆうやるるさいさい

寺町 MAP 付録P.11 D-4

犀川沿いの名旅館で加賀伝統の雅と食を堪能

街の南側、にし茶屋街の近くにあり、犀川や金沢の街並みを一望できるロケーション。朱色と群青色の大名壁など、藩政時代の意匠が館内と客室に満ちる。2015年に展望浴場が完成し、快適性がアップ。露天風呂付き客室もある。

☎076-280-5333 所金沢市清川町7-1 交桜橋バス停下車、徒歩7分
Pあり in15:00 out11:00
室15室 予算1泊朝食付1万5000円～

↑ウッドデッキ付き客室では、城下町を眺めながら静かに過ごせる

↑朝食は「旅する朝ごはん」をコンセプトにしたバイキング

↓前田家の伝統を受け継ぐ大名壁、天井の網代など格式が漂う客室

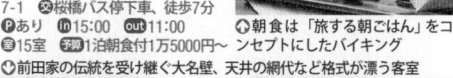

すみよしや旅館

すみよしやりょかん

近江町市場周辺 MAP 付録P.5 F-4

温かいもてなしが人気 創業370年の老舗旅館

伊能忠敬も泊まった金沢最古の旅館。雰囲気はいたって家庭的で、居心地のいい和の客室でわが家のようにくつろげる。2食付き、朝食付き、素泊まりから選べるプランの柔軟性もうれしく、兼六園など観光スポットも近い。

☎076-221-0157 所金沢市十間町54
交武蔵ヶ辻・近江町市場バス停下車、徒歩5分 Pなし in15:00
out10:00 室8室
予算1泊2食付1万4200円～

↑客室「赤壁の間」は金沢伝統の朱壁が映え、二間続きで広々

↑全8室のこぢんまりとした旅館。館内は天井の梁が見事だ

↓地元食材を用いた和風御膳が評判で、舟盛りなどの追加注文も可能

客室は和モダンのテイストで落ち着き、快適性・機能性とも抜群

話題のシティホテルをご紹介!

快適、夜と朝

立地に優れ、居心地がよい設備とアメニティ。評判のシティホテルを厳選。ホスピタリティの素晴らしさも金沢の旅を彩る。

金沢東急ホテル

かなざわとうきゅうホテル

香林坊 MAP 付録P.8 B-3

☎076-231-2411 所金沢市香林坊2-1-1 交香林坊バス停下車、徒歩1～3分 Pあり(有料) in14:00 out11:00 室227室 予算シングル1万5000円～、ツイン2万円～

百万石の風雅と機能美が融合した上質な空間

館内は金沢の文化が感じられるラグジュアリーな優雅さに満ちる。レストラン・バーなど食事処もある。兼六園、長町武家屋敷跡など観光スポットも徒歩圏内。2020年3月に客室の一部を改装し、プレミアツインを設置。

ラウンジではホテルオリジナルの評判のスイーツを楽しめる

白の木目を基調とした壁紙と障子の窓枠を設えた和モダンなプレミアツインの洋室

エントランスから古都金沢の雅やかな雰囲気に包まれる

金沢 彩の庭ホテル

かなざわ さいのにわホテル

金沢駅周辺 MAP 付録P.2 A-1

四季を五感で感じられる「金沢の別邸」で和む

暮らすように泊まる「金沢の別邸」をコンセプトに、2015年オープン。建物の周囲に森・川・中・山の4つの庭を配し、四季の風情に浸れる。客室はスタンダードタイプで32㎡と広々。加賀野菜などを取り入れた朝食ブッフェも好評だ。

木質感と外光が心地よいロビー。夜の間接照明の雰囲気も素敵だ

☎076-235-3128 所金沢市長田2-4-8 交JR金沢駅から徒歩15分 Pあり in14:00 out11:00 室64室 予算シングル1万1600円～、ツイン8700円～ ※送迎あり

アプローチには森の庭が配され、豊かな緑がゲストを迎える

川の庭を眺められるラウンジではカフェタイムを楽しみたい

客室のタイプが豊富で、さまざまな旅のニーズとスタイルに対応

ホテルマイステイズプレミア金沢

ホテルマイステイズプレミアかなざわ

金沢駅周辺 MAP 付録P.2 B-1

コストパフォーマンスが抜群で共有空間も充実

2014年秋にオープン後、またたく間に人気ホテルになった。全室32㎡以上の機能的で清潔な客室をリーズナブルな料金で提供。無料のフィットネスジムやライブラリールームなどがあり、サービスの繊細さも上級。

☎076-290-5255 所金沢市広岡2-13-5 交JR金沢駅から徒歩5分 Pあり in15:00 out11:00 室244室 予算シングル9000円～、ツイン1万2000円～

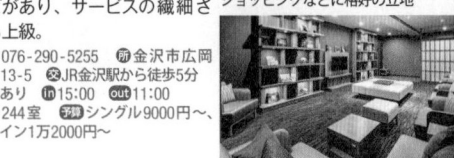

金沢駅から徒歩5分。観光やショッピングなどに格好の立地

SIGHTSEEING

Noto Kagaonsenkyo

能登・加賀温泉郷

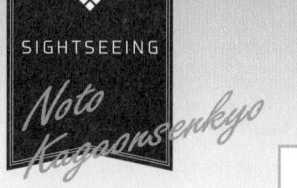

令和6年能登半島地震により
犠牲となられた方々に
心よりお悔み申し上げ、
被災された方々に
心よりお見舞い申し上げます。
一日も早い復旧・復興をお祈り申し上げ、
この地域に関する情報は、
震災以前のものを
そのまま記載いたします。

エリアとアクセスガイド

能登・加賀温泉郷はこんなところ

日本の農山漁村の原風景が広がる能登は、風光明媚な景勝地も多く点在する。
加賀温泉郷は開湯1300年の歴史があり、文人墨客に愛されてきた名湯。

↑日本海に臨む白米千枚田は美しい文様を描く

雄大な海に囲まれたのどかな半島

能登半島

➡P.128

のとはんとう

金沢から少し足をのばせば、海と空のパノラマが広がる絶景や季節によって表情が異なる棚田など美しい風景に出会える。里山里海の風景と、日本海の荒々しい波が生みだした奇景が共存する場所。伝統工芸の輪島塗を鑑賞しつつ、海鮮や旬の能登グルメも楽しみたい。

アクセス 金沢駅からJR特急「能登かがり火」で1時間、和倉温泉駅で能登島交通バス曲線に乗り換えて能登島まで30分。金沢駅からのと里山海道、能越自動車道、県道47号経由で能登島まで1時間30分

問い合わせ先

観光案内

能登半島広域観光協会 ☎0767-53-7767
輪島市観光協会 ☎0768-22-6588
能登島観光協会 ☎0767-84-1113

個性豊かな北陸の名湯

加賀温泉郷

かがおんせんきょう

8㎞という小さなエリアに4つの温泉地が集結。泉質はそれぞれ異なり、自然に囲まれた温泉で心身をじっくり癒やすことができる。

問い合わせ先

観光案内

山中温泉観光協会 ☎0761-78-0330
山代温泉観光協会 ☎0761-77-1144
片山津温泉観光協会 ☎0761-74-1123
粟津温泉観光協会 ☎0761-65-1834

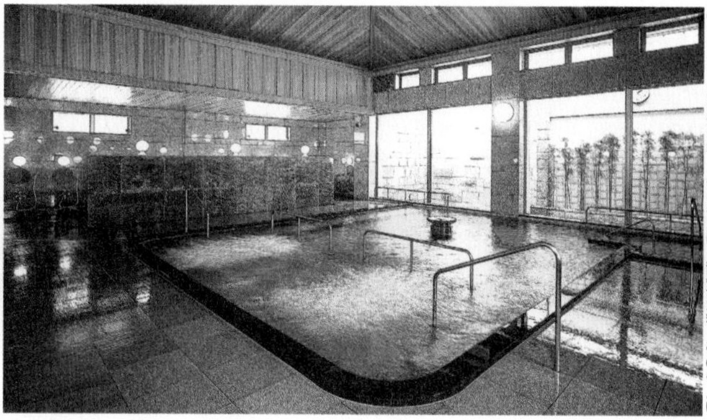

歴史ある温泉を楽しんだあとは、散策を楽しむのもよい

芭蕉も逗留した湯の里
山中温泉 ➡P.136
やまなかおんせん

鶴仙渓などの大自然に囲まれた石川県最南端の温泉地。松尾芭蕉が『おくのほそ道』の道中で、その景観に魅了され長逗留したという。山中漆器などの工芸も有名。

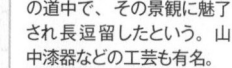

鶴仙渓の大聖寺川で散策を

アクセス 金沢駅から北陸新幹線加賀温泉駅経由、北鉄加賀バスで1時間15分。金沢西ICから北陸自動車道、県道25号、145号、39号経由で45分

総湯めぐりと歴史ある街
山代温泉 ➡P.138
やましろおんせん

加賀市の山麓にある温泉地。開湯は神亀2年(725)、奈良時代の高僧・行基。「総湯」(共同浴場)と「古総湯」の2つの総湯があり、100%源泉を提供している。

明治期の総湯を復元した

アクセス 金沢駅から北陸新幹線加賀温泉駅経由、北鉄加賀バスで55分。金沢西ICから北陸自動車道、県道39号、147号経由で40分

7色に変わる湖畔の温泉
片山津温泉 ➡P.140
かたやまづおんせん

江戸時代初期、前田利明公が湖底の温泉を発見したと伝わる。温泉街の形成は明治期に始まり、現在はホテルが立つ魅力的なリゾート地へ。柴山潟も美しい。

温泉地から望む柴山潟

アクセス 金沢駅から北陸新幹線加賀温泉駅経由、北鉄加賀バスで50分。金沢西ICから北陸自動車道、県道20号、39号経由で30分

偉人が愛でたご利益の湯
粟津温泉 ➡P.142
あわづおんせん

純度100%の芒硝泉はやわらかな肌ざわりで、飲用にも適する。加賀藩の前田利常、文豪・田山花袋なども湯治に訪れた。恋愛成就のご利益がある温泉でもある。

湯の効能が湯治客を魅了する

アクセス 金沢駅から北陸新幹線と普通で20分、粟津駅から北鉄加賀バスで10分。金沢西ICから北陸自動車道、国道8号経由で40分

キャン・バスで温泉郷を巡る!

加賀温泉駅から5つの路線が1日3～6便巡回している。「山まわり線」は山代温泉、山中温泉などを周遊。「海まわり線」は橋立漁港、片山津温泉などを回る。小松空港へ乗り入れする路線もある。大人1日券1100円、2日券1300円。

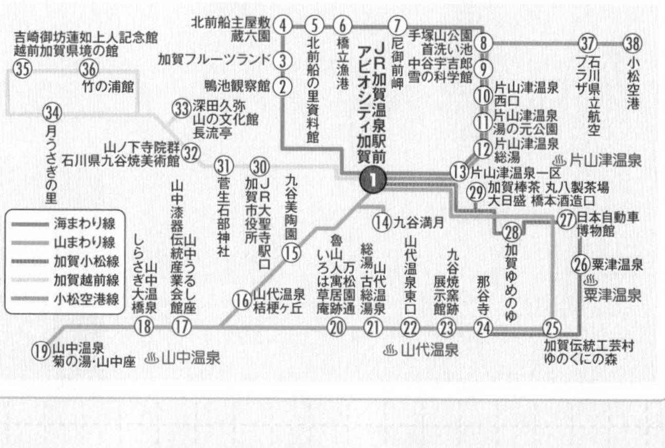

能登半島ドライブ

日本海や棚田を巡り、のどかな日本を見る

能登半島（のとはんとう）

能登の穴水以北と半島西側は鉄道が通っていない。
日本海に臨む断崖などを巡るには車がいちばん。

どんな車種でもビーチに出られ、
ダイナミックな走行が楽しめる

1 千里浜なぎさドライブウェイ
ちりはまなぎさドライブウェイ

羽咋 MAP 本書P.2C-2

波打ち際を走る憧れの砂浜ドライブができる

波打ち際を車で走れる世界でも珍しいビーチ。きめ細かい砂が海水を含んで固く締まることで走行が可能になる。特に夕日が沈む時間帯がドラマチックだ。

☎0767-22-1118(羽咋市商工観光課)　所羽咋市～宝達志水町
交のと里山海道・千里浜IC／今浜ICから車ですぐ　Pなし
※天候により通行規制の場合あり、詳細は「石川みち情報ネット」で要確認

2 氣多大社
けたたいしゃ

羽咋 MAP 本書P.2C-3

北陸を代表する神社

万葉の歌人、大伴家持（おおとものやかもち）も参詣した能登国一宮。深い緑の境内に、江戸時代に造営された本殿や拝殿が立ち並ぶ。縁結びのご利益でも知られる。

☎0767-22-0602
所羽咋市寺家町ク1　開8:30～16:30　休無休
料無料　交のと里山海道・柳田ICから車で3分
Pあり

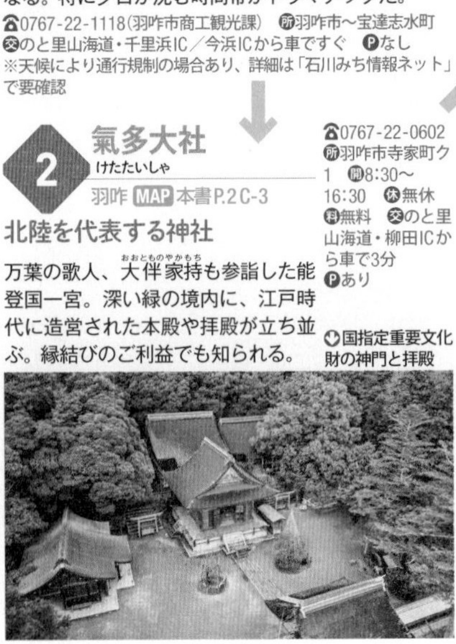

国指定重要文化財の神門と拝殿

3 巌門
がんもん

志賀町 MAP 本書P.2B-2

荒波が造った天然洞穴の迫力と美しさ

日本海の波の浸食で岩盤にぽっかり開いた洞門。高さ約15m、幅6m、奥行き60mもあり、砕ける白波が大迫力。

☎0767-32-1111(志賀町商工観光課) 所志賀町富来牛下(巌門) 交のと里山海道・西山ICから車で20分 Pあり

洞門の上の岩には老松が茂り、独特の景観だ

4 ヤセの断崖
ヤセのだんがい

志賀町 MAP 本書P.2B-2

☎0767-32-1111(志賀町商工観光課) 所志賀町笹波 交のと里山海道・西山ICから車で40分 Pあり

高さ約35mの断崖絶壁

松本清張(まつもとせいちょう)の小説『ゼロの焦点』の舞台となった断崖。荒波の浸食による険しい岩肌と紺碧の海が美しい。

映画やドラマの撮影地としてもおなじみ。日本海を一望できる

5 西保海岸
にしほかいがん

輪島 MAP 本書P.2A-3

巨大岩礁や断崖が続く秘境

日本海の強風と荒波を受ける雄々しい奇岩が約7kmにわたって続く。独特の垣根「間垣」などが旅情を誘う。

☎0768-23-1146(輪島市観光課) 所輪島市西保地区 交能越自動車道・のと三井ICから車で45分 Pあり

潮風を受けながらドライブ。連続テレビ小説『まれ』の舞台

立ち寄りスポット

輪島キリコ会館
わじまキリコかいかん

輪島 MAP 付録P.15E-1

能登の祭りを彩る奉燈「キリコ」の展示館。1階に約30基のキリコを展示し、2階のスクリーンシアターではキリコ祭りの様子を上映。3階の展望ロビーには日本海の大パノラマが開ける。

☎0768-22-7100 所輪島市マリンタウン6-1 開9:00〜17:00 休無休 料630円 交能越自動車道・のと三井ICから車で15分/道の駅 輪島ふらっと訪夢から徒歩12分/輪島マリンタウンバス停下車、徒歩3分 P無料

LED照明の演出により、昼・夕方・夜のキリコ祭りを体感できる

6 白米千枚田
しろよねせんまいだ

輪島 MAP 本書P.2A-3

奥能登屈指の観光スポット

高低差50m以上の傾斜地に1004枚もの棚田が続き、青い海と美しいコントラストを見せる。10月中旬〜3月中旬にかけて、LEDによる棚田のイルミネーションが見事。

☎0768-23-1146(輪島市観光課) 所輪島市白米町 交能越自動車道・のと三井ICから車で25分 Pあり

つなぐ棚田遺産のひとつで、日本初の世界農業遺産に認定された「能登の里山里海」のシンボル。古来の農法を行っている

所要◆約6時間

おすすめドライブルート

能登半島西沿岸を時計回りに巡るルートがおすすめ。道中は絶景や奇景スポットが連なり自然と歴史を満喫できる。

- 今浜IC(いまはま)
- ↓ 一般道で 0.6km・3分
- 1 千里浜なぎさドライブウェイ(ちりはまなぎさドライブウェイ)
- ↓ 千里浜ICからのと里山海道、国道249号で5km・10分
- 2 氣多大社(けたたいしゃ)
- ↓ 国道249号、県道36号で 24km・35分
- 3 巌門(がんもん)
- ↓ 国道249号、県道49号で 18km・25分
- 4 ヤセの断崖(ヤセのだんがい)
- ↓ 国道249号、県道38号で 35km・1時間
- 5 西保海岸(にしほかいがん)
- ↓ 県道38号、国道249号で 17km・25分
- 6 白米千枚田(しろよねせんまいだ)
- ↓ 国道249号、県道1号で 30km・35分
- 穴水IC(あなみず)

売り手と買い手の心が通う朝市へ出かける

わじまあさいち

能登名物は輪島朝市で

金沢からバスで2時間余り、能登半島の先端にある輪島は朝市と漆器、魚介が自慢。朝市は午前11時30分頃までなのでスタートダッシュが吉。

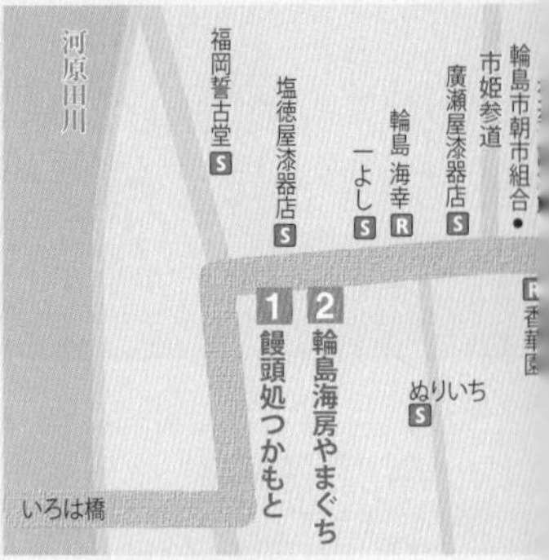

↓輪島の名産品が手に入る

約350mの通りに露店がズラリ おばちゃんとの会話を楽しんで

2015年放送の連続テレビ小説『まれ』の舞台となり全国的に注目を集めた輪島で、輪島塗に劣らず有名なのがこの朝市。千葉県勝浦市、岐阜県高山市と並ぶ、日本三大朝市のひとつに数えられている輪島朝市は、平安時代に始まったとされ、その歴史は1000年以上。通称「朝市通り」と呼ばれる約350mの通りに、鮮魚や干物、民芸品など約250軒の露店が並び、元気なおばちゃんたちのお国なまりが飛び交う。朝市の醍醐味は値段交渉。おばちゃんたちとの会話を楽しみたい。

輪島 MAP 付録P.15 D-1

☎0768-22-7653(輪島市朝市組合)
所輪島市河井町　営8:00～11:30頃
休第2・4水曜(開催の場合もあるので要問い合わせ)　交道の駅 輪島ふらっと訪夢から徒歩10分／輪島マリンタウンバス停下車、徒歩5分　Pあり

買い物のコツ

おすすめの時間帯はだいたい9時頃まで

朝8時頃には露店が出揃い、10時頃が人出のピークとなる。訪れるなら、品数が豊富な9時頃までが狙い目だ。金沢から向かう場合は車で2時間半かかるので早起きして。

値段の駆け引きのコツはまとめ買い

朝市で上手に値段交渉するコツは、まとめ買いすること。たくさん買うと値引きしてくれたり、おまけをつけてくれたりすることも。買ったお店で宅配便サービスを利用するとよい。

↓ずらりと並ぶ干物や海産物に、朝から多くの買い物客が目当てに訪れる

「えがらまんじゅう」が名物

1 饅頭処つかもと
まんじゅうどころつかもと

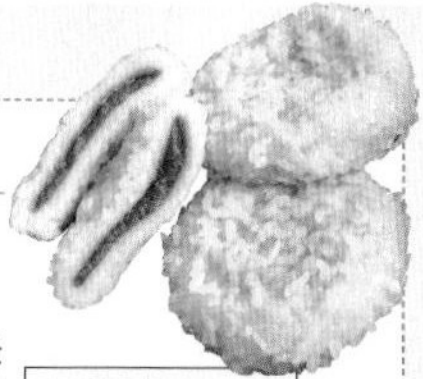

クチナシの黄色で染めたもち米を裏表両面にまぶして蒸し上げた「えがらまんじゅう」を製造販売。蒸したてをテイクアウト。

えがらまんじゅう
1個200円
栗のイガがなまってえがらに

MAP 付録P.15 D-1
☎0768-22-0672 営8:00～18:00(売り切れ次第閉店)
休第2・4水曜(開催の場合もあるので要問い合わせ)

明治43年(1910)創業の老舗菓子店

4 柚餅子総本家中浦屋 わいち本店
ゆべしそうほんけなかうらや わいちほんてん

丸柚餅子をはじめ、ゆずにこだわった商品と四季折々の和菓子を製造販売。輪島塩柚子ドリンク1本250円。

丸柚餅子 1個2052円～3240円
ゆずにもち種を詰めて蒸し、乾燥させる

MAP 付録P.15 E-2
☎0768-22-0131
営8:00～18:00 休不定休

輪島の魚介のみを加工

2 輪島海房やまぐち
わじまかいぼうやまぐち

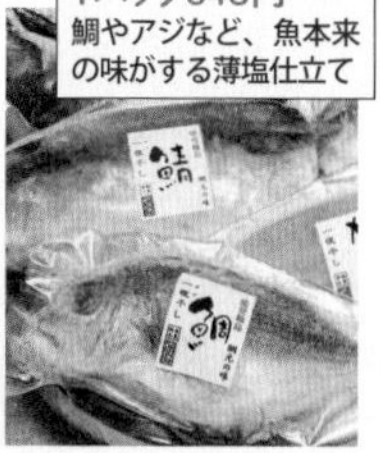

一夜干し
1パック648円～
鯛やアジなど、魚本来の味がする薄塩仕立て

地元で獲れた新鮮な海の幸を、一夜干し、ぬか漬け、粕漬けなどにして製造販売している。魚醤のいしるも人気。

MAP 付録P.15 D-1
☎0768-23-1178 営9:00～12:00
休水曜

オリジナルの箸を持ち帰ろう

5 輪島工房長屋
わじまこうぼうながや

輪島塗の工房を集めた施設で、沈金と蒔絵の体験ができる。箸作り体験は1500円～。輪島塗ショップも併設している。

塗師(ぬし)など職人の作業が見学できるほか、ショップや喫茶店もある

MAP 付録P.15 E-2
☎0768-23-0011 営9:00～17:00
休水曜(祝日の場合は開館)

手作りスイーツとコーヒーを

3 KALPA
カルパ

塗師(ぬしや)屋が手がけたカフェ&ギャラリー。ハンドドリップで淹れるコーヒーは450円～。夏はオープンカフェになる。

店には輪島塗の箸や椀のほか珠洲焼などが並び、購入することもできる

MAP 付録P.15 E-2
☎0768-22-0036 営8:30～12:00 13:30～16:00(火・木曜8:30～12:00) 休水曜

輪島温泉を足湯で満喫

6 足湯 湯楽里
あしゆ ゆらり

無料の足湯施設で、朝早くから夜遅くまでやっているので、気軽に立ち寄りたい。ペット専用の足湯も併設。

タオルは持参するか、道を挟んで向かいの輪島工房長屋(休水曜、定休日は近くのマリンタウン観光案内所にて対応)で購入(100円)

MAP 付録P.15 E-2
☎0768-23-1146(輪島市観光課) 営6:00～22:00
休木曜の14:00～17:00 料無料

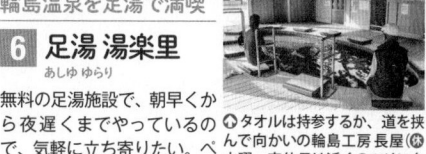

赤字覚悟のてんこ盛り海鮮丼
輪島寿司処 伸福
わじますしどころ しんぷく

輪島 MAP 付録P.15 E-2

元漁師の主人が選ぶ魚介は味も鮮度も抜群。丼のほか近海の旬の魚介が味わえる地物にぎり2700円が人気。

☎0768-22-8133
所 輪島市河井町5部41-23
営 11:30～13:30 17:00～21:00
休 水曜、ほか不定休 交 道の駅 輪島ふらっと訪夢から徒歩15分 P あり

能登朝市丼
3000円
能登近海のネタが15種以上、こぼれんばかりにのった、旬が味わえる一杯

能登丼は絶品揃いです!

里山里海の恵みを食す

奥能登産のコシヒカリを使った能登丼は、海鮮だけでなく、肉系や野菜など、能登の新鮮な素材を贅沢に盛り付けたバラエティ豊かなラインナップが揃う。

「能登丼」のこと

奥能登地区にある店舗で提供される能登の魅力が詰まった丼。奥能登産のコシヒカリを、奥能登の清水で炊き、能登産の食材を盛り付けることが条件。食器や箸まで能登産と徹底的にこだわっている。

漁港直送の新鮮魚をいただく
民宿&お食事 むろや
みんしゅく&おしょくじ むろや

珠洲 MAP 本書P.2A-4

近くの蛸島漁港で揚がる魚介が中心の定食や丼を豪快に味わえる。主人は漁港の仲買人なので鮮度は抜群。

☎0768-82-1188
所 珠洲市蛸島町ナ123
営 11:30～14:00 17:00～20:00 休 不定休
交 弁天公園前バス停下車すぐ/のと里山海道・のと里山空港ICから車で50分 P あり

至福の香箱丼 5500円
(変動あり)
ズワイガニのメスの身を3杯も使用。11月上旬～1月末だけの期間限定メニュー(前日までに要予約)

のとサザエ丼
1800円
磯の香りと歯ごたえがたまらない。夏は天然岩ガキ丼、冬はアンコウ唐揚げ丼も

奥能登の恵みを召し上がれ
寿司吉
すしよし

珠洲 MAP 本書P.2A-4

地元っ子が通う寿司店。能登丼は通年味わえる。今日のおすすめ丼4400円や7～8月に出かけるならさいはて海鮮丼3300円～を選びたい。

☎0768-82-1269
所 珠洲市飯田町15-25 営 12:00～13:00(要予約) 18:00～24:00
休 日曜 交 珠洲市役所前バス停下車、徒歩2分/のと里山海道・のと里山空港ICから車で45分 P なし

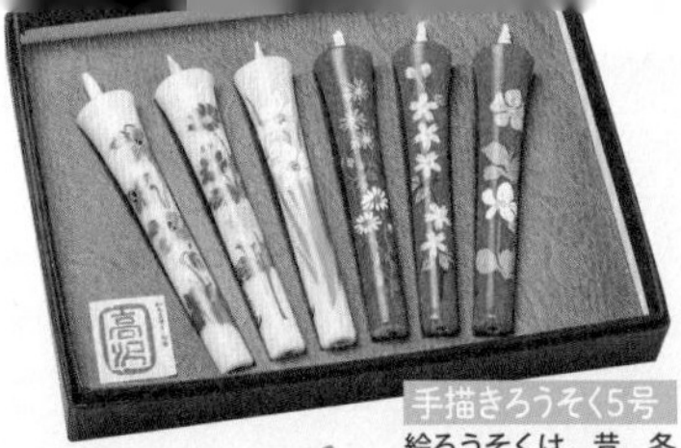

伝統がキラリと光る
能登のおみやげ

能登で育まれた食文化や守り継がれる伝統工芸から生まれた名品の数々。能登の風土のやさしさが伝わってくる、選りすぐりの名産品を紹介する。

「能登みやげ」のこと

能登のおみやげは日本海の海の幸やスイーツはもちろんのこと、輪島塗、いしるなどの調味料、お酒など地元の人の生活や文化に根付いたものがたくさんある。購入時、地元の人に食べ方や使い方を聞いて自宅で能登の文化を楽しもう。

花鳥が描かれた絵ろうそく

高澤ろうそく店
たかさわろうそくてん

七尾 MAP 本書P.2B-3

伝統的な和ろうそくを製造販売する明治創業の老舗。モダンな柄や菜種油のろうそくなど種類も豊富に揃う。

☎0767-53-0406
所 七尾市一本杉町11
営 9:00～19:00 休 第3火曜
交 JR七尾駅から徒歩7分 Ⓟあり

手描きろうそく5号
絵ろうそくは、昔、冬の仏壇に供える花がなかったことから考案された。6本入り3300円

↑専門店が連なる一本杉通りにある

地元産ブドウの生ワイン

能登ワイン
のとワイン

穴水 MAP 本書P.2B-3

能登の広大な畑でブドウを栽培・収穫し、本格的な生ワインの醸造を行っている。見学、試飲ともに無料。

☎0768-58-1577
所 穴水町旭ヶ丘リ5-1
営 9:00～17:00 休 年末年始 交 市の坂バス停下車、徒歩10分／のと里山海道・穴水ICから車で15分 Ⓟあり

心の雫(赤)
能登の風土で育まれた、この土地ならではの豊かな香りと深いコクが感じられる個性派ワイン。3300円

↑試飲して好みのワインを購入しよう

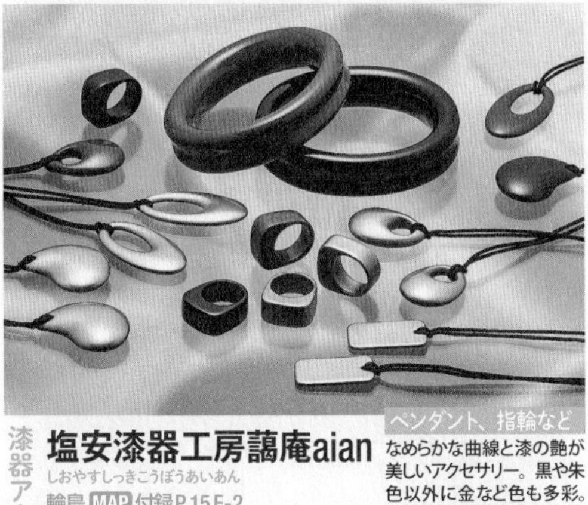

漆器アクセサリーをゲット

塩安漆器工房 譪庵aian
しおやすしっきこうぼうあいあん

輪島 MAP 付録P.15E-2

輪島塗の老舗で知られる、しおやす漆器工房のアンテナショップ。モダンな作風の漆器が揃う。ペンダントなど、輪島塗のアクセサリーも豊富。

☎0768-22-5227 所 輪島市河井町3-198
営 10:00～18:00 休 不定休
交 道の駅 輪島ふらっと訪夢から徒歩3分
Ⓟなし

ペンダント、指輪など
なめらかな曲線と漆の艶が美しいアクセサリー。黒や朱色以外に金など色も多彩。ペンダント各7700円～、指輪各1万5400円～など

↑整備された馬場崎通り

毎日作りたての「おだまき」

御菓子司たにぐち
おかしつかさたにぐち

羽咋 MAP 本書P.2C-3

古くから地元の人に愛されてきた能登名物「おだまき」を中心に、地元の食材を使った和菓子などを製造販売。

☎0767-29-2112 所 宝達志水町荻市へ9-1 営 7:30～18:30
休 無休 交 のと里山海道・今浜ICから車で5分 Ⓟあり

↑国道159号に面する

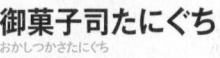

能登名物おだまき
地元産コシヒカリを使った餅菓子。つぶ餡やよもぎのほか、季節限定餡も人気。各160円

体験型レジャーアイランドを満喫
能登島で遊ぶ

能登半島の付け根に浮かぶ能登島には
見て&遊んで楽しめるレジャーがいっぱい。
海の動物もかわいい!

↑大型魚が泳ぐ「ジンベエザメ館 青の世界」は、日本海側最大の水量1600tの大スケール

能登の海の生き物が大集合
触れて遊べるイベントも!

のとじま水族館
のとじますいぞくかん

MAP 付録P.15 E-3

魚類や哺乳類など約500種の海の生き物を飼育・展示。ダイナミックなトンネル水槽、イルカとふれあえるプールなど、「来て!見て!触れる!」体験型イベントが満載。大人も子どもも大満足できる。

☎0767-84-1271 所七尾市能登島曲町15-40 営9:00～17:00(12月～3月19日は～16:30) 休12月29～31日 料1890円 交和倉ICから車で20分／のとじま臨海公園バス停下車すぐ Pあり

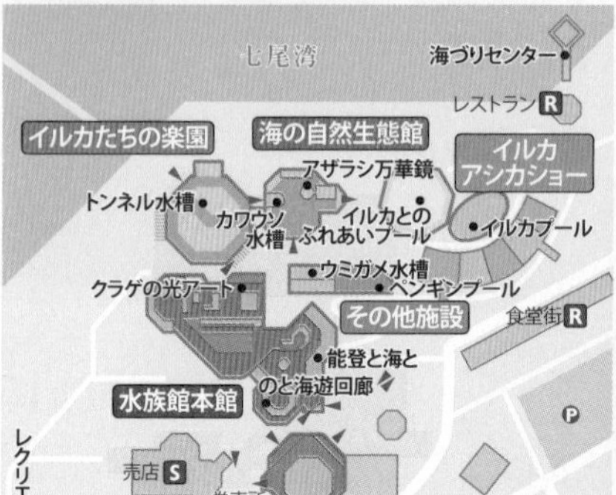

七尾湾でイルカに出会う

イルカウォッチング

MAP 付録P.15 E-3

能登島沿岸の七尾湾には、10頭以上の野生のミナミバンドウイルカが生息。和倉港および能登島の港から出る船のクルーズで沖合に行くと、愛らしいイルカの姿を眺められる。所要約1時間30分。

↑期間は4月から10月末までで、事前予約が必要

☎0767-84-1113(能登島観光協会) 所七尾市能登島向田町122-14 営6:00～17:00(予約状況に応じて出航) 休11～3月 料4600円 交和倉ICから車で20分／向田公園前バス停下車、徒歩2分 Pあり

ガラス製品を手作り体験

能登島ガラス工房
のとじまガラスこうぼう

MAP 付録P.15 E-3

道の駅 のとじま近くにあるガラス工房で、吹きガラスやサンドブラストなどの制作体験を提供。吹きガラスでオリジナルのガラス製品を15分ほどで手作りできる。ショップも併設。

↑指導員がついて手伝ってくれる

☎0767-84-1180(要予約) 所七尾市能登島向田町122-53 営9:00～17:00 休無休 料吹きガラス体験3850円～(小学生以上、送料別) 交和倉ICから車で20分 Pあり

湯に浸かりながら至福の休日

絶景自慢の温泉宿

能登には、眺め、風情、もてなし、料理のすべてにおいて、日本一と謳われる温泉宿がある。極上の時が心と体をほぐしてくれる。

海と一体になったような露天風呂や野天風呂など、各種の温泉を満喫

和倉温泉 加賀屋

わくらおんせん かがや

七尾 MAP 付録P.15 D-4

七尾湾の眺望も楽しめるラウンジ「飛天」

客室は純和風のしつらえで広々。四季折々の能登の眺めも楽しみだ

能登の名湯にゆったり浸かり心からのもてなしに憩う

明治39年(1906)の創業以来、和倉温泉の名旅館として、最上のおもてなしを提供。七尾湾を望む客室、多彩な温泉など上質な贅沢を味わえる。

☎0767-62-1111
所七尾市和倉町ヨ部80
交和倉ICから車で5分／和倉温泉バスターミナル下車、徒歩3分
Pあり in15:00 out10:00 室233室
予算1泊2食付3万4250円～
※JR和倉温泉駅から送迎あり(要予約)

館内にはさまざまな美術品が散りばめられている

よしが浦温泉 ランプの宿

よしがうらおんせん ランプのやど

珠洲 MAP 本書P.2 A-4

日本海を望む「聖域の岬」で時を忘れる癒やしの時間を

能登半島の先端は、日本三大パワースポットのひとつで「聖域の岬」と呼ばれる。その絶景の地に建つ宿は、周囲の大自然、海を一望できる風呂、和風情緒漂う客室など、すべてがロマンティック。海の幸づくしの料理も絶品だ。

☎0768-86-8000 所珠洲市三崎町寺家10-11 交のと里山海道・のと里山空港ICから車で1時間20分／JR金沢駅から珠洲特急バスで2時間40分、すずなり館前バス停下車、タクシーで15分 Pあり
in15:00 out10:00 室13室
予算1泊2食付2万2150円～

古民家風の広い客室でゆったりくつろげる。客室のタイプも豊富

貸切露天風呂「波の湯」(有料)は全長100mのプール中央に位置する

「波の湯」の露天風呂からは能登の大自然と四季の風情を体感できる。2階には展望台も

湾と岩壁の間にあり秘境ロマン満点

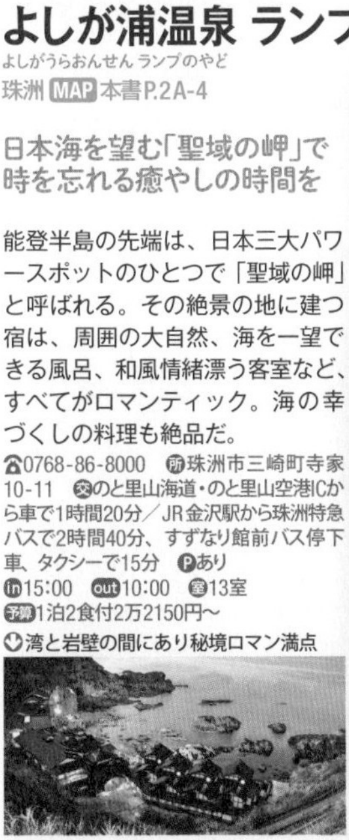

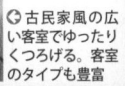

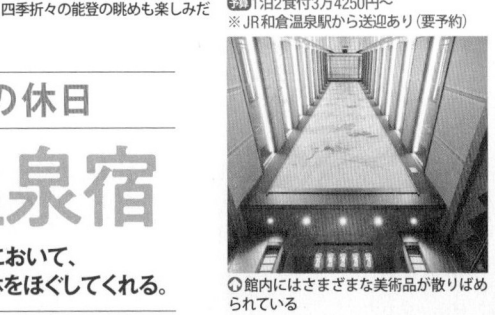

◯4月から11月までオープン。春は桜、夏は緑、秋は紅葉が見事

芭蕉も愛でた山里の湯
山中温泉

やまなかおんせん

奈良時代の高僧・行基、江戸時代の俳人・松尾芭蕉も滞在した開湯1300年の伝統の湯。鶴仙渓など里山の風景美も楽しみだ。

鶴仙渓川床

かくせんけいかわどこ

MAP 付録P.16 B-3

お茶席から眺める北陸きっての名渓流

◯加賀棒茶と冷製抹茶しるこの川床セット600円

鶴仙渓のあやとりはし近くに設けられた川上のお茶席。北陸随一の渓谷美が眼前に広がり、地元出身の道場六三郎氏監修のスイーツを楽しむことができる。

☎0761-78-0330(山中温泉観光協会) 所石川県加賀市山中温泉 開9:30〜16:00 休雨天時、河川増水時、12〜3月 料席料300円(加賀棒茶付) 交山中温泉バスターミナル下車、徒歩25分 Pあり

あやとりはし

MAP 付録P.16 B-3

緑の渓谷美に映える紅紫色のS字状の橋

◯「鶴仙渓を活ける」というコンセプト

鶴仙渓にある全長約95mの徒歩専用の橋。生け花の草月流家元・勅使河原宏氏のデザイン。紅紫色のS字橋と緑の対比が絶景。

☎0761-78-0330(山中温泉観光協会)
所石川県加賀市山中温泉河鹿町 交山中温泉バスターミナル下車、徒歩15分 Pあり

山中温泉総湯 菊の湯

やまなかおんせんそうゆ きくのゆ

MAP 付録P.16 B-3

芭蕉も絶賛した1300年の歴史ある名湯

◯誰でも気軽に利用でき、豊富な湯量と明るい浴場で身も心も温かになれる。写真は女湯

男湯と女湯は別棟で、温泉街はここを中心に発展した。名前は芭蕉の句「山中や 菊は手折らじ 湯の匂ひ」にちなんでいる。温泉卵作りの体験もできる。

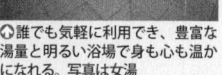

☎0761-78-4026 所石川県加賀市山中温泉湯の出町レ1
開6:45〜22:00 休第2・4火曜(祝日の場合は翌日) 料490円
交山中温泉バスターミナル下車、徒歩8分 Pあり

山中座

やまなかざ

MAP 付録P.16 B-3

山中節の唄と踊りを華やかな劇場で披露

◯毎週土・日曜と祝日に舞の上演がある。ロビーの蒔絵と漆装飾は圧巻

蒔絵を配した格天井、漆塗りの柱など山中漆器の伝統工芸の粋を結集したホール。地元の芸妓による山中節四季の舞など、歴史ある芸能を楽しめる。

☎0761-78-5523 所石川県加賀市山中温泉薬師町ム1 開8:30〜22:00 休無休 料入館無料、舞鑑賞700円 交山中温泉バスターミナル下車、徒歩10分 Pあり

こおろぎ橋

こおろぎばし

MAP 付録P.16 B-3

四季の風情に合う総檜造りの橋

◯昔は行路の危なさから「行路危(こうろぎ)」と呼ばれていたとも伝わる

鶴仙渓の上流に架かり、山中温泉のシンボルのひとつ。こおろぎ橋は江戸時代に造られた橋で、2019年に新たに架け替えられた景勝地。

☎0761-78-0330(山中温泉観光協会)
所石川県加賀市山中温泉こおろぎ町
交山中温泉バスターミナル下車、徒歩30分 Pあり

吉祥やまなか
きっしょうやまなか

MAP 付録P.16A-3

渓流を望む露天風呂や本格スパで極上の贅沢を

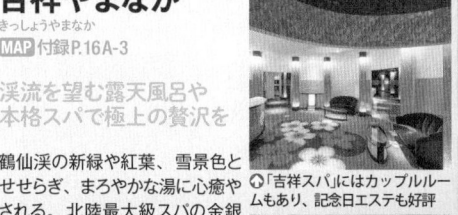

鶴仙渓の新緑や紅葉、雪景色とせせらぎ、まろやかな湯に心癒やされる。北陸最大級スパの金銀箔エステ、アフタヌーンティー、貸切温泉、伝統芸能山中節の公演など多彩なおもてなしを用意。加賀会席や鉄板焼の夕食も好評。

☎0761-78-5656 所石川県加賀市山中温泉東町1-ホ14-3 交山中温泉バスターミナル下車、徒歩5分 Pあり in14:00 out11:00 室44室 予算1泊2食付2万4750円～ ※JR加賀温泉駅／小松空港から送迎あり（要予約）

「吉祥スパ」にはカップルルームもあり、記念日エステも好評

露天風呂付きやバリアフリーの洋室、一人旅用など客室も多彩

大聖寺川にせりだす露天風呂・白鷺は美肌の湯として人気。足湯や貸切温泉も無料で利用できる

かよう亭
かようてい

MAP 付録P.16A-3

敷地1万坪の広大な森で1日10室のおもてなし

鶴仙渓の東側に広がる大自然のなかで、木の温かみにあふれる和の客室10室を提供。全室が二間続きで、露天風呂付き客室もある。共有の温泉は緑に抱かれるようなロケーション。厳選した食材による旬の会席料理も絶品。

☎0761-78-1410 所石川県加賀市山中温泉東町1-ホ-20 交山中温泉バスターミナル下車、徒歩4分 Pあり in13:00 out12:00 室10室 予算1泊2食付5万7350円～

四季の彩り、川の流れ、山の大気を感じながら天然温泉を満喫

客室はプライベート感が高く、部屋ごとに造りや雰囲気が異なる

朝食の一例。素材の味を引き出す料理も好評だ

みやこわすれの宿 こおろぎ楼
みやこわすれのやど こおろぎろう

MAP 付録P.16B-3

「みやこわすれ」の心で鶴仙渓の自然に安らぐ

都会の喧騒から離れてくつろぐ「みやこわすれ」をコンセプトにした宿。客室を全6室に絞り、旬の郷土料理と家庭的な温かなもてなしに尽くす。こおろぎ橋のたもとにあり、四季の自然と夜の静寂の味わいもよい。

橋立港直送の魚介など料理の食材は宿の主人が自ら仕入れる

☎0761-78-1117 所石川県加賀市山中温泉こおろぎ町ロ-140 交山中温泉バスターミナル下車、徒歩15分 Pあり in14:00 out11:00 室6室 予算1泊2食付4万9500円～ ※山中温泉バスターミナルから送迎あり（要予約）

デッキ付き客室は鶴仙渓の景観を独り占めするかのような立地

山中の自然の息吹を感じる岩風呂では心身の疲れを癒やせる

古総湯は九谷焼のタイルやステンドグラスの内装が美しい

山代温泉総湯&古総湯

やましろおんせんそうゆ＆こそうゆ

MAP 付録P.16 B-1

歴史ある共同浴場と明治期の総湯の復元

明るく開放的な総湯。誰もが気軽に楽しめる浴場だ

山代温泉には2つの総湯がある。地元の人たちの共同浴場「総湯」と明治時代の総湯を復元した「古総湯」で趣の異なる2つの湯を楽しめる。

☎0761-76-0144 所総湯:石川県加賀市山代温泉万松園通2-1、古総湯:石川県加賀市山代温泉18-128 開6:00～22:00(古総湯12～2月7:00～21:00) 休無休 料総湯490円、古総湯700円、共通料金900円 交山代温泉バス停下車、徒歩3分 Pあり

趣の異なる2つの総湯 山代温泉

やましろおんせん

奈良時代に行基が開き、昭和の芸術家・魯山人(ろさんじん)が庵を構えるなど文化人に愛された湯の里。スイーツの名店も多く、食べ歩きも楽しみ。

九谷焼体験ギャラリーCoCo

くたにやきたいけんギャラリーココ

MAP 付録P.16 B-1

作陶見学や体験で九谷焼の魅力を知る

作家に教わりながらの絵付け体験(有料)でオリジナルの器作り

山代温泉が発祥である九谷焼のアンテナショップ。若手作家の制作風景を見られ、作品の展示販売も行う。絵付け体験(有料)も好評。

☎0761-75-7116 所石川県加賀市山代温泉18-115甲1 開9:30～17:30(絵付け体験受付は～16:30) 休木曜 料絵付け体験2000円～ 交山代温泉バス停下車、徒歩3分 Pなし

源泉・足湯

げんせん あしゆ

MAP 付録P.16 B-1

八咫烏(やたがらす)の像が見守る足湯でのんびり休む

足をふくタオルなどは持参したい

山代温泉の開湯伝説にちなむ三本足の霊鳥八咫烏像がシンボル。総湯の近くにあり、飲泉もできる。

☎0761-77-1144(山代温泉観光協会) 所石川県加賀市山代温泉18-121甲 開8:00～22:00(11～3月は～18:00) 休無休 料無料 交山代温泉バス停下車、徒歩3分 Pなし

魯山人寓居跡いろは草庵

ろさんじんぐうきょあといろはそうあん

MAP 付録P.16 B-2

北大路魯山人が過ごした文化サロン

仕事部屋、書斎、茶室などを公開。土蔵を改装した展示室もある

明治期建造の吉野屋旅館の元別荘。大正期、魯山人が宿の看板制作のため約半年暮らした。風流人が多い山代の旦那衆の交流の場にもなった。

☎0761-77-7111 所石川県加賀市山代温泉18-5 開9:00～17:00(入館は～16:30 休水曜(祝日の場合は開館) 料560円 交山代温泉バス停下車、徒歩8分 Pあり

アイウエオの小径

アイウエオのこみち

MAP 付録P.16 C-1

山代の自然と大気に癒やされる散策路

小径の散策が楽しい

山代温泉の守護寺である薬王院温泉寺から萬松園へと続く。小径の名は寺の初代住職・明覚上人が五十音図の創始者とされることに由来。

所石川県加賀市山代温泉18-40甲 交山代温泉バス停下車、徒歩10分 Pなし

界 加賀
かいかが

MAP 付録P.16 B-2

新しい感性が息づく加賀伝統の温泉宿

寛永元年(1624)創業の老舗旅館を改装し、全国に温泉旅館を展開する「界」ブランドのひとつとして開業。全館に加賀友禅・加賀水引などの伝統工芸をちりばめ、美食家・北大路魯山人の思想を受け継ぐ料理とともに加賀文化に浸る滞在を堪能できる。

☎050-3134-8092(界予約センター)
所石川県加賀市山代温泉18-47
交山代温泉バス停下車、徒歩3分
Pあり in15:00 out12:00
室48室 予算1泊2食付3万1000円～

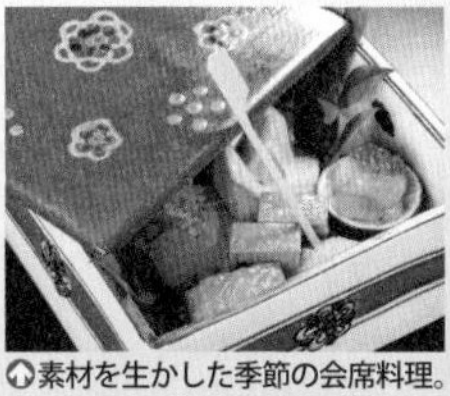
素材を生かした季節の会席料理。おいしさを引き立てる器も華やか

毎日無料で開催される武家文化伝統の加賀獅子舞も見どころ

九谷焼のパネルや金沢箔などが施された大浴場。宿の向かいの共同浴場「古総湯」を宿泊客は無料で利用できる

紅殻格子(べんがらごうし)の加賀伝統の建築。情緒ある凛としたたたずまい

あらや滔々庵
あらやとうとうあん

MAP 付録P.16 B-1

季節の風情と極上の湯 山居のような純和風の宿

前田家藩主や皇族も来館した老舗旅館。数寄屋風の客室や源泉を引いた半露天風呂付き和洋室のほか、離れの一軒家「有栖川」など、風流と雅な建物ともてなしを誇る。大正期の館主が魯山人と親しくしており、その作品を館内に展示。

☎0761-77-0010
所石川県加賀市山代温泉湯18-119
交山代温泉バス停下車、徒歩3分
Pあり in14:00 out11:00
室17室 予算1泊2食付4万4000円～
※JR加賀温泉駅から送迎あり(要予約)

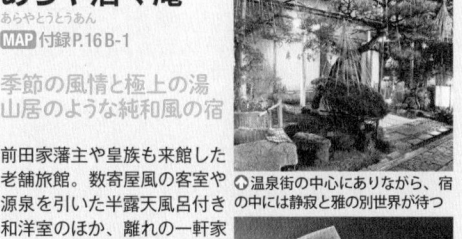

温泉街の中心にありながら、宿の中には静寂と雅の別世界が待つ

日本海の海の幸や加賀平野の旬の食材を九谷焼などの器で供する

1日約10万ℓの豊富な湯量で、お風呂はすべて源泉かけ流し

葉渡莉
はとり

MAP 付録P.16 B-1

心と体を解きほぐす ひのきの湯のやさしさ

「木のぬくもり、葉のやさしさ」をコンセプトにしたぬくもりあふれる宿。檜造りと石造りの2つの大浴場で温泉を楽しめる。加賀の旬を大切にした体にやさしい料理を、ダイニングでゆっくり味わうのもおすすめ。

たっぷりと流れるお湯と天然檜の香りが、身も心もじっくりと癒やす

山代の温泉情緒を大切にした宿。和の安らぎに心も満たされる

清潔感のある上品な客室。露天風呂付きなどさまざまなタイプがある

☎0761-77-8200 所石川県加賀市山代温泉通り17 交山代温泉バス停下車、徒歩3分 Pあり in15:00 out10:00 室67室 予算1泊2食付2万900円～ ※JR加賀温泉駅から送迎あり(要予約)

湖畔の絶景を望む名湯

片山津温泉

かたやまづおんせん

柴山潟の湖畔にある情緒漂う温泉地。早朝から日没まで、一日に7回色を変えるという湖面を眺めながら、歴史ある名湯を楽しめる。

うきうき弁天

うきうきべんてん

MAP 付録P.17 E-2

柴山潟の湖上に浮かぶ片山津温泉のシンボル

湯の元公園から延びる桟橋の先端にある浮御堂。開湯にゆかりがある弁財天と龍神を祀る。柴山潟を挟んだ霊峰白山や湖中央の噴水などの眺めが素晴らしい。

夜にはイルミネーションが灯り、幻想的な風景

☎0761-74-1123(片山津温泉観光協会) 所石川県加賀市片山津温泉2区 交片山津温泉バス停下車、徒歩3分 Pなし

柴山潟の湖面に浮かぶ御堂。湖畔の自然を間近に感じられる

加賀片山津温泉 総湯

かがかたやまづおんせん そうゆ

MAP 付録P.17 E-2

ガラス張りでしゃれた空間の共同浴場

著名な建築家が手がけた斬新で、湖畔の景色に溶け込む建物が評判。柴山潟を一望できる「潟の湯」と緑に囲まれた「森の湯」があり、カフェも併設。

2つの湯は男女が日替わりとなり、趣の異なる湯を楽しめる

☎0761-74-0550 所石川県加賀市片山津温泉乙65-2 開6:00～22:00 休無休(臨時休館あり) 料490円 交片山津温泉バス停下車、徒歩2分 Pあり

芸妓検番 花館

げいぎけんばん はなやかた

MAP 付録P.17 E-2

芸妓が芸を磨いた紅殻格子の建物

昭和40年代、片山津には約400人の芸妓がおり、温泉街を華やかに彩った。大正9年(1920)建造の芸妓の練習場「花館」で往時の面影に浸れる。

染物作りの体験プランも用意(予約受付平日10:00～15:00)

☎0761-74-7778 所石川県加賀市片山津温泉モ2-2 開9:00～17:00 休無休 料入館無料、体験料別途 交片山津温泉バス停下車、徒歩1分 Pあり

まちカフェ

MAP 付録P.17 E-2

潟を一望できる絶景カフェ

柴山潟を一望できる、ガラス張りで開放感のあるラグーンビューカフェ。

お風呂上がりに人気のクリームソーダ(全8種)

☎0761-74-5500 所石川県加賀市片山津温泉乙65-2 営11:00～16:00(～17:00の場合もあり、要確認) 休木曜 交片山津温泉バス停下車、徒歩2分 Pあり

ビストロ ラ・ヴィーヴ

MAP 付録P.17 D-2

海の幸と旬菜で四季折々の欧風料理

飲食店が集まる「カボチャ村」にある店。北陸の漁港から直送の魚介や地元農家の旬の野菜をフレンチ&イタリアンに仕上げる。ワインも豊富に揃う。

☎0761-74-8566 所石川県加賀市片山津温泉丁12-1カボチャ村ビル1F 営11:30～14:30(LO) 17:30～21:00(LO) 休不定休 交片山津温泉バス停下車、徒歩10分 Pあり

コース、アラカルトとも豊富なメニュー

客室はすべて和風のしつらえで、畳と障子の空間に心も体も和む。写真は特別室・和モダンの一例

ホテル アローレ

MAP 付録P.17 F-1

緑の森と湖に抱かれた北陸屈指の極上リゾート

白山連峰と柴山潟を望む丘に建ち、1万坪の庭園に囲まれたリゾートホテル。天然温泉、プール、エステ、パークゴルフやテニスなど子供から大人まで楽しめる。大空間の宴会場は結婚式や宴会などニーズに合わせて利用できる。

地元の食材にこだわったイタリアンや和食が人気

☎0761-75-8000 所石川県加賀市柴山町と5-1 交JR加賀温泉駅から車で15分 Pあり in14:00 out12:00 室130室 予算1泊2食付1万1000円～(入湯税別150円) ※JR加賀温泉駅／小松空港から送迎あり(要予約)

7タイプある客室はどれも広々しており、自然の眺めが素晴らしい

敷地内には大きな池があり、開放的なリゾート感にあふれる

湖畔の宿 森本

こはんのやど もりもと

MAP 付録P.17 E-2

純和風の老舗旅館で絶景と加賀料理を堪能

創業100年を超える名旅館。柴山潟沿いの立地を誇り、温泉や客室の窓からは湖と白山の大パノラマが広がる。大浴場は湖と一体になるかのようなガラス張りの贅沢な造り。カニや甘エビなど北陸の味覚づくしの料理も評判だ。

☎0761-74-0660 所石川県加賀市片山津温泉乙63-1 交片山津温泉バス停下車、徒歩5分 Pあり in15:00 out10:00 室28室 予算1泊2食付2万5300円～ ※JR加賀温泉駅から送迎あり(要予約)

「じわもん(地ものの食材)」の旬会席など多彩な料理プランを用意。料理は季節により異なる

夫婦や家族でゆっくり入れる貸切風呂(別料金)もおすすめ

季がさね

ときがさね

MAP 付録P.17 E-2

和風モダンな館内に加賀の醍醐味が凝縮

柴山潟や日本庭園を望む露天風呂付き客室など、プライベート感を大事にした造りと接客が好評。湖を一望する大浴場や岩盤浴など共有空間も充実。オープンキッチンを備えた食事処で調理したての会席料理が楽しめる。

☎0761-74-6104 所石川県加賀市片山津温泉乙30-1 交片山津温泉バス停下車、徒歩3分 Pあり in14:00 out11:00 室36室 予算1泊2食付2万1050円～ ※JR加賀温泉駅から送迎あり(要予約)

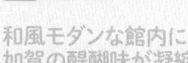

湖畔を望む露天風呂は湯量たっぷりの天然温泉

露天風呂付客室。柴山潟などの眺めも自慢だ

新鮮な魚介や加賀野菜を使った懐石料理は月替わりで提供(写真は一例)

1300年続く癒やしの湯

粟津温泉 あわづおんせん

加賀温泉郷のなかで最も湯治場の風情が残り、ゆったりした湯浴みを楽しめる。すべての宿が自家掘り源泉を持ち、泉質の良さも格別だ。

岩窟内の本殿、三重塔、護摩堂などが国の重要文化財に指定

粟津温泉総湯

あわづおんせんそうゆ

なめらかな肌ざわりで、「美肌の湯」として知られる名湯だ

MAP 付録P.17 E-3

北陸最古の温泉を楽しめる立ち寄り湯

加賀温泉郷のなかでも最も歴史が古い粟津温泉の共同浴場。平屋の和風造りの建物で、男女各1つの大浴場がある。源泉で作った温泉卵も人気。

☎0761-65-1120
所 石川県小松市粟津町イ79-1
開 8:00～22:00（最終受付21:30）
休 火曜
料 470円
交 粟津温泉バス停下車、徒歩3分
P あり（10台）

那谷寺

なたでら

MAP 本書P.3 E-1

開湯の高僧・泰澄法師が創建した北陸屈指の名刹

奇岩遊仙境は太古の噴火の跡といわれている

養老元年（717）、粟津温泉を開湯した泰澄大師が千手観音を安置したのが起源とされる。戦国時代に荒廃したが、加賀3代藩主前田利常が再建。松尾芭蕉も参詣した。

☎0761-65-2111
所 石川県小松市那谷町ユ122
開 9:15～16:00 休 無休
料 1000円 交 北陸自動車道・小松ICから車で30分／キャンバス那谷寺バス停下車すぐ P あり

加賀伝統工芸村 ゆのくにの森

かがでんとうこうげいむら ゆのくにのもり

MAP 付録P.17 D-4

多彩な伝統工芸を創作&体感できる！

広大な丘陵地に江戸～明治時代の古民家17棟が立ち並び、11の館で50種類以上の伝統工芸の体験ができる。輪島塗、九谷焼、金箔貼りなどのオリジナル作品を楽しみながら作りたい。

村内を一望できる森のテラス

☎0761-65-3456 所 石川県小松市粟津温泉ナ-3-3
開 9:00～16:30 休 木曜（祝日の場合は営業） 料 入村料550円
交 ゆのくにの森バス停下車すぐ／北陸自動車道・小松ICから車で22分 P あり

趣のある茅葺き屋根の建物内でお抹茶などが味わえる

おっしょべ公園
おっしょべこうえん

MAP 付録P.17 E-4

昔の恋の成就に ちなんだ「恋人の聖地」

粟津温泉が進める恋人の聖地プロジェクトの1スポット。江戸時代の恋人たち、お末と竹松の待ち合わせ場所だったとされ、「しあわせの鐘」がある。

恋愛成就を願う絵馬や「恋する南京錠」で永遠の愛を誓う

☎0761-65-1834(粟津温泉観光協会)
所石川県小松市粟津町ル6 交粟津温泉バス停下車、徒歩5分 Pあり

旅亭懐石 のとや
りょていかいせき のとや

MAP 付録P.17 E-3

四季の加賀料理と温泉で 極上のもてなしに酔う

創業700年以上の温泉旅館。旬の最高食材を使った美味この上ない料理、地下5mから湧き出る自家源泉の温泉、和風モダンの広い客室など、心身を癒やす旅のすべてが揃う。特に約100坪の女性大浴場の贅沢さは感動もの。

☎0761-65-1711 所石川県小松市粟津町ワ85 交粟津温泉バス停下車、徒歩2分 Pあり in15:00 out10:00 室65室 予算1泊2食付1万9800円～ ※JR加賀温泉駅／粟津駅から送迎あり(要予約)

夕食は北陸の味覚を堪能できる6種ほどの懐石料理から選べる

「2番目の我が家」がコンセプトの客室は居心地、眺めともに抜群

源泉100%の露天風呂は木立に囲まれ、森林浴気分も味わえる

和風建築の粋を凝らした客室で、至高の旅の時間を過ごせる

法師
ほうし

MAP 付録P.17 E-3

加賀の歴史とともに歩む 創業1300年の温泉宿

粟津温泉開湯の養老2年(718)に湯治宿として創業。自家掘り源泉を3本も所有し、大浴場や天然岩の露天風呂でやわらかな湯に憩える。加賀料理の真髄を味わえる和会席やお抹茶での出迎え、風情ある日本庭園も老舗の宿ならでは。

☎0761-65-1111 所石川県小松市粟津町ワ46 交粟津温泉バス停下車、徒歩3分 Pあり in15:00 out10:00 室47室 予算1泊2食付1万8150円～ ※JR加賀温泉駅／粟津駅から送迎あり(要予約)

夜は館内や庭園がライトアップされ、幻想的な雰囲気に

開湯以来湧き続ける湯は多くの効能がある

日本海の荒波が生んだ岩壁の芸術

東尋坊

福井県●とうじんぼう

MAP 本書P.3 E-1

国の天然記念物に指定されている日本海屈指の絶景スポット。高さ25mもの断崖絶壁が約1kmも続き、大迫力のパノラマが展開する。

⇧溶岩が固まってできた柱状の岩が波の浸食を受け、世界にも稀な奇勝となった

切り立つ絶壁にすくむ足 福井の絶景名所

「東尋坊」の地名は名前のとおり、「東尋」というお坊さんにちなむ。12世紀、福井県東部の山あいに平泉寺という寺があり、荒くれ者の僧兵が多く、なかでも東尋坊の悪行は有名だった。ある日、東尋坊を含む僧兵たちが、日本海に臨む断崖絶壁の上で酒を飲んでいたとき、真柄覚念という東尋坊の恋敵が、東尋坊を泥酔させて海に突き落とした。それから49日間、海は荒れ狂い、その後、この地は東尋坊と呼ばれるようになった。

ACCESS

JR金沢駅からJR北陸本線で40分、JR芦原温泉駅で京福バスに乗り換えて45分／北陸自動車道・金津ICから県道124号、国道305号経由で25分

大池 おおいけ

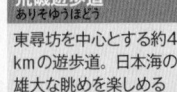

深い入り江で、東尋坊の特徴であるデイサイトの柱状節理が見事

千畳敷 せんじょうじき

三国港突堤建設のため、岩を切り出した跡が残り、珍しい地形が見学できる

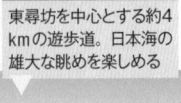

荒磯遊歩道 ありそゆうほどう

東尋坊を中心とする約4kmの遊歩道。日本海の雄大な眺めを楽しめる

東尋坊の奇勝と自然の神秘を
海の上から堪能しよう!

東尋坊観光遊覧船
とうじんぼうかんこうゆうらんせん

越前加賀海岸国定公園を周遊するクルーズ。東尋坊の見どころや雄島などを約30分かけて、ガイドの解説付きで巡る。大池やロウソク岩など、そそり立つ奇岩の数々が眼前に迫り、大自然と海に抱かれる時を過ごせる。

MAP 本書P.145-2

☎0776-81-3808 所福井県坂井市三国町安島64-1 営9:00～16:00(季節により変動あり) 休12月29日～1月31日 料1800円、小学生900円 交東尋坊バス停下車、徒歩5分 Pなし

⬆夕暮れどきのクルーズは空の色が刻々と変化し、いっそうドラマチック

雄島 おしま

「神の島」とされる無人島。島全体が火山岩で奇勝が点在

ロウソク岩 ロウソクいわ

水平線に夕日が沈むとき、岩越しに夕日を望むとろうそくを灯したように見える

ライオン岩 ライオンいわ

海から見ると、座っているライオンの後ろ姿のような形がユニーク

夫婦岩 めおといわ

松の木が立つ大小2つの岩が寄り添い、まるで夫婦のよう

360度のパノラマ展望台から
日本海の絶景を一望できる

東尋坊タワー
とうじんぼうタワー

地上55m海抜100mにあるタワー。展望台2階からは、東尋坊や雄島、越前海岸、白山連峰、日本海の大海原を一望できる。地球の丸さを実感できるスポットだ。

MAP 本書P.145-2

☎0776-81-3700
所福井県坂井市三国町東尋坊
開9:00～17:00(季節・天候により変動あり) 休無休 料展望台大人500円、小学生以下300円(各種割引あり) 交東尋坊バス停下車、徒歩1分 Pあり

➡大パノラマを満喫できる。縁結びのご利益があるタワーとしても有名

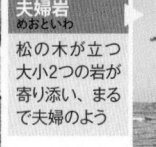

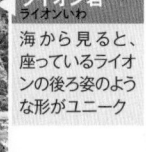

深山幽谷の地にたたずむ修行道場
永平寺
福井県●えいへいじ

日本の出家参禅の最高峰。
樹齢500年の老杉が茂る霊域に70もの殿堂楼閣が立ち並び、
開創時と変わらぬ坐禅修行が行われている。

⇧あたり一帯が心地よい緊張感にも似たすがすがしい空気に包まれる。仏殿は厳かなたたずまいの中雀門の奥

深い静寂に包まれた境内に伽藍が立ち並ぶ

大本山 永平寺
だいほんざん えいへいじ

寛元2年(1244)、中国の宋で禅を学んだ道元禅師が開いた曹洞宗の大本山。約100名の雲水(修行僧)が日々厳しい修行に励む。境内は3方を山に囲まれた鬱蒼とした森にあり、約33万㎡の広大な敷地に、修行の場となる僧堂・法堂などの七堂伽藍、道元禅師を祀る承陽殿、傘松閣などの名建築が点在する。凛とした空気のなか、境内を巡ると、しだいに心が癒やされる。

MAP 本書P.3 F-1
☎0776-63-3102
所 福井県永平寺町志比5-15
開 8:30〜16:30(最終入場は〜16:00)
休 不定休 料 500円 交 永平寺門前バス停下車すぐ／北陸自動車道・福井北ICから車で20分 P あり

⇧道元禅師が開いた寺を弟子が整備。宋代の禅林の建築様式や伽藍配置が手本となった

傘松閣の天井に並んだ芸術品に圧倒される

1995年に再建された傘松閣の2階には約160畳の大広間が広がる。その格天井を埋めるのは、日本画の大家144名が描いた230枚もの花鳥彩色画。絢爛豪華な美しさだ。

⇧花鳥画のなかに鯉、唐獅子、リスの絵が計5枚隠れている

法堂 はっとう
説法や法要の場。420畳の広さを誇り、聖観世音菩薩を祀る

唐門 からもん
老杉に囲まれた唐門は、皇室の使者の上山など特別なときにのみ開く

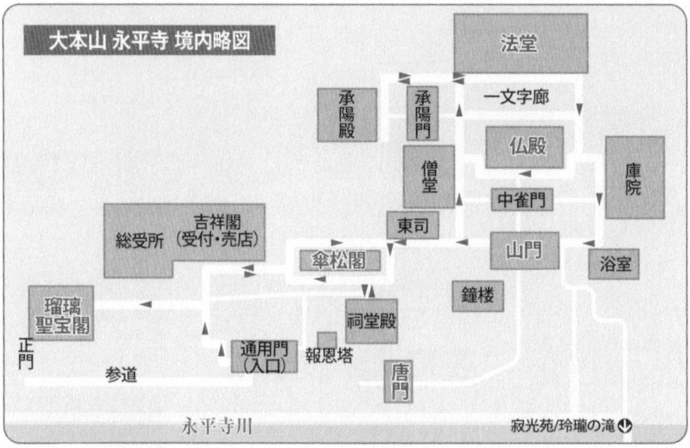

すべては坐禅から始まる 禅の修行を体験できる

永平寺では、修行僧の生活に準じた坐禅修行と本山の日課を体験できる参禅体験などを設けている。コースは1泊2日の「参籠」と1泊2日または3泊4日の「参禅」。朝4時に起床し、坐禅、読経、清掃などを体験しながら、小食・中食・薬石などをいただき、夜21時に就寝する。参加には、永平寺への事前申込が必要。

↑坐禅や写経のみの体験もできる。短時間でも禅の世界にふれたいならこちらを

仏殿 ぶつでん
宋代の二重屋根様式と石畳の床が美しい伽藍。本尊は釈迦牟尼仏

山門 さんもん
永平寺最古の建物。修行僧は入門時と下山時にここを通る

瑠璃聖宝閣 るりしょうぼうかく
永平寺の貴重な宝物や古文書を収蔵。国宝の「普勧坐禅儀」は必見

世界遺産の合掌造りの山里を歩く

白川郷

岐阜県●しらかわごう

世界遺産

**大自然に抱かれた白川郷の荻町集落には、
農村風景と昔ながらの合掌造りの家屋114棟が残り、
心安らげる日本の原風景に出会える。**

庄川沿い約1kmに合掌造りの集落が広がる。1995年に世界遺産に登録

人々の暮らしが今も息づく 世界に誇る日本の風景

国内外から多くの観光客が訪れる白川郷。メインの見どころとなる茅葺き屋根の合掌造り集落は村のほぼ中央、荻町地区にある。江戸中期から昭和初期にかけて建てられた家屋は、「結（ゆい）」といわれる地域の相互扶助により屋根の葺き替えを行いながら現代に受け継がれてきたもの。自然と共存する人々の生活や絆、思いが重なり残された奇跡の景観に誰もが郷愁の念を抱くだろう。世界的にも有名な日本の山村風景、そして一度は見てみたい景色のひとつ。

ACCESS

JR金沢駅から北鉄バスまたは濃飛バスで1時間15～25分／東海北陸自動車道・白川郷ICから国道156号で5分

おすすめシーズン 代表格は冬景色

春は桜、夏は濃い緑、秋は紅葉、冬は白雪と、白川郷は四季折々に多彩な魅力をみせる。なかでも、雪化粧した合掌造りの美しさは格別。

12月下旬から3月上旬は雪が舞い、集落は白銀の世界となる

春には桜、秋には紅葉など季節ごとに異なる趣が楽しめる

城跡から世界遺産の集落を一望できる

荻町城跡展望台

おぎまちしろあとてんぼうだい

戦国時代に白川郷を治めた内ヶ島家の家臣、山下氏勝の居城跡。合掌造りの集落、のどかな田園風景、白川郷を取り巻く大自然の眺めを楽しめる。

MAP 本書P.149-1
所 岐阜県白川村荻町
料 無料　交 白川郷バスターミナル下車、徒歩20分　P あり

写真好きには最高の撮影ポイント

眼下に白川郷の全景が広がる絶好の記念撮影スポット

城山天守閣展望台

しろやまてんしゅかくてんぼうだい

食事処「天守閣」の庭先を展望台として開放。正面に白山連峰、中央に堂々とした和田家の合掌造りを望みながら、四季折々の白川郷の眺めを堪能できる。

MAP 本書P.149-1
所 岐阜県白川村荻町889　料 無料
交 白川郷バスターミナル下車、徒歩20分／白川郷バス停下車、シャトルバスで10分
P あり

時が止まったかのような農村風景が眼下に

江戸時代中期に建てられた 荻町集落最大規模の合掌造り

和田家

わだけ

荻町集落の中心部に建つ築300年以上の家屋。江戸時代に庄屋や番所役人であり、商取引でも栄えた和田家の居宅で、荒縄で縛った茅葺き屋根、二重構造の梁など風格ある建築美が見事。1階と2階を一般公開している。

MAP 本書P.149-1

☎05769-6-1058
所岐阜県白川村荻町997
開9:00～17:00 休不定休 料400円 交白川郷バスターミナル下車、徒歩3分 Pなし

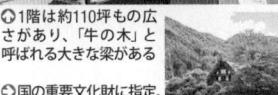

↑1階は約110坪もの広さがあり、「牛の木」と呼ばれる大きな梁がある

→国の重要文化財に指定。上階は現在も和田家の住居として利用されている

↑2階部分では、かつて養蚕が行われていた。屋根裏の構造も興味深い

知恵と工夫の合掌造り 夏は涼しく冬は保温

合掌造りの建築様式は江戸時代初期に誕生。豪雪地帯という自然条件に合う工夫が随所に見られるのが特徴だ。三角形の切妻造りの茅葺き屋根は、重い積雪に耐える構造。雪下ろしの労を軽減するため、屋根勾配は60度ほどの急な角度となっている。長らく白川村の基盤産業であった養蚕を自宅で行えるように、大空間となる屋根裏は2～4層に分けられ、蚕の飼育場や養蚕作業の場に利用。1階の居間は囲炉裏を備え、暖をとるのに加え、煙による防虫効果も兼ねていた。

↑積雪に耐える構造の合掌造りの屋根裏

合掌造りのテーマパークで 古き良き日本の暮らしを体験

野外博物館 合掌造り民家園

やがいはくぶつかん がっしょうづくりみんかえん

江戸から明治期にかけて白川村に建てられた合掌造り全25棟を移築し、保存公開。馬小屋、水車小屋、神社などもあり、かつての山里の生活を身近に感じられる。そば打ち、わら細工、ひで細工の体験学習(4～10月下旬まで、要予約)も好評だ。

MAP 本書P.149-2

☎05769-6-1231
所岐阜県白川村荻町2499
開8:40～17:00(入園は～16:40) 12～2月9:00～16:00(入園は～15:40) 休12～3月木曜(祝日の場合は前日、12月29日～1月4日は開園) 料600円 交白川郷バスターミナル下車、徒歩15分 Pなし

↑白川郷の家屋の造りや暮らしを知ることができる

↓県の重要文化財に指定されている旧中野義盛家住宅などが必見

歴史

住民の暮らしを支えた合掌造り家屋や独自の風習

白川郷の歩み、豊かな伝統を知る

今でこそ気軽に観光の楽しめる白川郷だが、山間の豪雪地での昔の暮らしはけっして楽ではなかった。人々が快適に過ごすための知恵から生まれた、住居の特徴や風習を探ってみたい。

合掌造り集落の歩みとその暮らし

白川郷に合掌造り家屋が生まれたのは、江戸時代の中頃とされている。当時の白川郷では、養蚕（ようさん）と火薬の原料である塩硝（えんしょう）の生産が、人々の主な収入源だった。塩硝は家の床下で作られるため、床下の広い家ほど高い収入を得られた。蚕は日差しと風通しの良い場所を好むため、窓の付いた広い屋根裏が養蚕に利用された。広い床面積と何層もの屋根裏を持つ白川郷の合掌造りは、こうした暮らしの必要性から生まれたものだ。また、塩硝や養蚕には多くの労働力が必要なため、村内の一部の地域では分家をつくらないなどして大家族が、大規模な建物で暮らしたという。江戸後期から明治期に多くが建てられ、やがて合掌造り集落が自然風景に溶け込んでいった。

合掌造り家屋の中心となる部屋は、「オエ」と呼ばれる居間だ。中央の囲炉裏で煮炊きをして食事をとり、寒い時期には暖をとる、一家団らんの場所だ。晩秋になると、長い冬を乗り切るための冬支度が家々で行われる。住居の周りに雪囲いの「おだれ」がめぐらされ、かつて、冬の保存食だった赤かぶ漬けの準備が始まる。やがて、外が一面雪に覆われる冬を迎えると、囲炉裏の周りは、わら細工などをする貴重な冬仕事の場となっていた。

囲炉裏は暖をとるだけでなく、煙が殺虫や防腐の効果もあった
写真提供:岐阜県白川村役場

集落の生活を支え合う「結（ゆい）」の精神

白川郷では30〜40年に一度、合掌造りの茅葺き屋根の葺き替え作業を行う。屋根は大きく、多くの人手が必要なため、住民が協力し合って作業を行ってきた。無償でお互いの家々を助け合う制度は「結」と呼ばれる。結で行われるのは、田植えや稲刈り、冠婚葬祭など暮らしの多岐にわたる。生活様式が多様化し、合掌造りが減った今も、住民同士の絆をつなぐ結の精神は形を変えて受け継がれている。荻町では、今も共同で葺き替え作業を行う。

5月下旬の田植え祭り。結で助け合った頃の昔の田植え風景が蘇る
写真提供:岐阜県白川村役場

大きな屋根になると100〜200人が屋根に上って葺き替え作業を行う。今では、各地からのボランティアの手を借りて行うこともある
写真提供:岐阜県白川村役場

怪力相撲力士・白真弓肥太右衛門（しらまゆみひだえもん）

文政（ぶんせい）12年（1829）頃、白川郷の木谷集落で生まれた白真弓は、並外れた体格と怪力で知られ相撲部屋に入門。身長約2m、体重約150kgの大型力士として活躍した。得意の「突の手」はあまりにも強かったため、この手をつかうのを禁じられていたほど。嘉永（かえい）7年（1854）にペリー提督が来航した折には、米艦に米俵を運ぶ任に就き、背に4俵、胸に2俵、両手に1俵ずつ、計8俵（約600kg）を一度に運んでアメリカ人を驚かせたと伝えられている。

報恩講（ほうおんこう）（ホンコ様）

浄土真宗の信仰が篤い白川郷では、開祖の親鸞聖人を偲び、恩に感謝する宗教行事の報恩講が、寺院や家々で12月頃に行われる。地元ではホンコ様と呼ばれ、住職の読経や法話のあと、客に精進料理が振る舞われる。本格的な冬を前に知人や親類が集まり、親睦を深める場にもなっている。

精進料理のお斎（とき）が並ぶ

白川郷の祭り 今も残る豊かな伝統にふれる

七福神たちがさまざまな踊りを披露。見学者を楽しませてくれる

豪雪地に春を呼ぶ「こがい祭り」と春駒(はるこま)

さまざまな伝統芸能が生まれ、今日に継承されている。春駒はもともと2月の初午(はつうま)の日に豊蚕を願うこがい（蚕飼）祭りで披露された伝統の踊り。今では正月や婚礼などの祝事にも披露される。元日には、七福神や舞妓のカラフルな衣装をまとった踊り子と囃(はや)し方(かた)が雪のなか、春駒を歌い踊りながら集落の家々をまわる様子が見られる。

御輿が町内を練り歩く御神幸。五色の幟（のぼり）とともに合掌造り集落を進む

自家製のどぶろくを神様に供え、秋の収穫への感謝が捧げられる

「どぶろく祭」で秋の恵みに感謝

稲刈りを終えた頃、白川郷の各集落の神社でどぶろく祭が盛大に催される。秋の恵みに感謝して来年の五穀豊穣や家内安全を願って、山の神様にどぶろくが奉納される。各神社でどぶろくの製造免許を取得しており、真冬の1月下旬、神社の酒蔵では、伝統製法によりどぶろくが仕込まれる。祭り当日には、獅子舞を奉納し、御輿の行列が町内を練り歩く。神社でどぶろくを神様に奉納後、参拝者にも振る舞われる。どぶろくの香り漂う境内では、民謡などの伝統芸能が披露され、夜更けまで賑わいが続く。

どぶろく祭の様子は荻町の白川八幡神社の境内にあるどぶろく祭りの館で紹介している。神社で仕込んだどぶろくを味わうこともできる。

写真提供：岐阜県白川村役場

美しい景観を守るための保存活動

白川郷の暮らしを支えた合掌造りも、明治以降の暮らしぶりの変化や戦後のダム建設による集落の水没などで徐々に減少していく。大正末期に約300棟あった合掌造りは、昭和36年（1961）に190棟まで数を減らした。合掌造り存亡の危機に荻町集落の住民が立ち上がり、保存運動が昭和40年代から始まった。地域の資源を「売らない」「貸さない」「壊さない」の3原則のもと、白川郷荻町集落の自然環境を守る会を発足。その努力が実り、昭和51年（1976）には国の重要伝統的建造物群保存地区に選定され、1995年の世界遺産登録につながった。今も景観を守る努力が続けられている。

重要文化財の旧中野義盛家。内部で離村集落の写真を展示する

お食事処 いろり
おしょくじどころ いろり

予約 可
予算 Ⓛ540円～

荻町 MAP 本書P.149-1

白川郷の代表的な名物食材 堅い豆腐をさまざまにアレンジ

築約150年の古民家で囲炉裏のある食事処。大豆のコクがたっぷりの堅い豆腐や山菜など、地元食材にこだわった郷土料理が自慢。焼き豆腐定食1580円などの定食のほか、うどんやそばなど麺類もある。

☎05769-6-1737
所 岐阜県白川村荻町374-1 営10:00～14:00(LO)
休 不定休 交 白川郷バスターミナル下車、徒歩2分
P あり

朴葉みそ定食
1520円
堅い豆腐と地元の味噌、ネギを朴葉にのせて焼く。香ばしい味わいがたまらない

↑囲炉裏席と座敷、テーブル席がある店内は禁煙。席数が多いので、団体バス客の利用も多い

→合掌造り家屋で、タヌキの置物が目印。左隣にみやげ物店を併設

地元の産物を使った郷土料理をいただく

滋味あふれる山里グルメ

四方を山に囲まれ、他地域とも隔絶された白川郷には独特の風土に根付いた食文化が発達。素朴でありながら、味をしっかり蓄えた自然料理を堪能したい。

手打ちそば処 乃むら
てうちそばどころ のむら

予約 不可
予算 Ⓛ900円～

荻町 MAP 本書P.149-2

白川郷産のそば粉を使いていねいに手打ちする

新鮮なそばを提供したいと、その日の分だけ手打ちするそば専門店。メニューはもり、かけ、おろし、とろろの4つで、温と冷が選べる。大盛りは400円増しで、舞茸ご飯のセットもある。

☎05769-6-1508
所 岐阜県白川村荻町779 営11:00～15:00(そばがなくなり次第終了)
休 不定休 交 白川郷バスターミナル下車、徒歩5分 P なし

↑カウンター12席のみ。主人がリズムよく作業する姿が見える

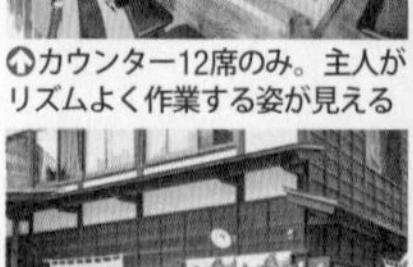

↑荻町の東通りにあり、近くには長瀬家、神田家などがある

もりそば 900円
地元産そば粉と白山山系の清水を使った二八そばは、そばの風味が豊か。カツオ節のだしがメインのコクのあるつゆともよく合う

風土を感じる山里みやげ
白川郷の名産

素朴な風合いの雑貨や白川郷の歴史が育んだどぶろくを使った食品など、心が和む品々。定番のみやげには、親しまれる理由がある。

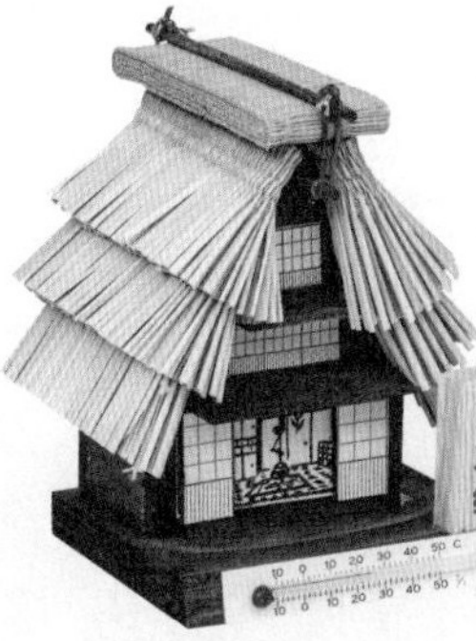

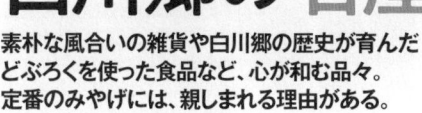

A **合掌造りの置物**
1980円
合掌造り家屋をかたどった民芸品。温度計が付いているので部屋に飾って楽しみたい

A **白川郷にごり酒**
700円(1本300㎖)
どぶろく祭りに振る舞われるどぶろく酒のようなにごり酒で、恵びす屋オリジナル

A **どぶろく煎餅**
550円(16枚入り)
どぶろくの風味を効かせた小判型のせんべいで、ほのかにどぶろくの香りがする

B **乾燥きくらげ**
540円(1袋)
白川郷きくらげ組合生産の乾燥きくらげ。菌床栽培の良質品で、戻すとぷりぷり

B **どぶろく羊羹ミニ**
170円(1個)
地元銘菓が50年も作り続けているどぶろく風味のロングセラー銘菓。アルコール分はゼロ

B **ちりめんさるぼぼ**
940円(1体)
こびき屋オリジナルのさるぼぼ。ちりめん生地を使い、紫や黄色など色合いもカラフル

A 恵びす屋（えびすや）
荻町 MAP 本書P.149-2

どぶろくにちなんだ名物が並ぶ

本通りにあるみやげ物店で、どぶろく祭りに使われるどぶろく酒風味の菓子がおすすめ。どぶろく羊羹やどぶろく煎餅、どぶろくまんじゅうなどがみやげに最適。

☎05769-6-1250 所岐阜県白川村荻町89-2 営9:30〜16:30(季節により変動あり) 休不定休 交白川郷バスターミナル下車、徒歩8分 Pなし

B こびき屋（こびきや）
荻町 MAP 本書P.149-1

地元みやげを揃えるショップ

合掌造り家屋のみやげ物店で、民芸品や銘菓、漬物、地酒などの定番みやげが所狭しと並ぶ。近くには豆菓子と漬物の専門店、こびき屋 柿乃木店がある。

☎05769-6-1261 所岐阜県白川村荻町286 営9:00〜17:00(季節により変動あり) 休不定休 交白川郷バスターミナル下車、徒歩3分 Pなし

静寂に包まれた山あいの集落で憩う
五箇山
富山県●ごかやま　世界遺産

白川郷の合掌造りとともに世界遺産に登録。深く険しい地形から大自然と歴史的景観が守られ、おとぎ話の世界に迷い込んだかのよう。

⇧山里にたたずむ相倉と菅沼の2集落が、白川郷と並ぶ世界遺産だ

厳しい自然と共存し独自の文化を継承する地

城下町金沢と同じ加賀藩の領地であった五箇山は40もの集落の総称で、うち2集落が世界遺産に登録されている。厳しい自然条件のもと、屋根裏で養蚕、地下で火薬原料(塩硝)の製造をして藩を陰ながら支え手厚い庇護を受けていたと同時に、冬には長く雪に閉ざされる山深い土地は流刑地でもあった。集落の人々の心を慰めるために生まれた数多くの民謡民舞は、どこか哀調を帯びた旋律も多い。

ACCESS

JR金沢駅から北鉄バスで1時間(要予約、12〜3月運休)/東海北陸自動車道・五箇山ICから国道156号経由で10分

何世紀もの間暮らしが続く
大自然に囲まれた小さな集落
相倉合掌造り集落
あいのくらがっしょうづくりしゅうらく　世界遺産

MAP 本書P.154
所 富山県南砺市相倉
交 相倉口バス停下車、徒歩5分/東海北陸自動車道・五箇山ICまたは福光ICから車で20分　Pあり

小高い段丘にある戸数30弱の集落。合掌造り家屋20棟や寺院・神社、その背後の雪崩の被害を防ぐ「雪持林」を含む約18haが保存地区に指定されている。相倉民俗館や相倉伝統産業館などの展示施設や茶店もある。

⇧合掌造りに加え、土蔵、石垣や水路など100年以上前の景観を維持

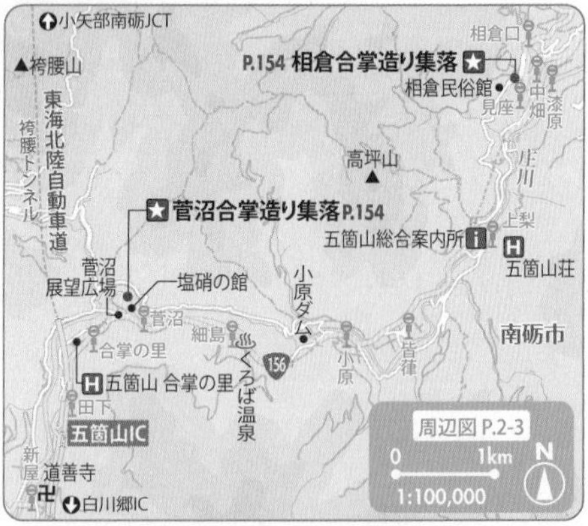

庄川の右岸にひっそり残る
時を忘れたかのような隠れ里
菅沼合掌造り集落
すがぬまがっしょうづくりしゅうらく　世界遺産

⇧合掌造り家屋を利用した食事処やみやげ店もあり、散策が楽しい

手つかずの自然に囲まれた河岸段丘にある小さな集落。合掌造り家屋9棟、土蔵や板倉などが50年前と変わらぬ姿でたたずみ、集落全体の約4.4haが保存地区となっている。五箇山民俗館や塩硝の館の展示も興味深い。

MAP 本書P.154
所 富山県南砺市菅沼　交 菅沼バス停下車すぐ/東海北陸自動車道・五箇山ICから車で2分　Pあり

⇩菅沼の合掌造り家屋は江戸末期から大正期にかけての建造

TRANSPORTATION

Kanazawa

金沢へのアクセス

前もって知って
旅をもっと
楽しくする

北陸新幹線の開通で、
短時間でアクセスできる地域も。
旅の始まりと終わりの地でもある
新しいJR金沢駅は、みやげ選びや
食事が楽しめるスポット。

便利さと好みに合わせて、効率的な移動手段を選びたい

金沢へのアクセス

飛行機は札幌、東京、福岡、沖縄から便が出ている。空港から都心へ向かう鉄道やバスも充実している。新幹線は東京駅のほか上野駅や大宮駅にも停車する。バスは東京駅や新宿駅での発着が多い。

北海道・東北から

- 新千歳空港 → 小松空港：ANA 約1時間40分／4万3800円〜
- 仙台駅前 → 金沢駅：百万石ドリーム政宗号 約9時間15分／9100円〜

関東方面から

- 羽田空港 → 小松空港：ANA・JAL 約1時間／2万8100円〜
- 羽田空港 → 能登空港：ANA 約1時間／2万6700円〜
- 東京駅 → 金沢駅：北陸新幹線かがやき 約2時間30分／1万4380円
- 上野駅・東京駅 → 金沢駅：きまっし号 約9時間／5500円〜

中部方面から

- 名古屋駅 → 敦賀駅 → 金沢駅：JR特急しらさぎ／北陸新幹線つるぎ 約2時間50分／9080円
- 名古屋駅 → 金沢駅：JR東海バス／西日本JRバス／名鉄バス／北陸鉄道 約4時間／3600円〜
- 新潟駅 → 上越妙高駅 → 金沢駅：JR特急しらゆき／北陸新幹線はくたか 約3時間20分／1万480円
- 新潟駅前 → 金沢駅：新潟交通／北陸鉄道 約4時間40分／5000円

関西方面から

- 大阪駅 → 敦賀駅 → 金沢駅：JR特急サンダーバード／北陸新幹線つるぎ 約2時間25分／9410円
- 大阪駅 → 金沢駅：北陸道青春昼特急大阪号ほか 約6時間10分／2800円〜

中国・四国方面から

- 広島駅 → 京都駅 → 敦賀駅 → 金沢駅：新幹線のぞみ／JR特急サンダーバード／北陸新幹線つるぎ 約3時間50分／1万8780円
- 鳥取駅 → 大阪駅 → 敦賀駅 → 金沢駅：JR特急スーパーはくと／JR特急サンダーバード／北陸新幹線つるぎ 約5時間20分／1万6080円
- 高松駅 → 岡山駅 → 京都駅 → 敦賀駅 → 金沢駅：JRマリンライナー／新幹線のぞみ／JR特急サンダーバード／北陸新幹線つるぎ 約4時間10分／1万7550円

九州・沖縄方面から

- 福岡空港 → 小松空港：ANA・ORC※コードシェア便 約1時間25分／3万5750円〜 ※ANAは4万2700円〜
- 那覇空港 → 小松空港：JTA 約2時間／5万2580円〜

小松空港からのアクセス

- 小松空港 → 金沢駅：小松空港リムジンバス 約40〜55分／1300円
- 小松空港 → 小松駅 → 金沢駅：北鉄加賀バス 約10分／280円、北陸新幹線つるぎ 約12分／2910円

※所要時間は利用する便、列車により多少異なる
※航空運賃は通常期の片道運賃
※ JR の値段は、運賃と特急料金（通常期の普通車指定席）を合算したもの
※航空会社は ANA ＝全日空、JAL ＝日本航空、ORC ＝オリエンタルエアブリッジ、JTA ＝日本トランスオーシャン航空

問い合わせ先

JAL（日本航空）	☎0570-025-071
JTA（日本トランスオーシャン航空）	☎0570-025-071
ANA（全日空）	☎0570-029-222
ORC（オリエンタルエアブリッジ）	☎0570-064-380
JR東日本（お問い合わせセンター）	☎050-2016-1600
JR西日本（お客様センター）	☎0570-00-2486
JR東海（テレフォンセンター）	☎050-3772-3910
北陸鉄道	☎076-237-5115
北陸鉄道予約センター	☎076-234-0123
西日本JRバス	☎0570-00-2424
JR東海バス	☎0570-048939
JRバス東北	☎022-256-6646
東北急行バス	☎03-3529-0321
北日本観光バス	☎076-266-2512
名鉄バス	☎052-582-0489
新潟交通	☎025-241-9000

伝統を守りつつ進化を遂げた金沢の玄関口

旅の拠点・JR金沢駅

北陸新幹線の開通に伴い、JR金沢駅も大きくリニューアルし、ひとつの観光スポットに。グルメにショッピング、旅行者にうれしいサービスも充実している駅をチェックしよう。

金沢駅のシンボル

まずはここで記念撮影を

● もてなしドーム・鼓門

金沢駅東口にあるもてなしドームは、3019枚のガラスを使用し、「駅を降りた人に傘を差し出す、もてなしの心」をテーマとして造られた。正面の入口には、伝統芸能の加賀宝生の鼓（つづみ）をイメージした鼓門が堂々とそびえる。

伝統を生かした新しい金沢駅。世界で最も美しい駅のひとつにも選ばれている

駅の構内

観光に必要な情報を入手

● 観光案内所

新幹線改札口の正面にあり、金沢をはじめ、石川県全域の観光情報が揃う。傘の貸し出しや宿泊先への荷物配送なども行っている。

☎076-232-6200 開8:30～20:00 休無休

● 北鉄交通案内所

市内のバスの路線や時刻の情報が手に入るほか、施設への入場料が割引になる1日フリー乗車券も販売している。

北鉄駅前センター
☎076-263-0489 営7:00～20:00
金沢駅東口バスターミナル 北鉄グループ案内所
☎なし 営7:00～20:00

グルメ & ショッピング

金沢が誇る美味・おみやげが勢揃い

金沢百番街

かなざわひゃくばんがい
MAP 付録P.12A-1・2

金沢駅構内にあるショッピングセンター。ファッションアイテムから石川の名産品まで幅広く揃う。

各店共通
☎076-260-3700（代表）
所金沢市木ノ新保町1-1
あんと 営ショップ8:30～20:00 グルメ11:00～22:00
Rinto 営10:00～20:00
あんと 西
営7:00（一部6:00）～23:00
※店舗により異なります

1「あんと」には金沢が誇る銘菓や食品、飲食店が揃う 2「Rinto」にはファッション、コスメ、雑貨、カフェが集まっている 3「あんと 西」はスーパーやコンビニ、飲食店があるデイリーゾーン

※データは2023年12月現在のものです

INDEX

歩く・観る

食べる

買う

泊まる

能登・加賀温泉郷

ひと足のばして

STAFF

編集制作 Editors
(株)K&Bパブリッシャーズ

取材・執筆・撮影 Writers & Photographers
AVANCER(沖﨑松美、村井律子)　白鳥幸代
宇野裕子　長谷川綾　重松久美子　伊勢本ゆかり
クリアライト(吉尾大輔　河原未青　山城卓也)

編集協力 Editors
(株)ジェオ

本文・表紙デザイン Cover & Editorial Design
(株)K&Bパブリッシャーズ

表紙写真 Cover Photo
PIXTA

地図制作 Maps
トラベラ・ドットネット(株)
DIG.Factory

写真協力 Photographs
関係各市町村観光課・観光協会
関係諸施設
PIXTA
iStock.com

総合プロデューサー Total Producer
河村季里

TAC出版担当 Producer
君塚太

TAC出版海外版権担当 Copyright Export
野崎博和

エグゼクティヴ・プロデューサー
Executive Producer
猪野樹

おとな旅(たび) プレミアム
金沢(かなざわ)・能登(のと) 白川郷(しらかわごう) 第4版

2024年4月6日　初版　第1刷発行

著　　者　TAC出版編集部(しゅっぱんへんしゅうぶ)
発 行 者　多 田 敏 男
発 行 所　TAC株式会社　出版事業部
(TAC出版)

〒101-8383 東京都千代田区神田三崎町3-2-18
電話　03(5276)9492(営業)
FAX　03(5276)9674
https://shuppan.tac-school.co.jp

印　　刷　株式会社　光邦
製　　本　東京美術紙工協業組合

ISBN978-4-300-10975-5
N.D.C.291

本書に掲載した地図の作成に当たっては，国土地理院発行の数値地図(国土基本情報)電子国土基本図(地図情報)，数値地図（国土基本情報）電子国土基本図(地名情報)及び数値地図(国土基本情報20万)を調整しました。